● 本书获 2023 年贵州省出版传媒事业发展专项资金资助

● 本书获安顺学院（中央财政支持地方高校资金）“屯堡文化基地建设”项目资助

屯堡文丛 ◎ 专题研究书系（第一辑）

安顺屯堡论稿

范增如 ◎ 著

安顺学院贵州省屯堡文化研究中心 ◎ 整理

贵州大学出版社
Guizhou University Press

图书在版编目（CIP）数据

安顺屯堡论稿 / 范增如著 ; 安顺学院贵州省屯堡文
化研究中心整理. -- 贵阳 : 贵州大学出版社，2024.4
（屯堡文丛 . 专题研究书系 . 第一辑）
ISBN 978-7-5691-0860-6

Ⅰ. ①安… Ⅱ. ①范… ②安… Ⅲ. ①汉族－民族文
化－研究－安顺 Ⅳ. ① K281.1

中国国家版本馆 CIP 数据核字（2024）第 047496 号

....

ANSHUN TUNPU LUNGAO

安顺屯堡论稿

著　　者：范增如
整　　理：安顺学院贵州省屯堡文化研究中心

....

出 版 人：闵　军
责任编辑：周阳平
装帧设计：曹琼德
内文版式：申　云

....

出版发行：贵州大学出版社有限责任公司
　　　　　地址：贵阳市花溪区贵州大学东校区出版大楼
　　　　　邮编：550025　电话：0851-88291180
印　　刷：雅昌文化（集团）有限公司
开　　本：787 毫米×1092 毫米　1/16
印　　张：15.5
字　　数：245 千字
版　　次：2024 年 4 月第 1 版
印　　次：2024 年 4 月第 1 次印刷

....

书　　号：ISBN 978-7-5691-0860-6
定　　价：79.00 元

著　者：范增如

整理人员：（以姓氏笔画为序）

王　杰　吕善长　吕燕平

刘　馨　杨正宏　吴　羽

张定贵　罗　瑜

《屯堡文丛》总序

毛佩琦

　　屯堡，自从在明朝初年出现后，就是一个生机盎然的存在，历600余年风雨晴晦而不衰，至今仍然长青！这是人类文化史上的一个奇迹，是中华民族的一件瑰宝。

　　明朝建立之初，国家还没有完全统一，元朝的梁王还在割据西南，而且多次杀害明朝派来的使者。洪武十四年（1381），明朝廷命颍川侯傅友德为征南将军，永昌侯蓝玉、西平侯沐英为副将军，率30万大军征云南。明军获得全胜，历时3个月，平定云南。洪武十五年（1382），明朝廷设置贵州都指挥使司，征南大军以卫所为编制戍守各地，卫所军士屯种收获以自给。这些卫所军士及家属所居之地就形成了屯堡。这是一次为维护国家统一的军事行动，也是一次大规模的移民。经过从洪武到永乐的数十年的经营，永乐十一年（1413），明朝廷决定设立贵州布政使司，划云南、四川、湖广、广西各一部，组建成一个新的省级行政区。当年散落在西南地区的屯堡，就主要分布在今天的贵州省内。屯堡的建设和贵州布政使司的设立，有效地维护了国家的统一和地方的安定，促进了地方开发和民族融合，也体现了古人高超的政治智慧和管理艺术。

　　600多年前，来自南直隶的应天府、凤阳府，以及江西、浙江的军士及其家属，扶老携幼，远离故土，到达西南，在贵州地区安下家来，成为屯堡人。屯堡人落地生根，坚韧不拔，胼手胝足，开发贵州，对贵州的发展做出了巨大贡献。他们既是地方的守护者，又是地方的开发者。屯堡人的勇敢担当和巨大的付出，至今仍然令人肃然起敬。他们开拓进取，给贵州带来了先进的生产方式，耕种、养殖、纺织、冶铁，也促进了贵州商业的发展，沈万三传奇性的商业故事就具有典型意义。明朝重视文教，朝廷在边疆军卫和土司地区都大力推广学校建设。由于儒学教育的发展，后来，在全国科举考试的激烈竞争中，贵州的学子曾经先后两次夺得文状元。

贵州地区民族众多，屯堡人与各民族人民交错杂居，却能和睦相处。不同文化保持了各自的特色又互相包容，和谐发展，是中华文化多元一体的具体写照。屯堡人至今仍然保持着故乡的生活习惯和文化传统，语言、服饰、建筑、戏剧，在今天屯堡的村寨里、田野上，在日常生活、节日集会中，随时随地可以见到这些活的历史风景。这些延续数百年的独特风俗，是屯堡人身份的自我认知，是肩负国家使命的一种标志，也表现了他们坚守传统、不忘根本的韧性。屯堡人对遥远的故乡有着割舍不断的深情。以安顺天龙屯堡人而言，他们自明初至今已繁衍20余代，四姓族裔达数万人，他们每年都要面向家乡南京遥祭。2005年6月，安顺地区的一支屯堡人曾经返回江南寻根。当他们在南京祖居地石灰巷与南京的乡亲们深情拥抱时，绵绵600多年的思念，如同长河打开了闸门，浓浓的亲情刹那间奔涌交融，场面令人泪奔。重视祖先传统，重视血脉亲情，在屯堡人数百年的文化传承和坚守中，展现了这种悠久的中华民族的特质，也让我们看到了中华文化源远流长的生命力和凝聚力。

屯堡是贵州地区生动的现实生活，是历史文化的活化石，也是一座丰富的宝库。历史的、文化的、民俗的、语言的、音乐的、美术的，乃至社会学、民族学、国家治理的诸多宝贝，琳琅满目，数不胜数。屯堡中也还有一些未解之谜有待开启。当代人有责任保护和传承这份宝贵的文化遗产，也有义务开发和利用这份宝贵的文化遗产。对屯堡进行深入研究，整理、研究屯堡的历史文化，深刻认识它的精神内涵，挖掘它的当代价值，是保护和传承屯堡文化的基础，也是开展保护和传承工作的前提。

对屯堡的研究，从20世纪20年代就开始了，到20世纪80年代成为一个热点。近二十多年，屯堡引起了社会各界更多的关注，许多学者和学术机构投入到屯堡的研究中，屯堡研究已经成为一个正在兴起的新学科。数十年来，在各个学科领域对屯堡的研究，已经获得了一大批成果，屯堡的历史面貌和文化价值越来越广泛地被认知。当前，在举国弘扬和传承中华优秀传统文化的形势下，有必要对以前的研究做一番梳理和总结，以推动屯堡研究开出新的生面。

2023 年，中共贵州省委宣传部决定实施"四大文化工程"，把编辑出版《屯堡文丛》作为其中一项重要工作。《屯堡文丛》设计规模宏大、体例严整、内容丰富，包括历史文献、专题研究、资料整理、文学艺术和创造性转化创新性发展共 5 个书系。可以说，《屯堡文丛》囊括了有关屯堡历史文化的全部内容。《屯堡文丛》是对屯堡文献的全面的收集和整理，是对以往屯堡研究成果的完整总结，也是为今后屯堡的保护、研究和开发利用打下的坚实基础。对屯堡的历史文献和资料进行收集整理，本身也带有抢救保护的意义，让这些宝贵的文献资料不再丢失，将它们挖掘出来，服务于当代社会和文化建设。对前人的研究进行总结，同时是一项具有前瞻意义的工作。一切研究和实际工作，无不是在前人成果的基础上进行的，利用成果，汲取经验，以开辟新的路径，取得新的成果。《屯堡文丛》秉持全新的出版理念，精心编辑、精心制作，努力为全社会奉献出文化巨制、文化精品。相信，《屯堡文丛》的出版，将会为社会各界提供更多的方便，大大推进屯堡文化的研究、传布和开发利用。无疑，《屯堡文丛》的出版，也将进一步彰显屯堡的价值，助益于传承和弘扬中华优秀传统文化，助益于维护国家统一、促进民族融合的伟大事业。

2024 年 2 月 24 日于小泥湾

《屯堡文丛·专题研究书系》序

钱理群

这一段时间，我这个远离尘世的养老院里的 84 岁老人，竟然因为这套《屯堡文丛》，获得新的生命活力，整天沉浸在对历史的回忆、现实的思考与未来的展望之中……

这里凝聚着"安顺三代人"的心血：从范增如的《安顺屯堡论稿》，到孙兆霞等的《屯堡乡民社会》、朱伟华等的《建构与生成：屯堡文化及地戏形态研究》，再到张定贵的《屯堡地戏与屯堡族群社会：基于仪式视角的研究》，这背后有多少不辞辛劳的田野调查，如痴如醉的思考，探索，争论！以后，又吸引了越来越多的外乡人（曾芸：《二十世纪贵州屯堡农业与农村变迁研究》），外国人（卢百可：《屯堡人：起源、记忆、生存在中国的边疆》）……

这就引发了我的好奇心：屯堡文化为什么有这样的不绝无尽的吸引力？它的魅力究竟在哪里？于是，就注意到屯堡文化研究兴盛的两大时代背景。

首先，尽管屯堡地处中国（更不用说世界）的边远地区，但屯堡文化研究的起始，及每一次重要发展，都有一个国际视野与背景。

最早注意到屯堡及其文化的特殊性的，是日本人类学学者鸟居龙藏。他在 1902 年路过平坝天龙镇，观察到屯堡人是"屯兵移居的明代遗民"，将其称为"凤头苗"，是"汉族地方集团"。

1986 年，安顺地戏在法国、西班牙出演，其产生的轰动效应，引发世界关注，掀起了第一个屯堡文化研究高潮。

其次，到世纪之交，特别是21世纪初，屯堡文化研究再推高潮。我们所说的"安顺三代人"就是在这时聚集于屯堡文化研究，显然与"全球化提出的新问题"有着内在联系。

在这个时期，世界进入了全球化时代。随着2001年加入世界贸易组织，中国也更加融入了全球化的世界。世界经济一体化的浪潮席卷全球，形成了经济一体化背后的文化趋同。相伴而来的反向运动，就引发了国家、民族与地方文化知识重构的冲动——以多元性和多样性为支撑的地方性特征，成了制约全球化单一和趋同法则的平衡点。反应最为强烈的自然是在全球化中处于劣势，在努力追赶的包括中国在内的东方国家。因为长期处于鲁迅所说的"被描写"地位，就更要以独立、平等的地位与身份，参与全球事务。这就必须以"重新认识自己"作为新的起点，进而突破西方世界单方、片面的话语体系，重建中国叙事的国家、地方知识体系。

屯堡文化就在这样的全球化提出的新问题的背景下，引起了安顺几代人的关注与积极参与。也如安顺学者杜应国所说，屯堡文化吸引我们的，就是它的"独特性"与"唯一性"。其主要有四个方面。

1. 民族文化独特性。屯堡人作为贵州早期的汉族移民，自身有着强烈的汉族自我意识和归宿感，但后来的汉族移民却将其视为非汉族，加上它和周围的少数民族之间的复杂关系，都显示了汉族和少数民族的"民族学境界的流动性"。把屯堡文化放在近现代中华民族概念形成的大视野下，就具有典型意义。

2. 文化多元性。屯堡文化作为一种移民文化，在漫长的六百年间，既在周边异质文化挤压下，坚守了原发地文化的某些特质，又吸收了周边异质文化元素，产生了新的变异，形成意义、构成更为复杂的"屯堡文化"。为我们理解和把握贵州文化，观察中国文化的多元性形成过程、特质，提供了一个典型案例。

3. 国家、地方、民间文化特性。屯堡文化是明代"调北征南""调北填南"国家政策的产物。在与周围少数民族杂居的过程中，屯堡人既为地方文化增添了新的色彩，也传播了国家观念与王朝意识，强化了"大一统"的地缘结构秩序。另一面，屯堡文化形成的必要条件却是屯卫变成村落，屯堡人由军事武力集团变为地域生活集团，个人身份也由军人变成农民。这就导致了国家意识淡化，民间社会特征突出，形成了国家与地方、正统与民间的复杂关系。

4. 儒家文化的世俗化。屯堡文化以儒家忠义伦理为核心价值，通过各种祭祀仪式建构了一个儒家伦理的礼俗世界。但在日常生活里，民间信仰又从不同方面突破儒家礼教，形成"儒、释、道、巫混杂"的现象。

可以看出，屯堡文化实际上是一个"大文化"，它把文化的国家性、民族性、地方性、民间性、主流性、边缘性全都融为一体，构建了一个独特的"多元文化"谱系。这就有了"甚至是国际性的研究价值与意义，拥有形成国际性文化研究的内在品质"（参看杜应国《关于尽快构建"安顺屯堡文化研究所"的倡议》）。正是基于屯堡文化对"贵州—中国—世界"的三重价值与意义，贵州大学教授张新民郑重提出："应该像敦煌学、徽学那样，有组织、有步骤地建立地域性专门学科——屯堡学。"而这样的"屯堡学"研究，必然是多学科的人文学综合研究。如本文丛编辑设想里所说，它"涉及社会学、历史学、人类学、民俗学、民族学、语言学、建筑学、艺术学、农学、人文地理学……研究"等十余个领域：多么博大、兼容的研究天地！

屯堡文化研究在"1980—1990—21世纪初"的兴起，还有一个不可忽视的时代背景，即国内由传统社会向现代社会转型，由此提出了"乡村建设、改造与文化重建"的历史任务。屯堡文化就不只是一个历史文化，更是一个活生生的存在现实。我们对屯堡传统文化的关注，仅仅是一个出发点，我们的兴趣，更在于"过去（传统）—现实—未来的关系"，要探讨屯堡传统文化对于乡村建设的意义。这里有一个历史的教训：我在考察中国从"五四"开始的一个世纪的乡村建设的历史时，就痛心地发现，知识分子前仆后继地到农村去，结果都是"雨过地皮湿"，农村落后的面貌并没有根本改变。原因之一就在于其多是一种"外部强势资源的导入"，"村民始终处于被动接受的地位"。由此而提出的是今天的新农村建设，必须以"寻找农村发展的内发资源与动力"作为突破口。屯堡文化又在这一点上，显示了自己的特殊价值与意义。

2000—2004年，我曾经任教过的安顺师范高等专科学校的师生，参加了中国社会科学院支持的"中国百村经济社会调查"项目，到屯堡的一个大村落——九溪村做田野调查，最后写出了《屯堡乡民社会》一书。同时，从2003年开始，又有一批朋友投入屯堡文化与地戏研究，在2008年出版了《建构与生成：屯堡文化及地戏形态研究》一书。两次调查研究，使安顺学者对屯堡文化有了新的发现和认识，主要有两个方面。

首先被关注到的，是屯堡文化独特的"集体文化"性。这显然与其军屯传统有关。研究者发现，即使在今天，屯堡社区依然"存在着一个和传统社会与国家之间具有丰富内容的社会空间"，"这一空间作为第三领域"，"在多元的组织、组织中的精英的活动、社会舆论的控制等因素共同作用下，起着一种沟通一、二空间（国家与社会）的功能"；"这些公共空间是从传统农村的自主空间演变过来的"。这就为今天的重建村民自治建设，提供了传统资源。由此提出了"乡民社会""自组织机制""农村公共空间"等概念，为在今天的乡村建设中如何发挥农民的主体作用，保证其主动参与、独立做主的民主权利，以及相应的制度建设，提供了新的思路。

同时被注意到的，是整个屯堡社区并不是一个保存完好的"异域飞地"，而是村民重建的故土家园。屯堡文化也不是足资见证历史遗迹的单纯的移民文化，而是一种丰富、复杂的，生存性、建构性的族群文化。屯堡文化在形成过程中，有明显的"文化增容"和"文化重组"。这也同样启示我们：今天的乡村建设，不能简单地继承、移植传统文化，更要有新的文化增容与重组。对屯堡的新农村建设而言，就是要在对传统屯堡文化的继承、借鉴与扩容、重组的过程中，寻找一条"适合自己地情的独立自主之路"。针对黔中这一类喀斯特环境特征的农村的建设，是不是可以不采取通行的"乡镇工业和农业产业化"的道路，而是走一条把传统资源与现代经济运作相结合的新路。于是，就有了这样的设想：开辟"在屯堡乡民社会核心家庭经济结构基础上，发展乡村旅游，实行本地传统农村工业、副业、手工业的现代改造"的屯堡式的乡村建设之路。这样的设计或许还需要实践的检验，但在传统的继承与扩容、重构中"走出自己的乡村建设之路"，却具有普遍的意义。

这背后或许还有更深层的意义。当我们这些安顺学者将所研究的屯堡文化成果转化为屯堡（乃至贵州）乡村建设的内发性资源时，也就意味着自己从事的学术研究，以至自身的生命都发生了重要的变化。这就是参与屯堡研究的中国社会科学院王春光研究员所说的，"我们知识分子终于找到了一条全新的道路"："从学术出发，又走出学术"，参与社会实践；更把自我生命与生养自己的脚下的土地、土地上的文化与父老乡亲密切联系起来。

我因此注意到，安顺三代学者提出的一个重大命题："认识脚下的土地。"这也是全球化时代遇到的新问题：人们从农村流向城市，由小城镇流向大都市，从中国流向世界，这都是全球化给人们带来的新机遇；但如果因此在心理与情感上疏离了自己生长的土地，就成了"无根的人"，失去了精神的家园，那就会产生新的生存危机。离去者走上了永远的心灵不归路，即使不离乡土，也会因失去家园感而陷入生命的空虚。这不仅是人自身存在的危机，更是民族精神的危机。在某种程度上，"安顺三代人"的屯堡文化研究，也成了自我拯救。

这就是我总结的屯堡文化研究的真谛：既立足"地方"（安顺，贵州），又联结"全国"与"全球"，最后通向"自我"。

现在，时间到了2023年。贵州相关部门推出了"屯堡文化研究传播转化重大工程工作方案"，推动屯堡文化研究的"再出发"。这又引发了我新的好奇心：这背后有着怎样的动因，又提出了什么新问题？我因此注意到，当今中国与世界正处于"历史的大变动"中。我们所关注的"地方——国家——世界"的关系，"农业文明——工业文明"的关系，"乡村——城市，乡村文化——城市文化"的关系，"人与大自然"的关系……都会发生巨大的变化，需要在更大的视野、更深的层面重新思考。就乡村建设本身而言，也有一个在既有成就基础上，"要有怎样的新发展"的问题。我更因此注意到，有研究者提出了为乡村和乡村建设"找魂"的任务：青山绿水不仅是风景，更是一种"文化"，我们要寻找的就是青山绿水背后的"人"，以及"人的精神与文化"。这就要求更自觉地把地方文化研究资源融入乡村建设之中。在我看来，今天的屯堡文化研究的一个日显迫切的任务，就是如何把学术研究成果转化为旅游资源、教育资源、文化资源：这些方面都有极大的发展空间。

    2023 年，我回安顺参加了《安顺文库》的相关活动，有机会和"90 后""00 后"的更年轻的一代进行交流。我向他们郑重建议：在面临精神的困惑，需要进行"价值重建，理想重建，生活重建"时，不要忘记就在你们身边的乡土文化，特别是屯堡文化资源。要从"土地里生长出来"的历史与文化里，寻找"变"中的"不变"。这样，你们也就在大变动的不确定的时代，获得了能够让自己安身立命的生命的确定性与永恒性。我也因此向安顺的"第四代"发出召唤：你们绝不是旁观者、被动的受教育者，更要投身于屯堡文化研究，在屯堡文化"再出发"中发挥自己这一代人的独特作用：这也是屯堡文化研究不断获得新的活力的关键所在。

2023 年 12 月 5 日

序

袁本良

　　本书作者范增如先生是黔中地方文化研究的知名学者。先生1940年生于四川达县（今四川省达州市），1958年入黔就读贵州大学中文系，1962年毕业分配到安顺，先后在安顺一中、安顺教育学院（1993年并入安顺师范专科学校）、安顺师范高等专科学校（简称安顺师专，今安顺学院）任教。至其2006年因病辞世，范增如先生在黔中安顺生活了将近半个世纪。

　　安顺自古地处荒服，其于秦汉为夜郎、普里故地，唐迄明初则为相继称为普宁、普定的羁縻土府土州所辖。明洪武初年，已经内附的普定土知府安瓒从云南元梁王把匝剌瓦尔密反叛。洪武十四年（1381）九月，朱元璋调派三十万大军，由傅友德、沐英等率领南下攻伐梁王。是年十二月，明军克服素有"黔腹滇喉"之称的普定（即今安顺），擒安瓒；次年闰二月占领云南全境。此后，数十万明朝官兵留守云贵地区，沿入滇之途设置卫所，推行屯田之制，由是形成黔中一带众多的屯军堡子。"屯军堡子皆奉洪武敕调北征南。当时之官如汪可、黄寿、陈彬、郑琪作四正，领十二操屯军安插之类，散处屯堡各乡，家口随之入黔。"①明初这次"调北征南"的重大军事行动及其后若干年内大规模的"调北填南"②逐渐从根本上改变了这一地区原先"夷多汉少"的局面。在其后的社会发展进程中，黔中地区的历史文化呈现了

---

① 常恩：咸丰《安顺府志》卷十五《地理志·风俗》。
② 明朝推行"就宽乡"移民政策，大批内地汉族民众因之迁往今贵州境内，因此黔中地区在"军屯"之外又出现不少的"民屯"和"商屯"。

它特有的面貌。其表现举其要者略有两端：一是由屯堡后裔所保留和承传，在服饰、语言、建筑、习俗等方面具有独特性的屯堡文化现象；二是由明清两代数百年间众多游宦或游寓于此的官绅文士所写作，反映黔中地区特殊地貌、人情、风物的诗文作品。应该说，这两个方面都是黔中文化最有特色也最能吸引人的地方。

范增如先生正是在黔中文化独特魅力的吸引下开始他的研究活动的。先生自述："也许是因为性本好古，萌发了对它的过去做一番考究的想法。"他研究工作的内容，正是前述黔中文化中最吸引人的两个方面。在第二方面，先生曾出版了《明清安顺风物诗文注评》[①] 一书，此书作为他在安顺师专讲授乡土文学的教材，为整理地方典籍、传播地方文化作出了贡献。在第一方面，先生写有屯堡考察及屯堡文化研究的数十篇文章，有的曾在《贵州文史丛刊》《安顺师专学报》《安顺文艺》《安顺日报》发表，还有一些未刊。先生曾计划出版《黔中文史论稿》一书，有关屯堡研究的论文自当收入其中，惜生前未能如愿。现在，安顺学院贵州省屯堡文化研究中心诸同仁在"屯堡文丛"中编辑出版此书，增如先生泉下有知，当会领首称许。

黔中地区屯堡文化的研究，由于有众多热心学者的参与，更由于有 2001 年成立的安顺学院贵州省屯堡文化研究中心的组织和推动，近年来呈现出繁荣兴盛的局面，在贵州地方文化研究中几成"显学"之势。不过在 30 年前，这方面的考察研究还少人问津。据我了解，增如先生是最早关注屯堡文化现象并自觉投入时间、精力进行调查、研究的学者。他一些 20 世纪 90 年代发表的文章，反映的是此前几年甚至十多年考察研究的成果。先生自言："几十年间，我一有空，就到民间收集、采访。深入调查研究，掌握大量第一手的资料，目的是为研究安顺尽自己的一点绵薄之力。"他所掌握的材料，涉及文献资料、口头采访，还有图像实物等等。正是因为有大量真实细致的材料作为支撑，他的研究成果翔实可信，常常能发他人所未见。本书中对于明代卫所屯堡分布的详细论述及其所绘制的相关图版，无不蕴含着作者田野调查的艰辛和爬梳甄别的心血。这些文章和绘图，仿佛是屯堡文化研究先行者笃实的

---

① 范增如：《明清安顺风物诗文注评》，贵州民族出版社，1999。

足印，可以给之后的学者指引方向，鼓励他们继续前行。

　　增如先生自幼喜好古文，有深厚的史学基础和古典文学修养。他在中文专业所教授的课程是明清文学，正与其学术研究的方向密合无间。先生自谓为"三书生"，"三书"即读书、教书、著书。可以说，他的所读、所教、所著，都离不开明清文化的典籍和现象（包括地方文化的典籍和现象）。他选定一个目标，便仰之钻之，数十年锲而不舍。正因为如此，他的研究在广度和深度上都大有可观。读本书中的论文，我们既可以看到黔中屯堡地域分布的共时性描写和历时性梳理，又可以看到若干屯堡现象的内部辩证和外部比较（如"屯"与"地"的分辨，安顺地戏与傩戏的判别等），这些研究皆能持之有故，言之成理，具有广知闻、明源流、正视听的作用。

　　本书附录了邓克贤先生的一篇文章，其称增如先生所著《明清安顺风物诗文注评》一书是作者安顺情结的体现。的确，正是增如先生对于安顺这个第二故乡的深挚情怀，加之深厚的古典文学修养，成就了他在安顺地方文化研究方面的卓越成就。对明清安顺诗文的研究是如此，对安顺屯堡文化的研究更是如此。克贤先生说，范增如先生对安顺文化研究的奉献"让安顺本土的同行汗颜"，于此我深有同感。我在安顺生活工作多年，曾与增如先生同校共事，还曾经楼上楼下比邻而居；在主编《安顺师专学报》时，还多次特约编发增如先生屯堡研究的文稿。我对增如先生孜孜不倦研究安顺地方文化的活动深有了解，也颇多敬意；而我自己对于这一方面的研究却少有措意。安顺是我的故里，我对乡邦文化的了解却远不及增如先生这样的外乡学者，思之不禁赧然。

　　先生文集出版，遵主事者之约，忝以此短文为之序。谨借以表达我对增如先生的一点追怀之思，同时也向以弘扬安顺地方文化为己任的安顺学院贵州省屯堡文化研究中心诸同仁表示由衷敬意。

2017 年 11 月 15 日于守拙斋

范增如先生手绘安顺屯堡分布图

明代贵州卫所分布示意图

（范增如绘，吕燕平校，安顺学院贵州省屯堡文化研究中心制）

明代安顺屯堡分布图

（范增如绘，吕燕平校，安顺学院贵州省屯堡文化研究中心制）

明代安庄卫屯堡分布图

（范增如绘，吕燕平校，安顺学院贵州省屯堡文化研究中心制）

明代平坝卫屯堡分布图

（范增如绘，吕燕平校，安顺学院贵州省屯堡文化研究中心制）

明代普定卫屯堡分布图

（范增如绘，吕燕平校，安顺学院贵州省屯堡文化研究中心制）

目　　录

专　　论...001

明代贵州卫所屯田比较谈...003

明代安顺行政军政建置沿革纲目...013

安顺屯堡史话...030

安顺屯堡分布格局及其原因...038

史证安顺屯堡的两重性...049

安顺"云山坉"不是明代屯军堡子...058

再谈安顺山坉、洞坉...062

明代普定卫戍屯官兵原籍考...066

安顺屯堡与屯堡人...080

"屯堡人"解...089

屯堡人之心理特征...092

贵州安顺地戏并非傩戏...096

安顺地戏释名及其他几个问题的探讨...105

看看云南"关索戏"　想想安顺"跳神戏"...112

屯堡人的"五显"信仰...115

"迎汪公"：屯堡人的迎神赛会...121

明代普定卫学宫·安顺府学宫建毁始末说...127

九溪"顾公墓"辩...131

安顺"屯堡文化"研究价值论...135

"堡"与"屯"辨 146

他　　论 149

　　古夜郎沿革及其先民 151

　　濮人僚人辨 165

　　明清"红岩古迹"考辨 179

　　关于元杂剧盛与衰的再思考 187

追　　思 195

　　范增如先生的安顺情结 197

　　沧桑岁月志不改 200

　　食古终可化 203

　　范增如先生与屯堡文化 209

附录：范增如先生屯堡研究留影 214

后　　记 217

专　论

明代贵州卫所屯田比较谈

文化是某个人类群体的生存系统，它包括物质的、制度的、行为的、精神的诸多层面。安顺屯堡文化则是屯堡人群体的生存系统。这个生存系统的形成首先有赖于屯堡人群体的形成，而这个群体则是明代推行卫所屯田制的产物。有明一代卫所屯田遍及贵州省内外，但大都成了历史陈迹；然则，何以在安顺屯堡地区形成了屯堡人群体的生存系统并传承不息？本文拟就明代贵州卫所屯田作比较论证，以寻其原。

明代贵州省设有多少卫所？万历《贵州通志》分卷详载了贵州都司所领18卫及2直隶御千户所（属湖广都司所领者列入兼制卷），兹先设目列表如表1：

表1 明代贵州都司辖卫情况表

分类	卫所名	置年	隶属	领所	原额旗军	万历查存
中二卫	贵州卫	洪武四年	隶四川都司，十四年改隶贵州都司	5所	5704名	2911名
	贵州前卫	洪武十五年	隶贵州都司	5所	6905名	2439名
上六卫	威清卫	洪武二十三年	同上	5所	5100名	1815名
	平坝卫	洪武二十三年	同上	5所	5600名	2116名
	普定卫	洪武十五年	隶四川都司，正统三年改隶贵州都司	5所	6905名	2439名
	安庄卫	洪武二十二年	隶贵州都司	5内所及1外守御所	5599名	1659名
	安南卫	洪武二十三年	同上	5所（尚有2守御所）	5600名	1201名
	普安卫	洪武二十年	隶云南都司，改隶贵州都司	7内所及外4守御所	13777名	913名

续表

分类	卫所名	置年	隶属	领所	原额旗军	万历查存
西四卫	毕节卫	洪武十六年	隶贵州都司	5所	5567名	1211名
	乌撒卫	洪武十五年	隶云南都司，永乐十二年改隶贵州都司	4内所及外1所	6189名	1448名
	赤水卫	洪武二十二年	隶贵州都司	4内所及外4所	7468名	1088名
	永宁卫	洪武五年	隶四川都司，后改属于贵州都司	5所	5943名	缺
下六卫	龙里卫	洪武二十三年	隶贵州都司	5所	5600名	1212名
	新添卫	洪武二十三年	同上	5所	5999名	888名
	平越卫	洪武十四年	隶四川都司，寻改贵州都司	5所	7017名	266名
	清平卫	洪武二十三年	隶贵州都司	6所	980名	385名
	兴隆卫	洪武二十二年	同上	5所	7137名	1022名
	都匀卫	洪武二十二年	隶四川都司，永乐十七年改隶贵州都司	5所	6674名	960名
守御所	普市所	洪武二十二年	隶贵州都司		1420名	84名
	黄平所	洪武八年	隶四川都司，十五年改隶贵州都司		1109名	389名
合计					116293名	24446名

明代贵州都指挥使司始置于洪武十五年（1382），贵州卫来隶当在此年。其余个别卫所置年或小有出入，因与本文讨论议题并无大碍，放兹不冗辩。湖广都司兼治的贵州境内卫所以及明末添置的卫所，另从《明史·地理志》中摘出补录如下：

五开卫　洪武十八年正月置，隶属湖广都司，后废，三十五年（建文四年，下仿此不注）十一月复置。

古州卫　洪武二十六年置，寻废。

　　铜鼓卫　洪武三十一年置，属湖广都司。后二年废，三十五年十一月复置。

　　平溪卫　洪武二十二年置，属湖广都司。万历二十九年十一月改属贵州都司，三十一年四月还属湖广都司。

　　清浪卫　洪武二十三年四月置，属湖广都司。万历二十九年十一月改属贵州都司，三十一年四月还属湖广都司。

　　偏桥卫　置年、隶属同上。

　　镇远卫　洪武二十二年七月置，隶属同上。

　　以上七卫，除古州卫置而寻废外，其余六卫习惯上称为"东六卫"。这六卫虽置地在贵州行省境内，但军政上隶属湖广都司。

　　敷勇卫　本扎佐长官司，属贵州宣慰司。崇祯三年改置卫，属贵州都司。卫领四守御千户所。

　　镇西卫　本贵州宣慰司水西地，崇祯三年置卫，属贵州都司，卫领四守御千户所，中含定南所，治今普定县城。

　　从上列材料可知：有明一代，贵州行省域内（时不含北之遵义地区、东之天柱县及南之罗甸、望谟、贞丰、册亨四县）曾设置过 27 个卫及 2 个直隶守御千户所，分隶贵州、湖广二都司。基本上与明代始终的卫所有贵州都司所辖之"中二卫""上六卫""下六卫""西四卫"二千户所及湖广都司所辖之"东六卫"[①]，凡 24 卫、2 千户所。

　　贵州境内设置卫所，可以"调北征南"为界线分为三个时期：征南以前，已设置了贵州卫、永宁卫、黄平所，置时俱隶四川都司。征南期间，设置了平越卫、普定卫（置时俱隶四川都司）、乌撒卫（置时隶云南都司）、贵州都司、毕节卫（置时即隶贵州都司），可以说是直接应平南战争之需而设。征南以后，又广设卫所。经过调整，18 卫及 2 直隶守御千户所隶贵州都司，"东六卫"始终隶湖广都司，终于洪武

---

① 又称"边六卫"。

基本完成，以达长期控制云贵边陲之目的。这些卫所都在"调北征南"时南、北两路大军进军云南的路线上，亦即湖广、四川进入云南的孔道上。可以说，贵州广置卫所是征南战争的产物和延续，设置目的不外通道和"控夷"。征南前，"以地皆夷僚，多叛，添置黄平所以守御之"①。征南中，毕节卫之设及征南总兵官颍川侯傅友德"十六年班师至此，以地宽广，四控皆夷，路当冲要，又因毕节驿名，乃奏缴乌蒙卫印信，改建毕节卫，隶贵州都司"②。征南后，更添普市所，也是"以其地当滇贵要冲"③。

远在"化外"的新设蕞尔省份竟然设置如此之多的卫所，其密集程度，几乎相当于明制60里一驿的规模，而驻军之多则又远远过之。单就贵州都司所辖18卫、2所旗军原额合计竟达116293名，加之湖广都司所辖6卫旗军，少说也有3万余名，共计几乎相当于30万征南大军数量的一半。众多旗军集聚边地，军需何来？卫所戍兵就地屯田，势在必行。仅据《明太祖实录》所载如下数条，即知大略。

洪武十五年三月丁丑条载："云南既平，留江西、浙江、湖广、河南、四川都司兵守之。"傅友德即奏请以"戍兵屯田之入以给之。上可其奏。"④

洪武十九年十二月丁巳条载："五开等卫亦令军士屯田自食。"⑤

洪武二十年十一月壬午条载："命（陈）桓等领兵屯田于毕节等卫。"⑥

但据咸丰《安顺府志·陈桓传》载，普定侯陈桓已于洪武十五年（1382）即"屯田毕节，于是度道里，树栅为营，刊木通途，筑渠遏水。夷人不敢动，而屯田卒成，毕节遂为沃壤"⑦。

①　许一德、王来贤等：万历《贵州通志》卷十三《黄平所·沿革》。
②　许一德、王来贤等：万历《贵州通志》卷十《毕节卫·沿革》。
③　许一德、王来贤等：万历《贵州通志》卷十一《普市所·沿革》。
④　《明太祖实录》卷一百四十三，洪武十五年闰二月至三月。
⑤　《明太祖实录》卷一百七十九，洪武十九年八月至十二月。
⑥　《明太祖实录》卷一百八十七，洪武二十年十一月至十二月。
⑦　常恩：咸丰《安顺府志》卷三十《职官志三（明名宦传）·陈桓传》。

洪武二十年十二月壬子条载：又命陈桓、叶升"率湖广都司诸军驻普安分屯。"①

洪武二十三年正月乙酉条载："命唐胜宗、张龙往黄平、平越、镇远、贵州诸处训练军士，提督屯田。"②

洪武二十三年六月乙丑条载："给云南诸卫屯牛。先是，延安侯唐胜宗等往云南训练军士，置平溪、清浪、镇远、偏桥、兴隆、清平、新添、隆（龙）里、威清、平坝、安庄、安南、平夷十三卫屯守，而耕牛不给，胜宗请以沅州及思州宣慰司、镇远、平越等卫官牛六千八百七十余头分给屯田诸军。"③

　　贵州行省始置于永乐十一年（1413）。之前，平坝及其以西地区属云南行省；清镇及其以东地区（含毕节、水城）则属湖广行省。洪武间征南南路大军"首克普定"即征南首战告捷。引文中所谓"云南"当指云南辖地，同时也兼及贵阳以东卫所区。贵州卫所屯田大抵始于征南期间及其以前所设诸卫所，起始时间当在云南既平时，至洪武末遍及新设诸卫所。留戍屯田之兵，主要是江西、浙江、湖广、河南、四川等都司兵。随着屯田制的推行，军人家口随之入黔。这种史无前例的、大规模的集团式人口迁徙，为新型的强势群体"军户"的形成奠定了坚实基础。
　　如上所说，贵州都司各卫所原额旗军总计11万余名。据后来的官方奏报，又远不止此数，可能包含了湖广都司所领"东六卫"原额旗军在内。奏报中常言旗军逃亡严重，以为贵州军务之大患，如《明宪宗实录》载：

　　成化三年三月辛卯，贵州总兵官毛荣奏："贵州都司原设旗军十六万

① 《明太祖实录》卷一百八十七，洪武二十年十一月至十二月。
② 《明太祖实录》卷一百九十九，洪武二十三年正月。
③ 《明太祖实录》卷二百二，洪武二十三年五月至六月。

一千八百余名，今止有二万八千八百余名。"①

成化六年八月丁未，巡抚贵州右副都御史秦敬奏："贵州旧设二十卫所军十四万五千四百有奇，今除屯田之外，守城支粮者仅一万五千人，后因减其月粮，逃亡愈多。"②

典型卫所恐怕要算清平卫了，万历《贵州通志》云："旗军原额九千八百二名，香炉山兵变及逃亡故绝，止存屯操共三百六名，防守炉山七十九名。"③

按明制，驻扎在边地的旗军，三分戍守，七分屯田。担任戍守的旗军，既要驻防"夷乱"，又要频频出征镇压"夷乱"，特别是云南、贵州、广西等省（区）尤为突出。兼之待遇苛刻诸种原因，乘机逃亡，不可避免。上面引文清楚地表明：原额旗军中逃亡的是"除屯田之外"的"守城支粮者"。因此不能以为旗军大量逃亡就是屯军大量流失，更不能以此以为屯田之法废弛不行。万历《贵州通志·经略志》载提学谢东山《勘处地方议》指出：

各卫正军虽多逃绝而余丁尚多，屯田虽多僻远而佃户颇众，动谓军伍缺乏、屯田荒芜者，伪也。大抵余丁多于旧时而借口于逃绝，屯田广于旧额而借口于荒芜，于是丁口为卖闲之资，田粮为私庄之蓄。此各卫影射之弊，守巡该道，尤宜留心清理者也。④

文中"正军"即在役在册军人；"余丁"指正军准予随带丁口，可以替补正军；"卖闲"即军官收取军人贿赂，准其私自外出一段时日。谢东山于嘉靖三十一年

---

① 《明宪宗实录》卷四十，成化三年三月。
② 《明宪宗实录》卷八十二，成化六年八月。
③ 许一德、王耒贤等：万历《贵州通志》卷十三《清平卫·兵防》。
④ 许一德、王耒贤等：万历《贵州通志》卷二十《经略志下》。

（1552）任贵州提学副使，任上所议，勘实了当时正军虽多逃亡而余丁尚多、屯田佃户众多而尚未荒芜的现状，且针砭了卫所军官瞒上肥私的时弊，不可不留心清理。至若军户丁口，据万历《贵州通志》载，原有军户 72273 户，丁口 261869 人，查存军户 59340 户，丁口 184601 人，虽数量有所减损，但仍是个庞大的军屯群体。更益之以众多的佃户，屯田绝不至于荒芜。兹再据万历《贵州通志》所载各卫所屯科田粮增减情况列表 2 如下：

表 2　明万历年间贵州各卫所屯科田粮增减情况表

卫所名	原屯科田总数（亩）	查存屯科田（亩）		原屯科粮总数（石）	查存屯科粮（石）	
		屯田	科田		屯粮	科粮
贵州卫	44689	27143	8468	5193	4900	453
贵州前卫	37056	33213	5213	5486	5240	286
威清卫	41350	16591	3738	5357	5166	202
平坝卫	36112	18806	3015	5125	4968	162
普定卫	76724	31962	14933	7609	6960	799
安庄卫	72193	18662	3404	6686	6512	238
安南卫	34670	16206	9431	5850	5380	506
普安卫	78444	29140	24129	11480	11028	1190
毕节卫	64008	22467	22171	5082	4163	1116
乌撒卫	84938	82009	8551	6489	6555	425
赤水卫	57288	54276	12880	5703	5128	776
永宁卫	53391	53290	7394	7095	6777	453
龙里卫	63147	18244	1913	4303	4228	77
新添卫	26885	11597	2912	2647	2618	155
平越卫	37532	16495	143	2983	2658	5
清平卫	19708	6056	150	2608	2645	10
兴隆卫	49097	9374	1337	3222	3246	73
都匀卫	33570	23589	3566	3219	3057	208
普市所	5747	2628	909	872	824	49

续表

卫所名	原屯科田总数（亩）	查存屯科田（亩）		原屯科粮总数（石）	查存屯科粮（石）	
		屯田	科田		屯粮	科粮
黄平所	10023	7783	149	2508	2509	8
合计	926572	499531	134406	99517	94562	7191

原有屯科田总数与《明英宗实录》正统年间尚书王骥所奏报"贵州等二十卫所屯田、池塘共957600余亩"小有出入，而查存屯科田总数633937亩，少于原有数30多万亩，与谢东山勘议"屯田广于旧额"不符，可能就是因为"田粮为私庄之蓄"了。查存屯科粮总数101753石又略高于原有总数，也恰好说明"屯田荒芜"之伪。换言之，明代贵州屯田，时至万历年间仍呈持续发展势头。

贵州都司卫所设置先后、建制大小不尽一致，其屯田规模、发展变化亦不平衡。"上六卫"与"下六卫"具有很大的可比性，仍据万历《贵州通志》列出如下比较表：

表3　明万历年间贵州"上六卫"与"下六卫"屯田情况

项目 卫称		上六卫	下六卫
旗军	原额	42581名	33407名
	查存	10143名	3863名
军户	原有		
	查存	22992户	10012户
丁口	原有		
	查存	94142人	57005人
屯科田	原有	339493亩	229939亩
	查存	190017亩	95376亩
屯科粮	原有	42107石	18989石
	查存	43111石	18980石

关于军户、丁口原有数，万历《贵州通志》记载不全，无法作精确统计，只得缺如。总体说来，表中所设项目，无论是原有规模，还是查存数据，"上六卫"都远远大于"下六卫"。再具体一点，"上六卫"中，威清卫屯科粮略增，平坝卫户口、科粮有增。普定卫户口有减（据嘉靖《贵州通志》载，军户为6060户、丁口为20400人，而查存军户仅1025户、丁口2837人，相差太大，疑刊刻有误或有隐匿），屯科粮有增。安庄卫屯科田有减，屯科粮有增。安南、普安二卫户口、屯科粮均略增。"下六卫"中，清平卫军户有减，龙里、新添、平越、兴隆、都匀五卫屯科田俱大减。还可注意查存科田、科粮两项，"上六卫"科田有58650亩，科粮有3097石，而"下六卫"科田为10021亩，科粮仅有528石，说明"上六卫"垦殖面积开拓之大，效益更可观。

上、下六卫还可以从别的角度作些比较。

一是地域宽窄。"上六卫"涵盖今之清镇、平坝、西秀、普定、镇宁、关岭、晴隆、普安、盘县、兴仁、安龙11县（市、区），地域宽广；"下六卫"仅涵盖黔东今之黄平、福泉、都匀、贵定、龙里5县（市），地域窄小。

二是军事战略地位。"上六卫"扼控贵州通滇孔道全程，特别是普定，在隶属云南时被称为"滇之喉"，改隶贵州后又被称为"黔之腹"。"下六卫"虽亦多在要道上，但权衡轻重，始终次要。这两条又与建制大小有关。据万历《贵州通志》载，"上六卫"除领内32个千户所外，尚领5个外守御千户所，且安南卫亦领2个外守御千户所（新兴、新城）。"下六卫"仅领引内千户所。卫所建制大小适与防御地域大小、得失利害成正比例。

三是自然条件、经济文化状况。万历《贵州通志》在各卫所"风俗"条偶有碎语提及此事。威清卫，卫戍军士皆湖广人，"居田野以耕织为业，处市廛以商贩为生"①。普定卫，"汉夷异俗，尚义重文，诗书礼乐不减中州，物产富庶"②。安庄卫，

① 许一德、王耒贤等：万历《贵州通志》卷五《威清卫·风俗》。
② 许一德、王耒贤等：万历《贵州通志》卷六《普定卫·风俗》。

"以耕织为业,家颇饶裕",且"尚儒重信"①。安南卫,"流寓浸有华风"②。普安卫,"郡城军民多自中州迁戍,士事诗书,农勤稼穑,尚文重信,尤胜他郡"③。而龙里卫,"土瘠人稀"。清平卫,"卫人皆自江南迁者","与夷民杂处"④。兴隆卫,"卫人与附近夷民皆不事商贩,以力田为生,土沃力勤,岁无匮乏"⑤。仅此略知:"上六卫"物产丰富,耕织效益可观,家可自给自足。这与田土肥沃大有关系。有人说贵州无平原,不尽然,平坝古称"平原",今驱车贵黄公路就可发现,平坝至镇宁县境可谓一马平川,这为卫所屯田提供了有利条件。而"下六卫"除兴隆(黄平)外,基本可谓"土瘠"田少,屯田条件较差。"上六卫"商品经济有所萌芽,至今安顺屯堡人擅于经商,而"下六卫"似乎仍是单一的农业经济。"上六卫""汉夷异俗"。或卫所单独存在,或与长官司异域,或卫所与州县并存。前者治军,后者治长官司之"夷民"。这种分治,有利于屯堡社区的形成与巩固。"下六卫"则人多"与夷民杂处"。"下六卫"多兼领长官司,龙里卫兼领大平伐司,有夷民79户,1836丁口;新添司兼领小平伐等5长官司,合计1122户,5657丁口;平越卫兼领杨义司,民户失载,有9129丁口;都匀卫曾兼领九名九姓、独山等7长官司,合计6436户,11511丁口。"下六卫"可以说是典型的"夷汉杂处",这种环境难形成稳固的屯堡。

至若平坝、普定、安庄三卫屯堡区更有独具的三大优势,即屯堡数量之多、密度之大居全省之首,屯堡区军户丁口之众、屯田屯粮之多居全省之首,安顺地区突破"夷多汉少"居全省之先,在拙文《安顺屯堡史话》有简论,兹不重复。

---

① 许一德、王耒贤等:万历《贵州通志》卷七《安庄卫·风俗》。
② 许一德、王耒贤等:万历《贵州通志》卷八《安南卫·风俗》。
③ 许一德、王耒贤等:万历《贵州通志》卷九《普安卫·风俗》。
④ 许一德、王耒贤等:万历《贵州通志》卷十二《龙里卫·风俗》。
⑤ 许一德、王耒贤等:万历《贵州通志》卷十三《兴隆卫·风俗》。

明代安顺行政军政建置沿革纲目

一、洪武五年至洪武十八年之普定土府

明太祖洪武五年（1372）正月，元普定路总管府女总管适尔及其弟阿瓮入朝贡马，内附伊始，明即以其地置普定土府，以适尔为土知府，世袭其官。府治仍为元普定路治，即今安顺城东南羊武西洗马塘之安榨城，府仍领元普定路所领之习安、安顺、镇宁、永宁四州。

洪武六年（1373）正月，尝设流官二员，旋废，更以元总管府判官阿刚为土府通判，治普定故城。洪武十年（1377）七月，普定土府世袭土官女知府适贵入朝。洪武十一年（1378）十一月，赐普定知府安瓒（又作"锁"）锦绮各二匹。至是，普定土府土官知府已历两人矣。

元普定路总管、明初普定土府知府系彝族，土官皆世袭，史称羁縻府是也。曾一度"改土归流"，未果。安榨城疑为安瓒城。咸丰《安顺府志·地理志·疆里·洗马塘》云："近羊武有旧土司遗址，城包数坡，旧土知府治。"[1] 又咸丰《安顺府志·地理志·古迹》云："唐宋普宁州、普里部，元普定路在今府城南八十里坡枝洗马塘。"[2] 又咸丰《安顺府志·地理志·水·洗马塘》云："相传为土酋洗马处，故名。"[3] 习安州治在今普定沙家马场上官寨，普定卫城筑即徙治卫城；安顺州治在今旧州，原名八十一寨；镇宁州治在今紫云火烘，今作火花；永宁州治在今镇宁打罕。普定故城，

---

① 常恩：咸丰《安顺府志》卷四《地理志·疆里》。
② 常恩：咸丰《安顺府志》卷十二《地理志·古迹》。
③ 常恩：咸丰《安顺府志》卷十《地理志·水》。

即征南先锋顾成所克之普定，咸丰《安顺府志》考定为定南城（今普定县城）。

洪武十四年（1381），云南元梁王把匝剌瓦尔密叛，时隶属云南行省之普定土府知府安瓒附从之，引发了所谓"调北征南"。十二月，征南南路先锋顾成克普定，暂列栅城以守，并生擒安瓒，普定土府即废。云南平，复置普定府，仍领习安、永宁、镇宁、安顺四州。普定府旋升普定军民府，至洪武十八年（1385）七月废。

万历《贵州通志·普定卫·沿革》云："皇明洪武十四年复置普定府。"[①]据《明太祖实录》载，洪武十五年三月"更置云南布政司所属府、州、县"[②]，中有普定府。复置时间当从《明太祖实录》。此普定府仍为土府。习安州治，据《贵州通志》记载，在卫城西南隅。洪武十四年（1381）十二月二十八日，吴复卜阿达卜寨兴工筑普定新城（即今安顺城），十五年（1382）闰二月十七日竣事，十五年正月初七即于此置普定卫。盖卫城成而习安州治自西堡（沙家马场上官寨）徙来。

据《明太祖实录》载，洪武十五年（1382）十一月，普定军民府知府者额来朝。可证其时已升为军民府，且改隶四川布政使司。者氏亦彝族，可知军民府仍为土府。

二、洪武十八年至万历三十年之三州六司

洪武十八年（1385）七月，罢四川布政司普定军民府时并废习安州，而永宁、镇宁、安顺三州又改隶云南布政司。洪武十九年（1386），置西堡、宁谷、十二营、康佐、顶营、募役六长官司。洪武二十五年（1392）八月，以三州、六司隶普定军民指挥使司。洪武二十七年（1394）四月，更定西南夷府州司隶属，以三州六司隶四川布政司。

《明史·顾成传》云："（洪武）十八年，奏罢普定府，析其地为三州六长官司。"[③]废习安州必在此时。罢普定军民府、废习安州、设六长官司，盖从顾成请也。六长官司之置，万历《贵州通志》于宁谷、西堡、十二营、康佐四司皆注云

---

① 许一德、王耒贤等：万历《贵州通志》卷六《普定卫·沿革》。

② 《明太祖实录》卷一百四十三，洪武十五年闰二月至三月。

③ 张廷玉等：《明史》卷一百四十四《列传第三十二·顾成传》。

洪武十九年置，于顶营、募役二司则注云洪武四年置。然于顶营正长官阿光下注云："本寨民，洪武四年归附，充寨长，有功，三十一年升本司正长官。"于副长官程仕下注云："湖广麻城县人，充明氏千户，洪武四年归附，拨贵州卫，屡征有功，十九年升授本司副长官。"于募役正长官阿夷下注云："本寨民，充寨长，洪武十四年归附，有功，十九年升授本司正长官。"于副长官杜仲仁下注云："六合县人，丁酉年归附从军，洪武四年拨贵州守御，十八年升授本司副长官。"^①此四长官无一授职于洪武四年（1371）者。又《永宁州志》载，原籍江西金溪县人罗录，洪武十二年（1379）选顶营寨长，十九年（1386）颁印，授顶营长官司。合而考之，顾成于洪武十八年（1385）奏请置六长官司，于十九年实行无疑。《明太宗实录》太宗永乐四年（1406）四月癸未条，"升永宁州为永宁府，仍隶云南布政使司，命土官知州各吉八合为知府，盖嘉其能修职贡也。"^②寻仍改为州。宣宗宣德六年（1431）四月，设关索岭巡检司，置土官、流官、巡检各一员、寻废。均见于《明宣宗实录》，且仍隶云南，盖三州又改属矣。设府后仍称州，设而复降，明矣。有关索岭土官巡检名李实者，证明设司是实；然正统三年（1438）各州所领俱无是司，盖此之前已废。正统三年八月，改镇宁、永宁、安顺三州俱隶贵州布政使司。镇宁州领十二营、康佐二长官司及在城税课司、安庄驿；永宁州领顶营、募役二长官司及盘江巡检司、查城驿；安顺州领宁谷、西堡二长官司及普利驿。

贵州承宣布政使司设于永乐十一年（1413）二月，时仅领思州、新化、黎平、石阡、思南、镇远、铜仁、乌罗八府。此前，安顺地区无论府、州，或隶云南布政使司，或属四川布政使司，改隶频繁，自此不变。安顺州东抵平坝卫界，东南、南抵定番州界，西南、西抵安庄卫界，西北、北、东北抵镇宁州界。其州治原在旧州（地名八十一寨），正统三年改土设流，徙治普定卫城（安顺）西南隅原习安州新治所。州领寨十二、长官司二。其宁谷长官司，治州东十五里宁谷寨，领二十九寨；其西堡长官司，正司治废习安州治即今普定沙家马场上官寨，副司治今镇宁西北境

---

① 许一德、王耒贤等：万历《贵州通志》卷八《永宁州·职官》。
② 《明太宗实录》卷四十二，永乐四年四月。

官寨。其职官有：知州一员，判官一员，吏目一员，普利驿驿丞一员，广积仓大使一员；土同知一员，宁谷司长官一员，西堡司正副长官各一员，二司吏目各一员。

（一）安顺州

万历《贵州通志》安顺州治注云："洪武十五年建于地名八十一寨，正统间改土设流，建治在普定卫西南隅，弘治间知州李腾芳重建。"① 在说明其沿革时亦云："正统三年设流官。"② 重建者，在原习安州治旧址上重建。咸丰《安顺府志》云徙治在成化年间，非是。安顺州本为土州，正统间虽设流官，其张氏为州土官世袭依然。万历《贵州通志》云："阿窝，本寨长，洪武十四年归附，十八年功授本州土州判，故绝。侄宇袭，永乐元年功升土同知。十八年，男张宠功升土知州。男承祖袭，绝。成化十三年，侄杰仍土同知，沿鹤翔袭。"③《明太祖实录》载："洪武十六年四月，八十一寨长阿窝等来朝贡马。"④ 咸丰《安顺府志》以为阿窝为普定土府土通判，误矣。据《明太祖实录》载，有州土官恩得，土官同知阿宇、土官同知阿笼、土官知州阿宠、土官知州张慎祖。阿笼实即阿宠，张慎祖即张承祖。

宁谷司正长官先者氏后顾氏。据万历《贵州通志》载，洪武十八年（1385），废普定土府，十九年（1386）降土知府之嗣为宁谷正长官。正统初，者氏绝。本司土酋顾兴仁之子其佑征南留守普定卫，洪武十八年（1385），功授副长官。正统初三世孙顾雄为正长官。（天顺中为顾钟，见《明太祖实录》）六世孙顾勋故绝，次房顾纲袭。七世孙顾邦宁为事监故。嘉靖三十八年（1559），八世孙顾东鲁袭，故绝，同堂顾邦宪管理。宁谷长官司原有正副长官，至正长官者氏绝而副长官顾氏继任正长官后，不再有副长官司。

西堡正长官沙氏，据万历《贵州通志》载，沙卜却于洪武二十五年（1392）授正长官。永乐二年（1404），次子沙密登故绝。宣德八年（1433），嫡孙沙建袭。九世孙

① 许一德、王来贤等：万历《贵州通志》卷六《安顺州·公署》。
② 许一德、王来贤等：万历《贵州通志》卷六《安顺州·沿革》。
③ 许一德、王来贤等：万历《贵州通志》卷六《安顺州·职官》。
④ 《明太宗实录》卷一百五十三，洪武十六年三月至四月。

沙正年幼，堂叔沙贵袭。西堡副长官温氏，据万历《贵州通志》及《明太祖实录》，征南从征温伯寿，江西南昌人，洪武二十年（1387），实授副长官。经温铠，至五世孙温廷玉被杀，故绝。正德六年（1511），弟廷瑞袭。八世孙温正阳故绝，弟温东阳袭。

（二）镇宁州

镇宁州东、东南抵安顺州界，南、西南、西抵永宁州界，西北、北抵安顺州界，东北抵金筑安抚司界。其州治，旧在火烘哨（今紫云火花），嘉靖十一年（1532）徙治安庄卫城（今镇宁）。州领寨六、长官司二。其十二营正长官司，治州北十二营寨，领二十九寨。副长官司（后升安抚），治今普定硝硐。其康佐正长官司，治州东康佐寨（待考定），领四寨。副长官司（后升安抚），治老鸡场（今属西秀区境）。其职官有：知州一员，吏目一员，税课局大使一员，安庄驿驿丞一员；二长官司正长官司各一员，安抚副长官各一员，吏目各一员。

镇宁州原本谢氏地（号谢番）所设置土州，明初设流官知州，降谢氏土知州为土同知。代宗景泰三年（1452）四月又裁土同知，终于改土归流。镇宁州治，万历《贵州通志》注文云："旧在火烘哨，洪武十六年建。嘉靖十一年，巡按御史郭弘化题改于安庄卫，知州张邦珠建。"① 《明太祖实录》所载相同。据万历《贵州通志》载，十二营司正长官陇氏及者氏别族，十二营营长陇阿住于洪武十九年（1386）为十二营司正长官，传至陇时康故绝。隆庆四年（1570），以长女陇氏掌印。又，安抚土官萧杰，湖广云梦人，于洪武十年授试副长官。正统三年（1438），三世孙萧琬升安抚。七世孙萧选袭副土官，沿至萧芳袭。② （《明英宗实录》载有萧贤、萧琬名、萧贤当为萧杰之子。《安顺府志》载有十二营副长官陆氏，云陆安贵于洪武十九年为副长官）又，康佐司正长官薛福寿，江西赣县人，乃征南从征官，于洪武十九年（1386）授正长官。至薛鳌故，薛麟袭。（据《于氏族谱》载，因"康佐正长官薛麟地方背叛，该司印信久追贮库"，薛麟已被削职）又，康佐司副长官司于成，山东宁海人，征南从征官，于洪武十五年（1382）除本司长官。三世孙于鉴升安抚。五世孙于驻

① 许一德、王耒贤等：万历《贵州通志》卷七《镇宁州·公署》。
② 许一德、王耒贤等：万历《贵州通志》卷七《镇宁州·职官》。

为恶监故绝，侄于安扫管理地方。① 〔据《于氏族谱》，二世祖于佑，永乐二十二年（1424）承袭副长官。三世祖于鉴，永乐二十三年（1425）承袭副长官，正统四年（1439）升授安抚，仍管本司事务。四世祖于瑛，景泰六年（1455）承袭安抚。五世祖于谦，弘治八年（1495）承袭安抚。六世祖于注，嘉靖十年（1531）承袭安抚。七世祖于安林，承袭前职。八世祖于腾龙，万历四十三年（1615）承袭安抚，天启四年（1624）授守备，天启五年（1625）领康佐正长官印信到任管事，崇祯十五年（1642）升授副总兵都督金事，奉调督兵守御凤阳陵，留子于应鹏照旧管理康佐司印务。九世祖于应鹏，入清后仍授正长官〕康佐长官司治所、万历《贵州通志》注文云："（镇宁）州东四十里，元为康佐寨。"② 州治乃今紫云火花，其东康佐寨待考定。《明太宗实录》永乐元年（1403）载镇远侯顾成言："普定卫康佐长官司岁输秋粮止内普定卫，洪武二十五年始改输安南卫。然康佐距安南卫三百五十里，往复半月，人负米三斗，止足途中之食，故累岁有亏。康佐距普定止两日，若令仍旧运输普定，民甚便之。"③ 据顾成所言途程，康佐司当在卫城南九十里左右，应在今西秀与紫云接壤处，即老鸡场。此指康佐副司治所。而康佐副司明季已升为正司，故咸丰《安顺府志·古迹》云："明康佐长官司，在归化厅（紫云）西。"且引《贵州通志》言："（归化）东倚板当，西凭康佐。"④

（三）永宁州

永宁州东、东南抵镇宁州界，南抵广西泗城州界，西南抵广西安笼司界，西抵普安州界，西北抵普安卫界，北抵安顺州界，东北抵安庄卫界。其州治，初仍元制，在打罕寨，嘉靖十一年（1532）徙治关索岭守御千户所城，万历四年（1576）又徙治安南卫城（今晴隆），终明不变。州领寨六、长官司二、巡检司一。其顶营正长官司，治沙营寨。副长官司，治顶营寨。其募役正长官司，治募役寨（今镇宁县花江

---

① 许一德、王耒贤等：万历《贵州通志》卷七《镇宁州·职官》。
② 许一德、王耒贤等：万历《贵州通志》卷七《镇宁州·沿革》。
③ 《明太宗实录》卷五十三，永乐五年十月。
④ 常恩：咸丰《安顺府志》卷十二《地理志十一·古迹》。

镇）。副长官司，治今镇宁募役。盘江巡检司，治所原在黄土坡，万历间徙治盘江桥下。其职官有：知州一员，吏目一员，查城驿驿丞一员，永丰仓大使一员；二长官司正副长官各一员，吏目各一员；盘江巡检司巡检一员，添注土巡检一员。

永宁州原本韦氏地所置土州，明初仍之。后设流官，降土知州为土同知，代宗景泰三年（1452）四月又裁土同知，州政全归流官。宪宗成化三年（1467），韦阿礼叛，平之，遂绝。永宁州治之徙，《明世宗实录》嘉靖十一年（1532）六月丙午条云："移贵州永宁州治于关索所，镇宁州治于安庄卫。先是，二州设在打罕、火烘夷域，其地毒瘴，官吏皆僦居普定卫城，去治境且二百里，寄空衔而已。至是，巡按御史郭弘化请移治于二城，以便统摄。诏可。"① 然万历《贵州通志》云："初建于打罕寨，宣德间改建于关岭所。嘉靖十一年巡按御史郭弘化题改于安庄卫。万历四年兵备杨启元议，安南无有司节制，题请改建于安南卫，城制始定。"② 又《安庄卫·公署·守备署》注云："察院后，旧为永宁州治，今改州于安南卫。"③ 据此，永宁州治凡四徙也。嘉庆《重修一统志》永宁故城条引万历《贵州通志》云："明宣德间改建于关岭所，俗仍谓之打罕州。万历四年又改建于安南卫。天启中移今治。"④ 又查城条引旧《镇宁州志》云："州旧与安南卫同城，明天启时移驻顶站，名查城，即今治。"⑤ 今治指今关岭永宁镇，不确。徐弘祖于崇祯十一年（1638）经此赴滇，其《徐霞客游记》云："安南卫城内即永宁州所驻。"此时州治尚在安南卫城（晴隆），移治永宁镇在清顺治十六年（1659）。长官司称谓，《徐霞客游记》云："其地东南为募役长官司，李（礼）姓；东北为顶营长官司，罗姓；西北为沙营长官司，沙姓。"⑥ 明末已有沙营长官司之名，盖"三司"之说已经出现。

顶营正长官司（后之沙营长官司）长官沙阿光，据万历《贵州通志》记载，其

① 《明世宗实录》卷一百三十九，嘉靖十一年六月。
② 许一德、王来贤等：万历《贵州通志》卷八《永宁州·公署》。
③ 许一德、王来贤等：万历《贵州通志》卷七《安庄卫·公署》。
④ 嘉庆《重修一统志》卷五百一《安顺府·古迹》。
⑤ 嘉庆《重修一统志》卷五百一《安顺府·古迹》。
⑥ 徐弘祖：《徐霞客游记》，河北人民出版社，1998，第657页。

为本寨民，洪武四年（1371）归附，充寨长，有功，三十一年（1398）升本司正长官。据咸丰《安顺府志》载，其后有沙达、沙林、沙雄、沙龙、沙承爵、沙孝贤、沙尽忠、沙国珍，至于顺治间为沙裕先。顶营副长官先程氏后罗氏。据万历《贵州通志》记载："副长官程仕，湖广麻城人，充明氏千户，洪武四年归附，拨贵州卫，屡征有功，十九年升授本司副长官。传三世孙程茂未袭故绝，弟敬袭。"① 据咸丰《安顺府志》记载，洪武四年（1371），以从征官程士贵为副长官，寻以叛见废。洪武十九年（1386），以江西金溪人从征官罗录为副长官。后有罗慵、罗衍、罗瑜、罗伟、罗文、罗思、罗锦、罗承宗、罗应魁、罗朝屏，至于顺治间有罗洪勋。

募役正长官本者氏别族，后赐姓礼氏。合考万历《贵州通志》及咸丰《安顺府志》，洪武十九年（1386）以阿辞为正长官，经阿夷至阿更，于永乐元年（1403）赐姓礼氏，更名礼山。其子礼福海年幼，族叔礼邓袭，邓谋杀福海，故绝。弟礼晟袭。后有礼宽、礼仁、礼接、礼天宠、礼天秩、礼思明、礼国曾、礼廷谕，至于顺治为礼廷试。

募役副长官杜仲仁，据万历《贵州通志》记载："（其为）六合县人，丁酉年归附从军，洪武四年拨贵州守御，十八年升授本司副长官。沿永康袭。"②《明太祖实录》载有杜宣名。盘江巡检司土巡检，万历《贵州通志》载有李阿富、李夸、李应麒名。

三、万历三十年以后之安顺军民府

神宗万历三十年（1602）九月，升安顺州为安顺军民府，铨补知府、推官、经历各一员。府署即原安顺州署，除领镇宁、永宁二州外，普安州始来隶焉，凡领三州，终明不变。普安州置于永乐十三年（1415）十二月。先是，洪武十五年（1382）三月于元之普安路置普安军民府，仍治八部山下，以土酋那邦之妻适恭为知府，隶云南布政司。洪武二十二年（1389），继任知府普旦举兵叛，平之，遂罢普安军民府，置普安军民指挥使司，建卫治于盘县县城。永乐元年（1403）正月，置普安安抚司，

---

① 许一德、王来贤等：万历《贵州通志》卷八《永宁州·职官》。
② 许一德、王来贤等：万历《贵州通志》卷八《永宁州·职官》。

以土酋慈长为安抚，隶普安卫，治所在营盘山左。永乐十三年（1415），慈长谋为不轨，十二月改安抚司为普安州，设流官，州治仍之。州领罗罗夷民十二部，号十二营，各部部长曰营长。万历十四年（1586）二月，移州治入卫城。

普安州东抵永宁州界，东南抵广西安隆司界，南抵云南曲靖府界，西南抵广西广南府界，西抵云南平夷卫界，西北抵云南沾益州界，北抵贵州宣慰司界，东北抵四川乌蒙府界。其职官有：知州一员，判官一员，土判官一员（即旧安抚降职而任之），新兴驿（治今普安）、湘满驿、亦资孔驿、尾洒驿驿丞各一员，税课局大使一员，普济仓大使一员。熹宗天启二年（1622），水西土同知安邦彦叛，分兵攻破安顺府城，时顶营司罗应魁、募役司礼思明助之于关岭、安庄一带，西堡、宁谷司又以为内应。天启四年（1624）二月，巡按贵州御史侯恂有鉴于此，议请除西堡各司吏目，以其地建一县以为附郭；以安顺府通判驻防坝阳，以安顺府推官驻平坝。附郭县之设，议而未果。

据咸丰《安顺府志》所载，熹宗天启十六年设安顺府同知于平坝。天启仅七年，纪年有误，然则平坝卫驻有安顺府同知属实。道光《安平县志·秩官志》载有"明安顺驻同知"六人姓名、籍贯、出身，其一云："同知朱由棣，常德府人，宗室生。崇祯年间以安顺府同知驻平坝卫。"[1] 平坝卫亦在安顺军民府辖区内明矣。

四、安顺军民府域之卫所

（一）普定卫

洪武十四年（1381）九月一日，朱元璋命傅友德"统率将士往征云南"。十一月二十六日，"平凉侯费聚率师趋普定"。十二月十一日，"进攻普定，克之"。十二月二十八日，"城普定"。洪武十五年（1382）正月七日，置云南普定卫指挥使司。同年三月三日升为普定军民指挥使司，隶四川都司。正统三年（1438）八月，改普定卫隶贵州都司，终明不变。

---

① 刘祖宪：道光《安平县志》卷八《秩官志·名宦正纪》。

以上沿革俱从《明太祖实录》。攻克普定故城者，乃征南先锋顾成。城普定，乃安陆侯吴复卜阿达卜寨所筑普定新城，即今安顺城。兴工于洪武十四年（1381）十二月二十八日，竣事于洪武十五年（1382）闰二月十七日，筑城期间，即于此置普定卫指挥使司。万历《贵州通志》卫城注云："筑石门四，东曰朝天，南曰永安，西曰怀远，北曰镇夷，门各有楼。水关三，城铺五十五，周一千四百丈。"[①] 筑城时间，据民国《续修安顺府志》所引《大定志》言之，但万历《贵州通志》云"洪武五年安陆侯吴复建"，两说并存待考。

普定卫东抵平坝卫界，东南、南抵金筑安抚司界，西南抵广西泗城州界，西抵安庄卫界，西北抵普安州界，北抵宣慰司界，东北抵水西界。卫治在城西卫坝口。其职官有：掌印指挥、管屯指挥、管操指挥、捕盗指挥各一员，经历司经历一员，镇抚司镇抚一员，左右中前后五千户所掌印千户、管操千户各一员，镇抚各一员，管军屯印百户各十员，普定站百户一员。卫城内常驻省三司官员为提刑按察司副使一员。卫治所在地卫坝口之西大街大府公园。经历司在卫治左，洪武二十五年（1392）建。镇抚司亦在卫治左。五千户所均在治前西大街，俱洪武十五年（1382）建。普定站在西门外。

提刑按察司副使名兵备分巡威清道，据《明熹宗实录》记载，天启元年（1621）四月，令威清兵备道春夏驻普定卫，秋冬驻普安卫，往来巡察以广弹压。说明前此专驻普定卫城。兵备道治所，据万历《贵州通志》记载，在"卫治北，弘治八年副使周凤建，嘉靖三十一年副使廖天明增拓"[②]。卫城中尚有行治察院、布政分司，均不常驻。据万历《贵州通志》指出，行治察院在卫治南，洪武年间建。布政分司在卫治南，嘉靖十年（1531）参议柴经建。

普定卫首任指挥使即顾成，其子顾统、其孙顾兴祖相继承袭。万历《贵州通志》载有十七家指挥世系：

---

① 许一德、王耒贤等：万历《贵州通志》卷六《普定卫·城池》。
② 许一德、王耒贤等：万历《贵州通志》卷六《普定卫·公署》。

1. 指挥使五家：

（1）王杰，直隶含山县人，副千户。男王忠，指挥使。三世孙王斌，袭指挥使。宣德六年调本卫，四世孙王玺，原缺，据《明实录》补，袭父职。五世孙王嘉宠，沿袭。

（2）王用，江西都昌县人，副千户。男王葆，洪武十七年调本卫，升指挥佥事。三世孙王铭，升指挥同知。四世孙王泰，升指挥使。五世孙王伦，降正千户。六世孙王镇，仍袭指挥使。七世孙缺。八世孙王元爵，升中军。九世孙王三锡，沿袭指挥使。

（3）王付二，直隶无为州人。男王礼，副千户。三世孙王源瑄，正统四年以副千户调本卫。四世孙王良，升正千户。五世孙王雄，升指挥使。六世孙王体乾，沿袭。

（4）庄成，山东莒州人，指挥使。二、三世缺。四世孙庄荣，升都指挥使。五世孙缺。六世孙庄高，嘉靖三年仍袭指挥使，调本卫。七世孙庄立，沿袭。

（5）郭保，山西五台县人，正千户。男郭敏，原缺，据《郭太夫人墓志铭》补，指挥同知。三世孙郭斌，宣德六年调本卫，任指挥同知。斌弟郭贵，升指挥使至参将。四世孙郭忠，原缺，据《明实录》补，袭父郭贵原职指挥同知。五世孙郭雄，原缺，据《墓志铭》补。六世孙郭仁，原缺，据《明实录》补，由指挥使升都指挥佥事。七世孙郭瓒，原缺，据《明实录》补，袭指挥使。郭振先，世系不明，沿袭。

2. 指挥同知两家：

（1）蒋原，湖广道州人。男蒋彦通，指挥同知。三世孙蒋荣，正统四年调本卫，指挥同知。四世孙蒋祚，升指挥使。蒋国勋，世系不明，降袭指挥同知。

（2）丁曩哥台，洪武间以指挥佥事调本卫。男丁庸，升指挥同知。丁大任，世系不明，沿袭。

3. 指挥佥事十家：

（1）黄忠，直隶滁州人，正千户。男黄兰，洪武二十五年调本卫。三世孙黄鼎，升指挥佥事。黄崇正，世系不明，沿袭。

（2）李进，直隶定远县人，指挥佥事，洪武二十四年充都匀卫军，复职，调本卫，二三世孙缺。四世孙李瓛，指挥使。五六世孙缺，七世孙李应芳，指挥佥事。八世孙李先春沿袭。

（3）马闰，直隶合肥县人，洪武间以百户调本卫。二世缺，三世孙马仲，升指挥佥事。四世孙马友仁，署指挥使。五世孙马武，降正千户。六世孙马玺，袭指挥佥事。七世孙马恩，指挥佥事，八世孙马朝卿，沿袭。

（4）许忠，直隶全椒县人，洪武以副千户调本卫。男许祯，升千户。三世孙缺。四世孙许恒，升指挥使。五六七世孙缺。八世孙许鉴，降指挥佥事。九世孙许应春，沿袭。

（5）殷雄，直隶扬州府人，指挥佥事。男殷贵，洪武三十四年（建文三年）调本卫。殷尚贤，世系不明，沿袭。

（6）杜泰，直隶保安州人。男杜得成，正千户。三世孙杜友，永乐十五年调本卫。四、五世孙缺。六世孙杜俊，升指挥佥事。杜思召，世系不明，沿袭。

（7）王宏，直隶合肥县人，正千户。男王辅，洪武二十年调本卫。三世孙缺。四世孙王昱，升署指挥佥事。五、六世孙缺。七世孙王贤，升右参将。八世孙王嘉武，沿袭指挥佥事。

（8）范昌，直隶凤阳府人，百户。据《范氏宗史》，洪武十四年随父范澄征南留守本卫中所，子范昌升百户，遂迁其地。男范玉，洪武二十六年升副千户，调本卫。三世孙范琬，升指挥同知。据《范氏宗史》，升正千户。四世孙范宗，原缺，据《范氏宗史》补，升署指挥同知，世袭。五六世孙缺。七世孙范武，降指挥佥事。八世孙范宏，沿袭。

（9）王端，直隶和州人，指挥佥事。男王冕，调本卫。王汝麟，世系不明，沿袭。

（10）章遇，直隶定远县人，百户，洪武二十一年调本卫。二、三世缺。四世孙章宗，升署指挥佥事。五世孙缺。六世孙章麟，授指挥佥事。七世孙章银，袭署指挥佥事。八世孙章达，沿袭。

普定卫兵防：旗军原额 6905 名，万历间查存 2439 名。杨家关哨、石关口哨、集翠崖哨、杨花关哨、猪场坝哨、白石岩哨、永靖哨、濛沮哨，军兵 20 至 30 名，百户 1 员；山京哨，指挥 1 员，军兵 100 名；归华营，百户 1 员，军兵 20 名；坐镇坝阳，守备 1 员，把总 2 员，千总 8 员，军兵 231 名。邮传：普定站，城内一里，洪武二十一年（1388）建，站军 119 名；普定铺、罗德铺、阿若铺、杨家桥铺、马场铺、龙井铺，军兵不等。

（二）平坝卫

平坝卫元为金筑府地。洪武二十三年（1390）闰四月始置平坝卫指挥使司，隶贵州都司。同年十月城卫城。其疆域，东抵贵州宣慰宅溪界，南抵普定卫界，西抵安顺州界，北抵贵州宣尉司界，东南抵金筑安抚司界，西南抵普定卫杨官屯界，西北抵镇宁州十二营安抚司蒙楚界，东北抵贵州宣慰司界。卫领千户所五及沙作站。职官如制，首任指挥使名路得，金镇继之。

卫治在城内西北隅，洪武二十三年（1390）建。左右前后中五千户所，俱卫治左右。卫城内尚有行治察院，在城西隅；布政分司，亦在城内西；按察分司，在城北。平坝卫兵防：旗军原额 5600 名，万历查存 2116 名。镇夷哨、龙湾哨、哮啰哨、乾塘哨、高坡哨、望城哨、寒坡哨、珪山哨，哨兵 15 名至 25 名，各防守官 1 员。邮传：平坝驿，城东南，永乐中建，隶宣慰司；沙作站（城东）、在城铺、界首铺、沙作铺、龙窝铺、饭陇铺，各司兵不等。

（三）安庄卫

安庄卫元为永宁、镇宁二州地。洪武十四年（1381）置纳吉堡，二十二年（1389）改置安庄卫指挥使司，隶贵州都司。洪武二十五年（1392）置关索岭守御千户所，隶安庄卫，是年并筑卫城及关索岭所城。其疆域，东抵永宁州界，西抵安顺州西堡司界，南抵安南卫界，北抵贵州宣慰司界，东南抵永宁州界，西南抵安南卫界，东北抵定番州界，西北抵旧镇宁州界。其职官，卫官及五千户官员同普定卫，安庄、白水、查城三站管站百户各一员，南口、北口二堡管堡百户各一员，关索岭守御千户所掌印、管操千户各一员，吏目一员。

安庄之得名，据咸丰《安顺府志·安庄石》云："在城内南大街董家坡顶有一石笋，高丈余，昔人因以名卫。"①

关岭所之设，据明人胡宝《汉关将军庙碑记》所载，"国初通道，都督马公跻是岭……因疏上，肇置守御所名称"②。马公名烨，任贵州都指挥同知。

安庄卫疆域大，插花地带多，东边双堡一带堡区皆属焉，西侧北盘江以东皆为安庄卫屯防区。《徐霞客游记》自注云："自关岭为镇宁、永宁分界，而安庄卫之屯直抵盘江，皆犬牙相错，非截然各判者。"③故《明史》将关岭所列入永宁州域内而言明属安庄卫。

安庄卫置卫筑城时间，据万历《贵州通志》记载，其卫治在城中南，洪武二十二年（1389）指挥陆秉建，左、右、中、前、后五所俱在卫治左右。城中尚有察院，在城东，正统间建；安平道，在城东南，正统九年（1444）金事屈伸建；兵备分司，在城南，成化八年（1472）建；守备署，在察院后，旧为永宁州治，万历四年（1576）改州治于安南卫，八年（1580）守备杨云、程详建。④

安庄卫兵防：旗军原额5599名，万历间查存1656名。守备普安，守备1员，领千户1员，军兵200名。坐镇查城，指挥1员，操兵50名。查城分司后山、阿里坡及马安桥三哨，各土兵15名；大山哨，百户1员，军兵30名；白马哨、周英哨、龙潭哨、滑石哨、鸡背哨、大亚哨、阿邦哨、马跑哨、安平哨、固庙哨、小箐哨、永宁哨、安笼哨、胡椒哨、象鼻哨，哨兵8名至20名不等。邮传有安庄站、城南20里，军兵418名；查城站，军兵334名；关岭站，军兵失载。

① 常恩：咸丰《安顺府志》卷八《地理志·山上·镇宁州》。
② 常恩：咸丰《安顺府志》卷四十七《艺文志四·记一·汉关将军庙碑记》。
③ 徐弘祖：《徐霞客游记》，河北人民出版社，1998，第656页。
④ 许一德、王耒贤等：万历《贵州通志》卷七《安庄卫·公署》。

（四）安南卫

元为普安路，隶云南行省。洪武十五年（1382）于尾洒堡置尾洒卫指挥使司，寻废。二十三年（1390）于江西坡复置卫，更名安南卫指挥使司，隶贵州都司。二十五年（1392）徙卫治于尾洒堡，筑卫城。其疆域，东抵安庄卫界，西抵普安州界，南抵广西安笼司界，北抵普安州界，东南抵广西泗城州界，西北抵普安州界。除领五千户所、尾洒站、尾洒堡外，尚领新兴、新城二守御千户所。其职官如例。

卫治尾洒即今晴隆。疆域东界即北盘江。广西泗城州含今贞丰、册亨、望谟。新兴、新城二守御千户所，万历志未载，盖置于修志之后。新兴所治即今普安，新城所治即今兴仁。

安南卫兵防：旗军原额 5600 名，万历间查存 1201 名。盘江哨、新哨、永平哨、梅子哨、安笼哨 5 哨，各百户 1 员，兵 10 名至 25 名；黄茅哨、阿黑哨，仅兵 16 名、6 名；马场哨，坐镇指挥 1 员、队长 1 名，募兵 23 名；尾洒堡，军兵 448 名。邮传：尾洒站，军兵 236 名；尾洒铺、哈马章铺、乌鸣铺、葛茄铺、牛场铺、泥纳铺、芭蕉铺、新兴铺、革刺铺、板榜铺，兵不等。

（五）普安卫

洪武二十二年（1389）平土酋普旦之乱，罢普安府，置普安军民指挥使司，筑卫城，隶云南都司，寻改隶贵州都司，领左、右、中、前、后及中左、中右七千户所。同时置乐民、平夷二守御千户所隶焉；二十三年（1390）再置安南、安笼二守御千户所隶焉。其职官，卫增设协捕指挥 1 员，镇抚增至 2 员，守御千户所仅千户各 1 员。

卫城即今旧盘县城，卫治在城东门内，7 千户所治俱卫治左右。乐民所治在卫治西南 100 里夹牛岭，平夷所治在卫治西 200 里香罗山，安南所治在卫治东南 150 里杨那山，安笼所治在卫治东南 300 里安笼箐口即今安龙县城。

普安卫兵防，旗军原额 13777 名，万历间查存 913 名。亦纳哨、乾沟哨、永清哨及马鬃岭哨，防御官各 1 员，军兵 15 名至 20 名。邮传：湘满站，百户 1 员，军

70 名；新兴站，百户 1 员，军 153 名；亦资孔站，百户 1 员，军 240 名。

附：威清卫、镇西卫

威清卫元为八番罗甸宣慰司地，明初属贵州宣慰司。洪武二十三年（1390）始置威清卫指挥使司，隶贵州都司，领五千户所。其疆域，东抵贵州宣慰司界，西抵平坝卫界，南抵金筑安抚司界，北抵贵州宣慰司鸭池河界。职官如常制。威清卫城即今清镇市，洪武二十六年（1393）指挥焦琴建。卫治在城南，五千户所俱卫治左右。

威清卫兵防：旗军原额 5100 名，万历间查存 1815 名。各哨或募兵，或军兵，名额不等。邮传：威清驿，隶贵州宣慰司；各站军原 360 名，万历间存 294 名。

镇西卫始置于崇祯三年（1630），其地原属贵州宣慰司水西地，卫仍属宣慰司。同时置五守御千户所属焉，名威武、赫声、柔远、乐平（寻废）、定南。

卫治即今清镇卫城，威武所治即今清镇老占街，赫声所治即今清镇新店，柔远所治即今平坝齐伯房，定南所治即今普定县城。

据朱燮元于崇祯四年（1631）题《督黔善后事宜疏》，该疏云："臣于三年四月内，牌行参将范邦雄，在地方铁王旗（今作天王旗）筑城一座，距安庄九十里，普定六十里。距河尚十五里，建高寨一堡。另设山京、下窝、化处、蒋义、架底五哨以环之。……铁王旗宜设指挥三员，千户四员，百户六员，吏目一员。乞请皇上赐新名。"疏上，帝从之。

五、南明永历朝补白

明思宗于崇祯十七年（顺治元年，1644）三月十九日自缢身亡，而明亦亡。南明桂王朱由榔于顺治三年（1646）十一月即帝位，改明年为永历元年。永历元年（顺治四年，1647），张献忠部将孙可望、李定国从四川退据贵州、云南，联明抗清。永历五年（顺治八年，1651），永历帝封孙可望为秦王，开始依靠张献忠旧部。永历六年（顺治九年，1652），孙可望迎永历帝入驻贵州普安卫安笼守御千户所（今安龙县城）。永历十年（顺治十三年，1656），李定国迎永历帝入云南，永历帝封李定国为晋王。永历帝驻跸安笼所凡5年。永历十一年（顺治十四年，1657），孙可望降清，引清军西进。永历十二年（顺治十五年，1658），清军先后攻陷贵阳、安顺，李定国退至北盘江，烧铁索桥而走云南。自是年始，明安顺军民府入归清版图。永历十五年（顺治十八年，1661），永历帝被擒，康熙元年（1662）被杀于昆明，而李定国亦死于是年。

安顺屯堡史话

今安顺市境，自先秦至西汉属夜郎国地，东汉末年已称普里。诸葛亮南征，黔西北彝族首领济火助诸葛亮平孟获；后主复命济火征普里革僚，以其地赐之。济火让于兄之子默歹阿仁入主普里，称播勒大革。累传至唐，其后裔始内附，以其地置普宁州治安榨城，遗址在今西秀区杨武布依族苗族乡洗马塘。元至元二十二年（1285）于其地置普定县，同时置镇宁、永宁、习安三州，俱隶普安路。二十七年（1290）升普定县为府，另于八十一寨（今旧州）置安顺州，连同镇宁等三州俱隶之。大德七年（1303）又改府为路。直至明洪武五年（1372）内附，改置普定土府为止，今安顺市境内仍然为"夷多汉少"的羁縻土府土州地区。

洪武十四年（1381），普定第三任土知府安瓒从云南元梁王叛明，导致了"调北征南"。当时今平坝以西地区隶属云南行省，今安顺则为"滇之喉"，自然成了"征南"南路大军首要攻击目标。是年底明军克普定，擒安瓒，普定土府亦因之而废。十二月择阿达卜寨（疑为阿达堡）筑普定城（即今安顺城），十五年正月即于尚未竣工之新城置普定卫指挥使司，继置安庄卫（含关索岭守御千户所）、平坝卫，加上威清、安南、普安三卫，史称"上六卫"。

古代屯田之举，据元马端临《文献通考·田赋考·屯田》载，其始于汉昭帝始元二年（前85），发习战射士，调故吏将屯田张掖郡（在甘肃张掖西北）。其目的是"省馈饷，因农为兵"。此后代有承袭发展。入明，屯田始于洪武三年（1370），"七年春正月，遣将屯田西北"。其制度为"屯军三分守城，七分耕作。人授田五十亩，给牛种，教树植，复租赋，官亩税一斗"。到洪武二十一年（1388）"九月，敕天下卫所屯田"。具体到普定卫又于何时屯田，《明太祖实录》"洪武十五年三月丁丑"条载：

先是，上谕友德等，以云南既平，留江西、浙江、湖广、河南、四川都司兵守之，控扼要害……。至是，友德等奏："……普定、乌撒等卫及沾益、盘江等千户，见储粮数十八万二千有奇，以给军食，恐有不足。宜以今年府、州、县所征并故官寺院入官田，及土官供输、盐商中纳、戍兵屯田之入以给之。"上可其奏。①

据此，知云南虽平，却留下了五都司重兵驻守，甚以军饷不济为忧，已置卫所就开始推行屯田制，而傅友德亦以"广屯田等功进封为颍国公"。咸丰《安顺府志》亦云：

郡民皆客籍，惟寄籍有先后。其可考据者，屯军堡子皆奉洪武敕调北征南。当时之官如汪可、黄寿、陈彬、郑琪作四正，领十二操屯军安插之类，散处屯堡各乡，家口随之至黔。②

所谓"四正"待考，然随调北征南而广设屯堡无疑。这可以从若干家谱中得到印证。小屯《齐氏宗谱》言及始迁祖齐浚智入黔纪略云：

公原籍山东省青州府临淄县。公原任浙江宁波府定海县知县，明洪武十四年调北征南，公奉旨解粮来黔征剿贵州蛮夷，道除黄河，粮沉水中。公恐军粮难偿，不便回任，是以入黔，寄籍安顺西街。住有数年，不克如愿。欲上云南。道经大屯关小屯龙爪树，时有贾、张、王、李、赵五姓军头，为世道变乱纷纷，夫马浩繁，难以抵挡，军头等将屯军粮田十四石，屯粮共上租五十石，投于公前，祈公代办军需、夫马、调丁、粮务等事。公收，复落业于龙爪树，遂家焉。

---

① 《明太祖实录》卷一百四十三，洪武十五年三月。
② 常恩：咸丰《安顺府志》卷十五《地理志·风俗》。

可见安顺西门外大屯、小屯一带当时确有戍军屯田，然光景不妙。又据詹家屯《叶氏家谱·序》言，其始祖叶信禄，系应天府（今南京市）人氏，在詹指挥属下为参军官，调北征南来黔，平服世乱后，奉令垦田为生，家口徙居詹家屯等地。这说明安顺东门外戍军屯田也在此时。姜明《从姜氏的由来略窥屯堡的形成》短文介绍，汤官屯姜氏始祖姜洪，原籍苏州阊门，从朱元璋起兵有功，遂卜居南京应天府石灰巷铁锁桥。洪武十四年（1381）调北征南，从傅友德麾下进四川，再从顾成进攻普定，坐镇南宁关（七眼桥小关口），随即实行屯田制，就居汤官屯，后裔相继绵延至今。

平坝《天龙陈氏族谱》叙及开创饭笼铺始末，尤为详明：

> 入黔始祖陈典，故居应天府都司巷高坎子，领通政大夫衔。洪武十四年调北征南，举家随军入黔，在西进途中仍然负责军政公文、邮务传递。时在平坝卫与普定卫之间大量屯田，创设两个站铺，公与同来之张、沈、郑三公遂协力共创饭笼铺。先划拨有"火把田"（官田）约二十亩（位于茂柏村马桑冲），岁收稻谷二十石作站铺驻守人员生活之用，即于村北建塘房五间作公文交接及进往官员食宿之所。又于其左桅杆山（烟堆山）建烽火台一座，于龙洞坡之小屯筑碉屯兵以监控南面动静，于大井旁垒营盘作练兵演武之用。并沿龙眼山、大河山、铺头山、龙洞坡一带开垦出一片长方形土地，状如一个饭笼，故以"饭笼"名铺。四姓便"插标为记"，依次为沈家园、张家园、郑家园、小井园（陈姓），陈姓又发展到大井园，新房园及哨上三处。

按明制，站铺系卫所邮传系统，细别之，转送粮饷者为站，传递军报者为铺。饭笼铺隶平坝卫，其主要功能当然是邮传，包括军情，故筑有烽火台；也有瞭望防御功能，有驻军，故有营盘。其供给，除划拨官田外，也要开垦屯田。上述材料既可视为明代站铺形成缩影，也可视为天龙开发史，应是屯堡区的组成部分。

当然安顺屯堡区的形成不可能一蹴而就，总得有个过程。据《王氏宗谱·十八指挥入黔屯垦纪略》所载，贵州本"苗夷种族各占一隅"，"及明命将抚寂，办理屯垦，因势利导，可招可剿，且以开垦移殖而风气为之大变，安顺遂有三十军屯、四十九堡的流传"。自洪武二十年（1387）至弘治六年（1493）又征剿不断，"弘治七年始大靖蛮方，安插屯垦，成绩卓著。八年奏报"，晋封王有功等。这段记载出自"先代年谱"，可作佐证。

安顺屯堡也不能一成不变。从全省看，正统六年（1441）有贵州"屯田之法久废，徒有虚名"的奏疏；景泰四年（1453）有"贵州卫所站堡旗甲军人往差逃亡，十去八九"的记载。但以此来评估安顺屯堡不尽合适。安顺长期隶属云南行省，是"滇之喉"；正统三年（1438）方隶属贵州行省［始置于永乐十一年（1413）］，刚又成为"黔之腹"。军事地位如此重要，只有强化屯田制之理，无削弱之由，事实上安顺屯堡区的优势越来越显现了出来：

一是屯堡数量之多、密度之大居全省之首。

安顺屯堡绝非"三十军屯、四十九堡"所能尽概。据咸丰《安顺府志》、民国《镇宁县志》所载，明平坝卫有44屯堡、普定卫有87屯堡、安庄卫有98屯堡，3卫合计229屯堡。根据宣德七年（1432）贵州按察使应履平奏报所言，贵州"屯堡700有余"。安顺屯堡占了全省屯堡的35.5%。

二是屯堡区军户丁口之众、屯田屯粮之多居全省之首，从表1便可知其大概。

表1　明代安顺三卫屯军屯田对照表

项目	时间及地点					
	嘉靖年间			万历年间		
	全省18卫及2所	平坝、普定、安庄三卫	所占比例（%）	全省18卫及2所	平坝、普定、安庄三卫	所占比例（%）
军户	72273户	15550户	21.5	59340户	10145户	17.1
丁口	261869人	75363人	28.8	184601人	60688人	32.9
屯科田	945230亩	185027亩	19.6	1714879亩	90792亩	5.3
屯科粮	146883石	19420石	13.2	146062石	19479石	13.3

对照表 1 所列参数均出自《贵州通志》。必须说明的是，屯科田一项中，万历年间普定等三卫的亩数有疑点，即在其他项目参数与嘉靖年间相对持平的情况下，不可能减少一半，此项目所占比例不足为据。通过比照，安顺屯堡区屯田、屯粮比重固不可小视，尤可注意的是，安顺地区屯军丁口占了全省屯军丁口的三分之一。这个庞大的屯军集团的存在，无疑确立了安顺军屯在全省范围内的强势地位。

三是安顺地区突破"夷多汉少"居全省之先。

明人王士性《广志绎》云："卫所治军，郡邑治民。军即尺籍来役戍者也，故卫所所治皆中国人。"[①] 紧接着列出的"民"有宋家、蔡家、仲家、龙家、罗罗、仡佬、苗。所谓军民，粗略地说即汉与"夷"。说到贵州的民族成分，一般说来，明代是"夷多汉少"，到了清代才出现"汉多夷少"的局面。但这种变化也是不平衡的。试看表 2 中万历年间贵阳地区与安顺地区卫所与府州丁口的数据：

表 2　万历年间卫所与府州丁口对照表

贵阳地区		贵州卫、前卫	贵阳府
	户	5304 户	6699 户
	丁口	13874 人	38749 人
安顺地区		平坝、普定、安庄三卫	安顺、镇宁、永宁三州
	户	10145 户	8511 户
	丁口	60688 人	45478 人

表 2 统计基数采自万历《贵州通志》。我们不难发现，时至万历年间，军户、民户人口总和，安顺地区是贵阳地区的两倍。当时，贵阳地区民户人口远远超过军户人口，仍然是"夷多汉少"；而安顺地区军户人口则大大超过了民户人口，已形成"汉多夷少"的局面。换句话说，广义的"屯堡文化"已形成明显的强势。

安顺屯堡区的三大优势，是安顺"屯堡文化"得以形成和传承不衰的重要因素。

但也不能不注意到安顺屯堡的变易性和阶段性。安顺地区自洪武十五年（1382）

---

① 王士性：《广志绎》卷五《西南诸省·贵州》。

设普定卫开始，到清代康熙十年（1671）改普定卫为普定县、裁安庄卫入镇宁州，二十六年（1687）裁平坝卫设安平县，这约300年间，是真正的军户军屯时期。明代卫所屯堡从设立之时起即成为夷人"作乱"的攻击目标，仅据《明太祖实录》载，从洪武十五年（1382）"西堡蛮贼寇普定"，三十一年（1398）"烧劫屯堡"始，夷人"作乱"现象不断发生。但很快都被顾成等镇压了下去，安顺屯堡受到了冲击，却未从根本上动摇。至天启二年（1622）二月"水西土同知安邦彦叛"，"陷毕节，分兵攻破安顺"，"遂围贵阳"。且"安顺之失，一时难复"，"安顺一带尽遭蹂躏"，安顺屯堡遭受烧劫势在必然。然安顺之乱平息后，"一则清理各卫所之原田而屯之，一则割裂贼之故壤而即卫所之法屯之（军屯）"。或"驱彼降夷耕种屯田"，使"家自为塾，户自为堡"。崇祯三年（1630）以贵州宣慰司水西地置镇西卫（治今清镇卫城），置定南所（治今普定铁天旗）隶之，当是巩固扩大卫所屯堡的产物。明亡后，南明桂王朱由榔称帝，年号永历，居普安卫安笼所城（今安龙县城）5年，大明旗帜未倒，其制不变。顺治十五年（1658）安顺军民府入清版图，至康熙二十六年（1687）完成改卫设县，前此仍存卫所制，其间是否推行军屯制？据《清圣祖实录·屯田》载，康熙六年（1667），因"今黔、蜀两省，地多人少"，湖广道御史萧震请"试行屯田之制，驻一郡之兵即耕其郡之地"。所谓"兵"，即清"绿旗兵"，因此，即使推行过屯田制，再也不是明军屯制的旧模样。总体说来，安顺屯堡贯穿有明始终，它以军户丁口军屯为特征；所谓"屯堡人"即军户丁口，他们的文化是典型的"屯堡文化"。

自清代康熙年间改卫设县以来，安顺屯堡名存实亡，仅作为村寨名称保存了下来，随着军户的消亡，他们的后嗣成了清至今的"屯堡人"。这个尚未完结的时期又可分为两个阶段，可以"咸同之乱"为界线。

前一阶段，安顺地区归清版图后，贵州提督即于顺治十八年（1661）移驻安顺府城，随之广设营汛塘哨，强化了军事控制。又随改卫设县的推行，原有长官司或者裁除，或者降为外委土舍，完成了"改土归流"。雍正八年（1730）设归化通判厅（治今紫云），九年（1731）设郎岱同知厅，形成了安顺一府、二厅、二州（镇宁、永宁）、三县（普定、安平、清镇）的格局。原安顺屯堡区随原卫所分别归安平、普定二县及镇宁州管辖。原"屯堡人"从"军户"变为民户，但仍要缴纳原承担的屯粮。总体说来，从清初到咸丰元年（1851），原屯堡区户口有所增加，而大量屯田荒芜了，屯粮无征。兹据咸丰《安顺府志》列表对比如下：

表3　安顺府屯堡区人口与屯粮情况

项目	州县		
	普定县	安平县	镇宁州
原额军户	29734 户	14076 户	16526 户
新增户口	244 户	53 户	65 户
共计户口	29978 户	1412 户	16591 户
原额屯田	32092 亩	18806 亩	17501 亩
荒芜屯田	12249 亩	5210 亩	10781 亩
实有熟田	19842 亩	13595 亩	6720 亩
原额屯粮	7005 石	4967 石	6106 石
无征屯粮	2673 石	1376 石	3762 石
实征屯粮	4022 石	3098 石	2336 石

表3中所列原额数当为裁卫所时统计数字，也是安顺屯堡终于明代的终结数，更加证明了前文所言安顺屯堡的优势地位。实有、实征数是咸丰元年修《安顺府志》时的统计数。其时屯堡区的户口有所增加，应是邻省移来的"客民"，据道光二十七年（1847）来任安顺知府的胡林翼的《安顺府浚河禀》说法，当时安顺城中"烟民户口，16300 余户"，以每户 5 人计算，已达 8 万余丁口，"客民"成分大量增加。咸丰《安顺府志》上也有"逃亡丁口"的记录，如镇宁州就逃亡了 1066 人。部分"屯堡人"迁出了屯堡区，如天龙陈姓、郑姓及吉昌屯冯姓就迁到了永宁州（关岭）凡化、坡贡一带。虽然人口有所流动，但屯堡区的主体居民仍然为明代屯军之后裔，他们是"屯堡文化"的忠实传承者。这一阶段可以称为传承阶段。

后一阶段可以根据民国《续修安顺府志》来了解，其云："安顺自咸同以来，兵燹不靖。太平军过境于前，居变迭起于后，贵州十三府地方几于无处安宁。"[1] 这次动荡历经 20 余年。当时，分布于平畴坝子的屯堡村寨，在热兵器普遍使用的近代，已经丧失了自保自卫的能力，便"被逼醵金合力经营坉、洞，以作避乱之所。"城东"云山坉"是众多山坉之杰作，"远近携家相就者麇集，巷列街分，至今为市"，成了"客民"的大本营，尽管它是章家庄金炯奎主持营建的。相去不远的本寨，则是"客民"来此置产业、建聚落的典型。它既有旧式屯堡石垣外围包裹，内中又有七座近现代石碉以制高瞭望，其外后山还筑有山坉以相济，集屯堡、碉堡、山坉之长于一体，这都可以视为明代屯堡的演进。城北各乡之居民亦"赖坉、洞保卫，始有孑遗"，如郭家屯、单家屯，赖有大坉、小坉，"以防守严密，终获保全"。但倘不善经营则又反受其累，"当时死于坉、洞者十有五六"。至于房屋，蔡官屯"小张官存十之一二，董官屯、唐官屯则仅存百分之七八"。足见屯堡人财产、丁口损失之巨大，但他们始终自强不息，繁衍至今，又是一个庞大的群体，这本身就是一个奇迹。这个阶段，屯堡人与日益增多的外来"客民"杂处，虽然相互认同，但仍然执着地保持着自己独特的文化风貌。至于屯堡村寨风貌，由于时代的洗礼，原始而完好的屯堡已不多见，不变是不可能的，多数屯堡都在新旧交换，好像"四代同堂"，九溪村形成、发展、演进迹象尤为明显，堪称典型。这个并未完结的阶段可称为演进阶段。

（原载于《安顺师专学报（社会科学版）》2001 年第 4 期）

---

[1]　黄元操、任可澄：民国《续修安顺府志》卷十四《纪事志·安顺府》。

安顺屯堡分布格局及其原因

漫游黔中乡里，定然惊奇这里屯堡村寨何其多。倘要追问这安顺屯堡到底有多少个，又难以作确切回答。走了一遍之后，也许会问，这些星罗棋布的屯堡村寨，是犹如天上的繁星般自然成就的呢，抑或如棋弈般人为布局呢？这些村寨，或曰屯，或曰堡，那么屯与堡有无区别呢？本文拟以三个子题作肤浅讨论。

一、安顺屯堡知多少

所谓安顺屯堡，指明代普定、安庄、平坝三卫所设立之屯堡。入清以后，康熙年间改卫所为州县，原三卫屯堡则分别归隶普定县、镇宁县、安平县，知清代三州县所属屯堡村寨，即可知明代三卫所辖之屯堡。兹据咸丰《安顺府志》所载府州县村寨，将其屯堡摘出疏理于下并加按语略作说明。

（一）安顺府亲辖地屯堡

志云："府亲辖地，五起，十四枝。""又有沐官庄、道俸枝、九庄枝、旧皆官田。"[1]

宁谷枝：

五官屯（又隶普定永丰里）　蔡官屯（又隶普定定下里）

窝枝：

姚家（即普定姚官屯）　小坡屯（按：又隶普定永丰里上）　梅鸡堡[2]

---

[1]　常恩：咸丰《安顺府志》卷四《地理志·疆里·府亲辖地》。

[2]　又隶普定中九枝。按："鸡"当作"旗"，同音误书，亦可证"旗"读若"鸡"。

上道俸：

朱官屯（又隶普定定上里）　颜旗屯（又隶镇宁）

宋旗屯（又隶普定永丰里）　大屯关（即普定右九屯、右十屯）

董官屯（又隶普定江靖里）

下九枝：

五官屯（又隶镇宁下九枝）

（二）普定县辖屯堡

志云："县附郭，旧卫管五十军屯。今分四里：永丰、江靖、奠安、忠兴是也。又有定上、定下，共六里。"[1] 另有五枝。

永丰里上：

卫旗屯（按：在今普定县境）　马军屯　丁旗屯[2]　吴蛮屯[3]

老谭堡（按：在今普定县境）　刘仁屯

余官屯（按：在今普定县境）　刘闰屯　大马官屯[4]

大张官屯（按：在今普定县境）　朵烈屯　杨家桥[5]　宋旗屯

永丰里下：

右九屯（即府属大屯关）　傅旗屯　陶家屯

右十屯（与右九屯同寨）　木碗屯　姚官屯　小坡屯

小五官屯（按：又名浪风桥）　大五官屯　张指挥屯　汪官屯

蔡官屯（按：指北门蔡官）　摆家屯（按："家"乃"甲"之讹）

萧官屯　五里屯　白旗屯　何万屯　上中伙[6]

王旗屯　老军屯　詹家屯　曹摆屯（按：在广顺州北）

---

① 常恩：咸丰《安顺府志》卷六《地理志·疆里三·普定县疆域村寨》。
② 又隶镇宁，今属镇宁，在普定为屯，在镇宁为堡。按：凡一地两属同此。
③ 即老虎洞。按：即安顺西北界猫猫洞。安顺惯称老虎为猫、猫猫。
④ 即今普定马官屯，其西北1里为马堡，有塘。
⑤ 按：即杨桥铺，《徐霞客游记》称杨桥堡。
⑥ 即马场铺，又名西屯，今之幺铺。

江靖里上：

南水堡（在南水关外）　曹定屯　曹侯屯　马张官屯

袁家屯　单家屯　郭家屯　杜马屯

瓦窑屯　侯家屯（即府属侯家庄）

江靖里中：

小张官屯　小夏官屯　唐官屯　董官屯

江靖里下：

中所屯　狗场屯　鲍家屯　水桥屯（按：即今大西桥）

杨忠屯（按：即今平坝乐平之小屯）

杨官屯（按：即今乐平之大屯）　梁简屯　萧志仁屯　小马官屯

奠安里上：

仁岗电　时家屯　两所屯　郑家屯　鸡场屯（按：今吉昌屯）

奠安里中：

吴家屯　夏官屯　马军屯　曹家屯

奠安里下：

雷家屯　汤官屯　左蒋屯

忠兴里：

罗官屯　金齿屯　刘官屯　周官屯

吕官屯　金官屯　东　屯　西　屯

定上里：

朱官堡（按：在今普定县境）　抄纸堡（按：在今普定县境）

陈旗堡（按：在今普定县境）　太平堡（按：在今普定县境）

定下里：

蔡官屯（按：指南门蔡官）

东附郭：

麒麟屯

西附郭：

龙旗屯（又属镇宁。按：在镇宁称龙旗堡）

（三）镇宁州辖屯堡

志云："编枝十七。"[1]

附郭枝：

王官堡　吴官堡　李广堡　刘官堡　李官堡　田家堡

郎洞枝：

蒋旗堡　侯旗堡　刘旗堡　陶官堡　王官堡　凡旗堡

孙旗堡　李山堡　吴官堡　张官堡　张旗堡　吴胜堡

东屯枝：

白旗堡（按：在今普定县境）　冈旗堡　石官堡　张官堡

四旗堡（按：在今安顺市境）　玉官堡（按：在今普定县境）

贾官堡（按：在今普定县境）　狗场堡（按：在今普定县境）

新　屯（按：今属安顺市境）　龙旗屯（按：当称堡。今属安顺市境）

吕旗屯（按：今属安顺市境）　尖山堡

张胜堡（按：今属安顺市境）　和尚堡（按：今属安顺市境）

大堡子　青苔堡　颜旗堡（按：又隶普定，称屯）

荡山堡　沙锅堡　雷召堡　烈山堡　刘旗堡

占官堡（按："占"今作"詹"）　李官堡

田官堡（按：在普定县境）

西屯枝：

丁旗堡（按：又隶普定，称屯）　郭旗堡

水田堡（按："田"又作"坝"，在今普定县境）

小易堡（按：今作萧玉堡）　新堡

---

[1]　常恩：咸丰《安顺府志》卷五《地理志·疆里·镇宁州疆域村寨》。

阿塘堡　颜总堡（按："颜"今作"袁"）

幺堡子　刘官堡　高山堡　庞官堡　桂家堡

下官堡　林旧堡　杜官堡　皮官堡（按：在今普定县境）

上九枝：（按：上中下九枝今属安顺市境）

邓家堡　甘棠堡　木山堡　小陈堡（按："陈"今作"呈"）

水桥堡　半山堡　夏官堡　苏里堡（按："里"今作"吕"）

王官堡　青山堡　燕旗堡　董家堡

中九枝：

小高堡　毛旗堡　左官堡　张官堡　双堡场

大双堡　小双堡　梅旗堡　高官堡　陈家堡

破岩堡　郎旗堡　田旗堡　石洞堡　花红堡

山旗堡　安乐堡　许官堡

下九枝：

孔旗堡　朱官堡　王官堡　河上堡　张木匠堡

严石堡　廖家堡　胡均堡　磨石堡

（四）安平县辖屯堡

志云："康熙二十六年编左右中前所五所，柔东、柔西为永丰、隆盛二里。道光六年知县刘祖宪以五所、柔东为六乡，所分十甲。""又有五铺及西堡一十二枝。"[①]

左所：

一甲有五里屯、老营堡、辜家堡

二甲有陶官堡

三甲有唐基堡

六甲有张家堡

七甲有大堡、小堡

---

① 常恩：咸丰《安顺府志》卷七《地理志·疆里四·安平县疆域村寨》。

八甲有尧兰堡、猪槽堡

十甲有城园堡（按："园"今作"垣"）

右所：

一甲有戴家堡

四甲有四家堡（按："家"当为"甲"，下同）

六甲有六家堡

八甲有半林堡

九甲有九甲堡

十甲有湖头堡、毛昌堡、老营堡

中所：

一甲有周下堡、鸡场堡

二甲有辜家堡、廖家堡

三甲有田下堡

五甲有河下堡、薛下堡

六甲有林下堡

八甲有车头堡、老营堡、鸡场堡

九甲有龙昌堡

十甲有车头堡

前所：

三甲有陈亮堡、本堡

四甲有羊场堡、四甲堡

九甲有水西堡、老营堡

后所：

一甲有本堡

四甲有四家堡

六甲有六甲堡

七甲有七甲堡

九甲有九甲堡

十甲有十甲堡

仅就上屯堡村寨，可以确知：普定卫有 78 屯、7 堡；安庄卫有 96 堡、1 屯；平坝卫有 43 堡、1 屯。应该说明的是，屯堡村寨或有"一地两属"的情况，府属虽有 11 屯堡，但又或隶普定卫，或隶安庄卫，统计时则分别计入二卫。丁旗、龙旗、颜旗，在普定为普定卫屯数。

以上数字仅据咸丰《安顺府志》得出，只有少，不会多。特别是平坝卫，造册时遗漏定然不少，倘若仅补充一二所知者，又有机关报的遗漏之嫌，不如暂以咸丰《安顺府志》所载为确知数。咸丰《安顺府志》刊行于咸丰元年（1851），所云村寨，当是时行称谓。府亲辖地二起下之九溪坝（又隶普定奠安里），原本为屯堡村寨，其时已经更名，未统计在屯堡数中。普定县南附郭之"云就山"，原本就不是当时的屯堡，相邻的"本寨"册簿无名，都未统计在屯堡数中。所统计的屯堡是截至咸丰元年即"咸同之乱"前有实有名的屯堡，这是确知数的另一含义。

二、安顺屯堡分布格局

当我们审视安顺屯堡的分布格局时，不能不留意到屯与堡各自为营，"屯区"与"堡区"界限相当分明。大抵说来，旧州以东屯区，南起东屯、西屯，北至狗场屯、杨官屯，这一直线为其东界；安顺南部屯区，东起夏官屯、五官屯，西至颜旗屯、白旗屯，这一直线为其南界；安顺西面屯区，由新屯经马官屯至魏旗屯，这一弧线为其西界；安顺北面屯区，西起杜马屯、吴蛮屯，东至唐官屯、董官屯，这一直线为其北界。这一扇形扁状"屯区"，就是明普定卫辖区，亦即清普定县疆域，咸丰《安顺府志》所谓"旧卫管五十军屯"是也。

普定卫屯区东北毗连平坝卫辖"堡区"，其东及东南界外，以双堡为中心，为一大片安庄卫辖"堡区"。这片"堡区"东则为金筑安抚司，南则为康佐副长官司。"屯区"南界外，有少量堡子，如木山堡、小呈堡，其西南则为宁谷长官司。"屯区"西南界外，以安庄卫城（镇宁）为中心，为一大片安庄卫辖"堡区"。这片"堡区"南侧为募役副长官司。募役副司南又有一小片安庄卫辖"堡区"，既与司北"堡区"呼应，又与东南永宁州属六马相向。"屯区"西界以外，北起朱官屯，南至皮官屯，为一狭长"堡区"，其东北则为十二营正、副长官司，西及西南则为西堡正、副长官司。总的格局是："屯区"的北方虽无"堡区"，但可借思腊河（今斯拉河）为天然屏障。这个屏障终不可恃，明王朝有鉴于天启间安邦彦之乱的教训，即于思腊河之南添置镇西卫，广设所、堡。其余三方外围均为大小不等的堡区，又其外则为等次有差的土司区，这一连绵不断的环"堡区"似乎成了"屯区"与土司的隔离带。

从以上分布格局看，"屯区"与"堡区"同时并存，是一种客观现象。如前所说，明代屯堡有"一地两属"的情况：隶属于普定卫者称"屯"，隶属于安庄卫者称"堡"。这种因隶属不同而称谓有别，其本身就是差异性的表现。但究其所以然，更与屯、堡各自的主要功能有关。

三、"堡"与"屯"辨

"屯"，聚也；兵耕曰屯田。明"设官安屯，且耕且守"，为的是"戍兵屯田之人以给之（军食）"。设官安屯以解决军队给养为首务，从中国自有屯田以来就已确定。元代马端临《文献通考》云："汉昭帝始元二年，发习战射士，调故吏将屯田张掖郡。……宣帝神爵元年，后将军赵充国击先零羌，罢骑兵，屯田以待其弊。"[①] 何以屯田？"屯田所以省馈饷，因农为兵"也。

"堡"，字典义为小城（字亦作保），有"bǎo""pù""bǔ"三读，当地读"屯堡"为第二音。据万历《贵州通志》载：

> 今镇宁城，"洪武十四年置纳吉堡，二十二年改置安庄卫指挥使"。
>
> 今关岭城，"洪武二十二年置关索岭、鸡公背二堡，寻并鸡公背入关索岭，

---

① 马端临：《文献通考》卷七《田赋考七》。

二十五年改为所"。

今晴隆城，洪武二十一年置"尾洒堡，军兵四百四十八名"，"二十三年置
安南卫指挥使司"。

今普安城，洪武二十二年置新兴堡。

另据《明太祖实录》洪武二十一年十一月条载，傅友德令"千户刘成等领兵千
人树栅置堡"[①]于平夷（今云南曲靖市富源县，其地紧接贵州境），后即为千户所，再
改置卫指挥使司。

以上所列之"堡"都是卫、所的前身，规格颇高。也有规格较低的，如万历《贵
州通志》所载安庄卫之白水堡、北口堡和南口堡，乃该卫之关索岭守御千户所设在驿
道上的驻防分所。无论规格高低，设堡目的却是一致的。

平夷堡之设，是"以其山势峭险"，"宜筑堡驻兵屯守，以悍蛮夷"。洪武二十五
年（1392）正月，"威清卫青山龙井堡罗罗相煽而起，掩袭守堡官军，百户曲通与战，
又死之。临堡百户李真率兵奋击，贼乃败走"[②]。后"因筑堡其地屯兵镇守"。威清指挥
杨遵就因为永乐间"立堡戍，有功于卫"而被载入咸丰《安顺府志·明名宦传》。足见
"堡"的主要特点是重兵驻防镇守。

据《明太祖实录》，洪武年间，原则上"每一驿置一堡，每堡置卒二百人戍守，
且令走递"[③]。又据正统六年（1441）六月王骥奏："贵州直抵云南洱海等处，自洪武
以来，初开道路，因蛮夷叛服不常，兼山恶路险，是以设立站堡……接递军需。"[④]按
明制，"站"系卫之"邮传"，"站堡"并列，"堡"（特别是驿堡）兼有邮传功能。

时至嘉靖二十五年（1546）九月，巡抚王学益条陈经略事宜，请求"各乡建
堡"，以为"亦保甲之遗意"。保甲法，王安石所创，在保内挑选保丁（民兵），自备

---

① 《明太祖实录》卷一百九十四，洪武二十一年十月至十二月。
② 《明太祖实录》卷二百十五，洪武二十五年正月。
③ 《明太祖实录》卷二百三十四，洪武二十七年八月至九月。
④ 《明英宗实录》卷八十，正统六年六月。

弓箭，教习战阵，以保地方治安。而王学益则请征戍军及其妻子外，还以"寄籍人户充之"，堡军不纯是卫所戍军了。但到底堡与甲发生了联系。清康熙间，明代屯堡制不复存在，但屯堡作为村寨名称仍在使用，且甲堡连称。道光《安平县志》载："道光六年，知县刘祖宪以五所柔东为六乡，所分十甲，柔东分上中下排。"[1] 至今平坝尚有四甲堡、九甲堡、十甲堡村寨名称（但多讹"甲"为"家"，盖音讹而字变）由来久矣。

　　何谓"堡"，地方志亦有说解。民国《镇宁县志•旧安庄卫疆域》在"吴复始置纳吉堡"后注云："堡者，小于城而大于寨，所以驻兵屯田。卫之下守御所，所之下堡，堡之下总旗，总旗之下小旗，小旗之兵，分守堡兵、操兵、屯田兵等。"[2] 可见，堡亦为"小城"义，下于所上于寨。该文将堡分为"堡与旗"类（即旗堡类），如丁旗堡；"堡不并旗"类，如沙戈堡、王官堡（当别立为"官堡"类）；"旗不设堡"类，如十三旗。该志《官制、武官》解释说："其曰某官堡者，百户所驻也；曰某旗堡者，总旗所驻也；曰四旗、十三旗者，诸小旗所驻也。"[3] 百户领兵 112 名，总旗领兵 50 名，小旗领兵 10 名。堡大者，称官堡，驻百户；堡小者，称旗堡，驻总旗；小旗驻地，不足称堡。这些五所之堡旗军都兼有戍守及屯田之双重任务。

　　堡旗军虽也有屯田任务，但其主要功能不可忽视，特别是守御千户所之堡的驻防功能不可忽视。倘以功能主义取向来审视安顺屯区、堡区的分布，尤可注意的还是处于屯区外围的堡区，因为它内卫护着屯区，外防御着土司区"夷民"。安顺屯堡区的惊人之处，不仅在于屯的密集，更在于堡的密集，"三十军屯、四十九堡"之说，虽然不是确数，但也说明了堡远多于屯这一特点。这恐怕是安顺屯田制得以推行维持的主要原因吧！

---

①　刘祖宪：道光《安平县志》卷二《地理志》。

②　胡翯：民国《镇宁县志》卷一《地理志•沿革•旧安庄卫疆域》。

③　胡翯：民国《镇宁县志》卷二《经制志•官志•武官》。

表 1　明代、现在部分地名对照表

明代	现在
普定卫城	安顺市
安庄卫城	镇宁县城
金筑安抚司城	长顺县广顺镇
废普定土府城	杨武洗马塘安榨古城墙遗址
定南所城	普定县城
归华营	紫云县猫营
马场铺	幺铺
杨桥铺	杨家桥
罗德镇	头铺
阿若铺	二铺
中火铺	三铺
水桥屯	大西桥
饭陇铺	平坝县天龙镇
募役副司	镇宁县下募役
十二营副司	普定县硝洞

（原载于《安顺文艺》2003 年第 2 期）

史证安顺屯堡的两重性

——兼谈安顺山地并非屯军堡子

明代以普定卫（治今安顺市）屯堡为中心的平坝、普定、安庄（今镇宁）三卫屯堡区，其东北抵威清卫（治今清镇市）界，东抵金筑安抚司治所（今长顺县），东南邻废普定土府治所（今杨武乡洗马塘），南抵宁谷司治所，西南插入募役副司（治今镇宁下募役）境，西抵顶营司界，西北含定南所城（今普定县城）南北地区，与西堡司（治今普定沙家马场上官寨）地、十二营司治所接壤，北达废乐平所。今平坝、长顺、西秀、镇宁、普定五县（区）部分或大部分辖地都是当年的屯堡区，其面积相当广大。区内屯堡之密集也相当惊人，绝非"30军屯、49堡"所能尽概。以屯、堡为自然村寨名称，据咸丰《安顺府志》所载，清代安顺府亲辖地有5屯、3堡，普定县辖地有74屯、5堡，安平县辖地有1屯、43堡；据民国《镇宁县志》所载，镇宁州辖地有2屯、96堡。合计有82屯、147堡。按明代卫所正常编制计算，1卫5600人，3卫即16800人，七分屯田，屯田军士有11760人，连同他们的家口，当数以万计。这众多的来自江南水乡、扎根于贵州山区的屯田军士及其家口组成了今之所谓"屯堡人"。他们执着地保持着故土的生活习俗、服饰语言、说唱文艺、建筑风格等诸多特色，形成了今之所谓内涵丰富的"屯堡文化"。他们凭着先进的农耕技术，也借助河漕坝子自然条件的优势，为开发安顺立了汗马功劳。至今屯堡区的农业、商业、手工业、文教等仍居安顺市领先地位就是明证。但是，这些河漕坝子原本是夷多汉少的杂居区，屯军占而有之，"其曰某官堡者，百户所驻也；曰某旗堡者，总旗所驻也；曰四旗、十三旗者，诸小旗所驻也"。① 屯亦如之，仅大于堡而已。

据宋修文老先生所著的《九溪村志》记载，九溪坝在元朝原本是居住着 30 多家土著（青苗）的村寨，明初首批屯军家属来此定居，冠以大堡之名，次来定居的区域称之为小堡，而青苗则迁居到了苗寨。大堡、小堡的形成及青苗的外徙，可以说是屯军入主屯堡区的缩影。

安顺地区于洪武十五年（1382）置卫所之后，于洪武十九年（1386）又置永宁、镇宁、安顺三州分领之西堡、宁谷、十二营、康佐、顶营、募役六长官司。然以"卫所为主，郡邑为客"，"卫所治军，郡邑治民。军即尺籍来役戍者也，故卫所所治皆中国人"。② 郡邑即府县，于明初的安顺实为州司。州司所治之民即仲家（布依族）、罗罗（彝族）、仡佬、苗等少数民族。这是一种人为的屯军、夷民分治政治。

明王朝以西南夷"叛服不常"，不"效顺中国"，对云贵曾多次用兵。明太祖朱元璋于"（洪武）十四年，以西南夷弗遵声教，命友德为征南将军，率兵三十万耀武于沅州，讨普定土酋安瓒"③。安瓒，系彝族，普定土府知府，时普定府隶云南省。安瓒事迹不详，但攻普定却是一场大屠杀。万历《贵州通志·安顺州·纪兵》载："洪武十五年，吴复击破西堡、阿驴等寨，城水西，守之。西堡之破，顾成有力焉。成统赣州卫官军从征，斩首八百级，生擒一百六十人，获马六十六匹。二十六年，西堡阿得寨蛮反，顾成率兵讨之。"④《明宪宗实录》成化十四年十月己丑条称："西堡、狮子孔等处羯僚蛮贼四散屯结，不下万余，分道攻劫杀伤官军。"⑤ 正德十年六月丙辰条云"贵州西堡阿得、狮子孔、阿江三种皆羯僚也。"⑥ "羯僚""仡僚"即"仡佬"。西堡长官司夷民当以仡佬为主体。开国第一次用兵，就有八百名仡佬民众死于顾成屠刀之下。所谓"调北征南"本身就具有统一战争和镇压夷民两重性质。

---

① 胡嵩：《镇宁县志》卷二《经制志·武官志·小旗若干》。
② 王士性：《广志绎》卷五《西南诸省·贵州》。
③ 《明太祖实录》卷一百六十一，洪武十七年四月。
④ 许一德、王来贤等：万历《贵州通志》卷六《安顺州·纪兵》。
⑤ 《明宪宗实录》卷一百八十三，成化十四年十月。
⑥ 《明武宗实录》卷一百二十六，正德十年六月。

云南初平，明太祖朱元璋就下了一道诏书，宣称："谕尔诸夷，自今有不遵教化者，即加兵讨之！"[①]要西南诸夷"效顺中国"，否则格杀。要用兵就要解决军需，于是卫所广设屯堡。对于卫所与州司并存、夷汉杂处的安顺地区，所谓"屯田安边"，实则是"安夷""治夷"，屯军与夷民是治与被治的关系。卫所官军地位优越，便仗势凌人，激化了屯军与夷民的矛盾。《明英宗实录》正统八年三月丙午条载，云南总督军务兵部尚书靖远伯王骥等奏："贵州地方，诸种蛮夷所居，各卫所官军欺其愚蠢，占种田地，侵夺妻女，遂至不能聊生，往往聚啸为盗。如安庄卫所镇抚卢聪及普安卫镇抚何鉴等肆为暴横，有卢裹虎、何净街之号，上司不能控制。"[②]

官逼民反，夷民的反抗斗争，次数之多，规模之大，牺牲之惨，首推西堡仡佬族，且往往把矛头直接对准卫所屯堡。仅据《明太祖实录》载就有十条相关记载：

（1）洪武十五年，"西堡蛮贼寇普定"，"会蛮贼一万五千余人来攻城"（顾成败之）。

（2）洪武二十六年，"普定卫西堡长官司阿德诸寨长卜刺赞等聚众作乱"（顾成讨之）。

（3）洪武二十八年，顾成"讨西堡土官阿傍"。

（4）洪武二十九年，顾成"复从征康佐、西堡、狮子孔、白石崖等寨"。

（5）洪武三十一年，"水西阿旷毕所部土酋幺不率花仡阿由那与西堡、沧浪等寨长必莫者等，烧劫屯堡，聚众作乱"。"已而，西堡贼阿革傍等复纠合阿黎寨三千余人为寇"（顾成讨之）。

（6）宣德二年，"贵州普定卫西堡长官司蛮贼阿骨、阿哈等为乱"。

（7）正统十四年，普定等卫"被苗贼将各处屯堡仓廒、种子、房屋、官牛、钱粮焚劫一空"。

---

① 《明太祖实录》卷一百四十一，洪武十五年正月。
② 《明英宗实录》卷一百一，正统八年二月。

（8）景泰二年，普定等处"苗贼复纵劫掠"①。

（9）天顺四年，"西堡蛮贼聚众焚劫屯堡，杀掠人财"。

（10）成化十四年，"西堡、狮子孔等处羯僚蛮贼四散屯结不下万余，分道攻劫杀伤官军，道路梗塞"。"蛮贼阿毛、坚娄等聚众杀掠，烧毁屯堡"。

仡佬族等夷民的前仆后继的反抗斗争激怒了顾成，于是顾成大开杀戒。《明实录》永乐七年四月壬辰条载："是时，蛮夷叛服不常，成怒，有俘获至者辄（辄）杀之。"②前此，他于洪武二十八年（1395）十一月统兵"讨西堡土官阿傍，平之，枭其首以警众，并擒杀群蛮五千三百二十六人，获马二十四匹，稻三千七百八十石"③。这个被明王朝誉为一代名将的顾成，连同洪武十五年（1382）的杀戮，共屠杀了西堡仡佬族人6126口（这仅是文献上已记下的数目，还有四次征战未记下杀戮情况）。顾成的后继者变本加厉。据《明英宗实录》载，天顺五年（1461）正月，湖广贵州总兵官都督佥事李震"统兵征西堡夷贼，克伐乍山寨，擒首从贼十一人，斩首三百五十九级"④。同年三月，贵州右参将都督佥事刘玉，"率官军进剿西堡夷贼"，斩首九百二十九级，"悉焚其巢寨"⑤。又是1288条人命！成化十五年五月丙子条所载"报捷"实录更为触目惊心：

> 贵州总兵官吴经等以平西堡蛮贼报捷。先是，蛮贼阿毛、坚娄等聚众杀掠，烧毁屯堡，诏招降之，不服。经等请兵讨之，分兵为五路，直抵巢穴，斩其酋坚娄、阿五等，焚其寨。余贼奔积蟒等洞，进兵攻之，复斩其首阿毛、果韶等，其余潜石洞者，塞其门以毒药熏之，皆死。贼酋卜著记复保聚众据白崖，崖高而险，募敢死士夜半冒雾衔枚先登，夺其所据，贼遂大溃，多投崖死，余贼擒

---

① 万历《贵州通志》卷七《安庄卫·纪兵》载："景泰二年，西堡夷僚作乱围城，被害极惨，官军克平之。"

② 《明太宗实录》卷九十，永乐十一年十月至十二月。

③ 《明太祖实录》卷二百十三，洪武二十八年十一月至十二月。

④ 《明英宗实录》卷三百二十四，天顺五年正月。

⑤ 《明英宗实录》卷三百二十六，天顺五年三月。

斩殆尽。前后焚毁贼寨五百七十八，攻破洞五十四，斩首二千一百五十二，生擒一百三十四，俘其老幼七百二十四，获兵器、牛羊数千。捷至，上命驰救奖励之，升报捷人各一级。[1]

这些官军先后共屠杀西堡仡佬族人 9566 口。官军为达斩尽杀绝目的，竟然施用毒烟。以征西堡有功而升官加俸的高级将领有顾成（万历《贵州通志》顾成列入名宦，称开国功臣，卒赠夏国公，为之立祠，岁时命有司祭焉）、张锐、郭贵、刘芳、刘玉。地方卫官亦有以征西堡功而晋级受赏者。咸丰《安顺府志·潘克常传》载，洪武间普定卫指挥使潘克常"尝征西堡落幺山寨苗，有功，封昭勇将军"。其后，承袭指挥潘良佐，景泰三年（1452）"助剿西堡落幺寨"，"赐白金八百两"[2]。平坝《黔南陈氏族谱》载，平坝卫左所百户陈亮，洪武"二十六年，攻阿贡垄、西堡等处"，累功"升平坝卫左所正千户"。将帅领兵出征，屯兵不免从征。万历《贵州通志·平普安夷记》载，弘治十一年（1498），普安米鲁等反，"攻我戍堡，窥我城邑"。征剿队伍中有"百户徐福屯以为左哨""百户宫高屯以为右哨"，"屯卒千人于普安、安南二城操训震耀，以为声援"，这就是屯军参战的例子。夷民反抗斗争的矛头直接对准卫所，"烧毁屯堡"，而明王朝要巩固在贵州的统治，重要举措之一则是经营屯堡，使"兵团聚，春耕秋练，家自为塾（支撑意），户自为堡（城堡意），倘贼突犯，各执坚以御之"[3]。在明代，屯堡是夷民的眼中钉，是屯军战守兼备的大本营，是统治者赖以支撑镇压夷民的法宝。

屯堡已经成为历史的陈迹，埋在贵阳城北隅厉祭坛的顾成墓，早已碣残碑废，成了文人墨士抒发兴废之感的题材。明末清初贵阳名流吴中蕃在他的《夏国公顾成志石叹》（见《黔南丛书·敝帚集》）诗中写道：

---

[1] 《明宪宗实录》卷一百九十，成华十五年四月。
[2] 常恩：咸丰《安顺府志》卷三十《职官志三·明名宦传·潘克常传》。
[3] 《明熹宗实录》卷六十，天启五年六月。

西风吹土土花碧，野寺墙阴横片石。

闲搜细扪读未终，知是前朝隧中碣。

……

鳌柱倾颓大海干，缨貂零落丘原改。

冢头犁作梵王宫，颐控金椎鬼不雄。

谁言翊运开疆者，寸壤难容异代躯。

　　这光景，似乎是历史对他的无情嘲弄！在各族人民和睦相处，共同开发贵州山乡，再创历史辉煌的今天，来回顾那段血雨腥风的过去，倍感民族团结的可贵，倍觉党的民族政策的伟大。说明安顺屯堡既有统一西南、开发贵州之正面作用，又有服务于民族压迫之反面作用，认识这两重性，对于考察"屯堡文化"（包括地戏）形成的背景不无裨益。

　　至于安顺山坉则不是屯军堡子。检阅字、词典，"坉"读若屯，有田陇（西北庄家称坉子）、草土填水、水流不通三义；又读若沌，亦填塞义。而"屯"读若豚，有聚集（勒兵而守曰屯，兵耕曰屯田，戍兵驻所曰屯堡）、高阜二义；又读若遵，有艰难、吝啬二义。"坉"与"屯"音、义都不尽相同。虽然"坉子"字可作"屯子"（村庄），但"屯田""屯堡"绝不能作"坉田""坉堡"。在安顺地区，"坉"与"屯"的读音及其使用义都不相同。"坉"，安顺土音读作"tèn"，有居民的坉可作村寨地名使用，更多的是无居民的坉，到现在仅有颓垣断壁的无名山坉还随处可见。咸丰《安顺府志》所列村寨，有屯有坉，互不混淆。府亲辖地，希喜枝有阿连坉，窝枝有老蟒坉，克枝有新坉，坡枝有新坉、凉坉，阿得枝有下坉、坉脚，鹁鸪枝有大坉。普定县辖地，白石岩枝有大垄寨、新垄。为数不多，且都不在屯堡区域。归化厅（今紫云县）不是屯堡区，无屯堡地名而有八坉。镇宁州公具枝有更坉寨，亦不在屯堡区。偶有插入屯堡区者，如河上坉、玉官坉，但与河上堡、玉官屯异地并存。这是咸丰《安顺府志》成书时的情况。文献表明"坉"与"屯"区域有别，二者互不相涉。

据《续修安顺府志》载，今安顺市境内大量存在的据山筑石垣以为避难之所的山坉是出现在咸同年间。"自咸丰四年杨隆喜、曾三浪起事后，至十年太平军入黔，继以何得胜、许大八、潘名杰、余三三、陈小五，终以九劳事件，历咸同二十余年"，"迭遭兵祸"，"至同治十三年后，地方渐趋平靖"。"杨隆喜乱后，人民被逼醵金合力经营坉、洞，以作避乱之所"（民间称为"躲反"），"民众赖坉洞保卫，始有孑遗"。东北各乡之坉，知名者有：

（1）永平坉在大山山上。

（2）大坉在郭家屯右永峰山上。

（3）小坉亦在郭家屯右山，距大坉里许。

（4）太平坉在交几左侧太平山顶。

（5）张三坉在毛栗坡、水獭坡、可瓦大坡、红岩间山上。

（6）半坉在鸡场大坝与谷登坝之间的山腰。

（7）小坉在鸡场小屯街尾巴寨后山。

（8）吊箩坉在浪竹坝左侧山上。

（9）老鹰坉在可处后老鹰山腰。

（10）蓑衣坉在大洞口进龙路长冲出口处。

还有九溪之狗爬岩坉、晓礼坉、水桥坉、狗场屯之马鞍山坉、猫洞山坉、云山坉。

民国《镇宁县志》列屯堡八十七枝村寨，列山坉入《营建志·堡垒》，云"御匪捍患而有堡垒"。从地点说，坉在屯堡附近山上，如自旗大坉在白旗堡后山，刘官堡坉在刘官堡后山，杨家坉在杨家屯后山，鸡冠坉在鸡冠屯后山，杨铆坉在吴胜堡后山。从时间说，除敲梆坉"相传筑于明季"外，几乎都筑于咸同年间。

文献资料表明：安顺山坉不是明代屯军堡子，它是清代咸丰、同治年间包括屯堡人后裔在内的当地士民"躲反"的"堡障"（以石筑成的小城）。即使有方志将"坉"书作"屯"，如民国《平坝县志》有"避兵屯洞"条目，然该志郑重申明："此屯字亦作坉，以别以屯堡之屯。"①

云山坉也不例外。咸丰《安顺府志》载普定县南附郭村寨有云就山，注云："在治东四十里，东界镇宁州更多寨，南接张家庄，西界镇宁州陇黑，东北接雷家屯。"②地虽处屯堡区内，而咸丰《安顺府志》成书时尚无云山坉之名。咸丰《安顺府志》录有刘庆谷［道光十二年（1832）普定岁贡生］《游云来山》诗，但云："云来万山白，云去山一色。山深不见人，峰峰自奇特……举头白云里，啸歌清溪侧。"云来山即云就山，道光间游人诗中尚不见山坉的影子。

据民国《续修安顺府志·金炯奎传》记载，炯奎字次甫，章家庄人。"咸丰末，石达开部经安顺，四乡多残破，炳奎与族人避之云就山寺以免。及苗民肆扰，乃聚邻近八寨之父老昆弟而晓之曰：'惟有就云就山之形势，赶筑墙垣，深沟高垒以相抗，庶可保身家于万一。'……不两月，而云山雉堞完整，大功告成，四乡聚居甚多，甚至有自清平、黄平逃来者，人户多至数千家。"同治七年（1868），陈小五夜袭云山坉，"围攻者不得利，皆退，越墙者不能逃，皆死。"显然，云山坉"巷列街分，至今为市"③的格局是清代咸同之交士民躲"苗民肆扰"的产物，筑坉首倡人即金炯奎，其时金氏自章家庄徙居云山坉。

有文章称，据《金氏家谱》载，明洪武初，金氏家族有一支入云山坉，断定云山坉始建于明洪武初年，自明代始就是一处发达的屯落，这都有待商榷。云山坉不是屯军堡子已如上述。至于金氏入黔支派徙居问题，查《金氏族谱》［民国九年（1920）金铸人编］，其《云山坉金氏由来》并没有明初有一支直入云山坉的说法，只有"至金家大山一支系明初由郡城迁住"语。其《一枝祖纪略》云："始祖讳一枝，葬安顺城东门外五里许之乾河，又名穿洞。道光中，先辈建墓碑，旁记：公江南应天府人，明洪武二年（1369）来黔……考之史志……一枝祖或于斯时（调北征南）入黔，未可知也。"洪武二年，元普定路尚未内附，此时入黔，固不可信，调

---

① 江钟岷：民国《平坝县志》，《杂稽志·建筑物》。
② 常恩：咸丰《安顺府志》卷六《地理志·疆里·普定县疆域村寨》。
③ 任可澄：《续修安顺府志辑稿》卷十四《纪事志·陈小五夜袭云山坉》。

北征南入黔，亦"未可知"（指入居郡城）。明初由郡城迁住金家大山之说仍是模糊臆断。民国《续修安顺府志·民族志·民族之现状》始言云峰乡有金氏住户，说明云山屯原无金氏居住。

云山屯虽然不是明代屯军堡子，却称得上是安顺山屯的杰作。这"巷列街分"之山乡古镇的方方面面（包括屯堡文化的遗存）都值得深入研究。"云来万山白""峰峰自奇特"的云就山，早已引起人们的注目，咸丰《安顺府志》将它列入安郡"城外八景"，名曰"雨来云就"。尔后又有山屯奇观，至今堪称旅游胜地，颇具开发价值。

（原载于《安顺师专学报（社会科学版）》1995 年第 3 期）

安顺"云山屯"不是明代屯军堡子

安顺城周的屯堡人的确风采别致，所保存的屯堡文化实在丰富多彩！前来观光的游客，考察的学者纷至沓来，城东的"云山屯"应运而热闹起来，这是大好事。但是，为了炒热"云山屯"这一旅游景点，有人竟把它说成是明代屯军堡子，呼之为"明代一条街"，无视历史，随意张冠李戴，就大可不必了。屯门上方那阴刻端方的"云山屯"三个大字无声胜有声，无时无刻不在告诉我们，它是"屯"，不是"屯"。

检阅字、词典，"屯"有田垄（西北庄家称屯子）、草土填水、水流不通三义。而"屯"，有聚集（勒兵而守曰屯，兵耕曰屯田，戍兵驻所曰屯堡）、高阜二义。

"屯"与"屯"的含义不尽相同。虽然"屯子"可作"屯子"（村庄），但"屯田""屯堡"绝不能作"屯田""屯堡"。在安顺地区，"屯"与"屯"的读音及其使用义都不相同。"屯"，安顺土音读作"tèn"，有居民的屯可作村寨地名使用，更多的是无居民的屯，到现在仅有颓垣断壁的无名山屯还随处可见。咸丰《安顺府志》所列村寨，有屯有屯，互不混淆。府亲辖地，希喜枝有阿连屯，窝枝有老蟒屯，克枝有新屯，坡枝有新屯、凉屯，阿得枝有下屯、屯脚，鹑鸽枝有大屯。普定县辖地，白石岩枝有大屯寨、新屯，但为数不多，且都不在屯堡区域。归化厅（今紫云）不是屯堡区，无屯堡地名而有八屯。镇宁州公具枝有更屯寨，亦不在屯堡区。偶有插入屯堡区者，如河上屯、玉官屯，而与河上堡、玉官屯异地并存。这是咸丰《安顺府志》成书时的情况。文献表明"屯"与"屯"的区域有别，二者互不干涉。

据《续修安顺府志》载，今安顺市境内大量存在的据山筑石垣以为避难之所的山屯是出现在清代咸同年间。"自咸丰四年杨隆喜、曾三浪起事后，至十年太平军入黔，继以何得胜、许大八、潘名杰、余三三、陈小五，终以九劳事件，历咸同二十余年"，"迭遭兵祸"，"至同治十三年后，地方渐趋平靖"。"杨隆喜乱后，人民被逼醵金合力经营坉、洞，以作避乱之所"（民间称为"躲反"），"民众赖坉洞保卫，始有孑遗"。东北各乡之坉，知名者有：

（1）永平坉在大山山上。

（2）大坉在郭家屯永峰山上。

（3）小坉亦在郭家屯石山，距大坉里许。

（4）太平坉大交几左侧太平山顶。

（5）张三坉在毛栗坡、水獭坡，可瓦大坡、红岩间山上。

（6）半坉在鸡场大坝与谷登坝之间的山腰。

（7）小坉在鸡场小坉街尾巴寨后山。

（8）吊箩坉在浪竹坝左侧山上。

（9）老鹰坉在可处后老鹰山腰。

（10）蓑衣坉在大洞口进龙路长冲出口处。

还有九溪之狗爬岩坉、小女坉，水桥坉、狗场屯之马鞍山坉、猫洞山坉、云山坉。

民国《镇宁县志》列屯堡八十七村寨，列山坉入《营建志·堡垒》云"御匪捍患而有堡垒"。从地点上来说，坉在屯堡附近的山上，如白旗大坉在白旗堡后山，刘官堡坉在刘官堡后山，杨家坉在杨家屯后山，鸡冠坉在鸡冠屯后山，杨柳坉在吴胜堡后山。从时间上来说，除敲梆坉"相传筑于明季"外，几乎都筑于咸同年间。

文献资料表明：安顺山坉不是明代屯军堡子，它是清代咸丰、同治年间包括屯堡人后裔在内的当地士民"躲反"的"堡障"（以石筑成的小城）。即使有方志将"坉"书作"屯"，如民国《平坝县志》有"避兵屯洞"条目，然该志郑重申明："此屯字亦作坉，以别于屯堡之屯。"[①]

———————————

① 江钟岷：民国《平坝县志》，《杂稽志·建筑物》。

云山屯也不例外。咸丰《安顺府志》载普定县南附郭村寨有云就山，注云："在治东四十里，东界镇宁州更多寨，南接张家庄，西界镇宁州陇黑，东北接雷家屯。"[1]云山屯虽地处屯堡区内，但咸丰《安顺府志》成书时尚无云山屯之名。咸丰《安顺府志》录有刘庆谷[道光十二年（1832）普定岁贡生]《游云来山》诗，但云："云来万山白，云去山一色。山深不见人，峰峰自奇特。……举头白云里，啸歌清溪侧。"云来山即云就山，道光年间游人诗中尚不见山屯的影子。

据《续修安顺府志·金炯奎传》记载，炯奎字次甫，章家庄人。"咸丰末，石达开部经安顺，四乡多残破，炯奎与族人避之云就山寺以免。及苗民肆扰……乃聚邻近八寨之父老昆弟而晓之曰：'惟有就云就山之形势，赶筑墙垣，深沟高垒以相抗，庶可保身家于万一。'……不两月，而云山屯雉堞完整，大功告成，四乡聚居者甚多，甚至有自清平、黄平逃来者，人户多至数千家。"同治七年（1868），陈小五夜袭云山屯，"围攻者不得利，皆退，越墙者不能逃，皆死。"显然，云山屯"巷列街分，至今为市"[2]的格局是清代咸同之交士民躲"苗民肆扰"时形成的，筑屯首倡人即金炯奎，其时金氏自章家庄徙居云山屯。

有文章称，据《金氏家谱》载，明洪武初，金氏家族有一支入云山屯，断定云山屯始建于明洪武初年，自明代始就是一处发达的屯落。这都有待商榷。云山屯不是屯军堡子已如上述。至于金氏入黔支派徙居问题，查《金氏族谱》[民国九年（1920）金铸人编]，其《云山屯金氏由来》并没有明初有一支直入云山屯的说法，只有"至金家大山一支系明初由郡城迁往"语。其《一枝祖纪略》云："始祖讳一枝，葬安顺城东门外五里许之干河，又名穿洞。道光中，先辈建墓碑，旁记：公江南应天府人，明洪武二年来黔……考之史志……一枝祖或于斯时（调北征南）入黔，未可知也。"洪武二年（1369），元普定路尚未内附，此时入黔，固不可信，调北征南入黔，亦"未可知"（指入居郡城）。明初由郡城迁往金家大山之说仍是模糊的臆断。民国《续修安顺府志·民族志·民族之现状》始言云峰乡有金氏住户，说明云山

[1] 常恩：咸丰《安顺府志》卷六《地理志·疆里·普定县疆域村寨》。
[2] 任可澄：民国《续修安顺府志辑稿》卷十四《纪事志·陈小五夜袭云山屯》。

坉原无金氏居住。

云山坉虽然不是明代屯军堡子，却称得上是安顺山坉的杰作。云山坉这"巷列街分"之山乡古镇的方方面面（包括屯堡文化的遗存）都值得深入研究。"云来万山白"，"峰峰自奇特"的云就山，早已引起人们的注目，咸丰《安顺府志》将它列入安郡城外八景，名曰"雨来云就"。尔后又有山坉奇观，至今堪称旅游胜地，颇具开发价值。

（原载于《贵州文史丛刊》1998 年第 6 期）

再谈安顺山屯、洞屯

拙文《史证安顺屯堡的两重性——兼谈安顺山屯并非屯军堡子》已经辨明安顺"屯"之与"坉"（tèn）是两码事，"云山坉"是清代咸同之交士民避难的产物。然而山坉奇观已成安顺胜概，不能以不是明代屯落而忽视之。

安顺山屯、洞屯，所在多有。它们是历史的陈迹，而今已是或有待开发的融自然与人文景观于一体的游览胜地。

普定县城之东华山，咫尺东廓，登临极便。崖壁削立，上刻"大明定南所"五个大字，恰似普定历史的扉页，足令仰视者发悠古之思；更有"翠屹云天"四字，将东华山色尽概无遗。山顶略平，石垣围护，山坉遗迹宛然，邑中人喟叹道："吾邑之东华山，形若金钟矗立，俊秀风景，不可谓不佳也。但在过去时代，只视为人民避乱之所，罔有注意其风景者，致童山濯濯，灵秀埋没，深堪浩叹。"[①] 而今绿装重著，曲径通幽，亭阁参差，梵音时起，已成县中人民休闲度假的好去处。

旧《镇宁县志·堡垒》列山坉130多个，几乎都筑于咸同年间。如"镇宁之西十五里许，有独坡者，山石耸峭，溪水环绕，故以独坡得名，而坉亦因之也"，"全寨人民移居其上"，"卒能捍卫强敌"。[②] 可以想见其形胜。又如城南7里祝英哨后之敲梆坉，外与独坡相犄角，内有屋基300多间，大蓄水池一个，可容水千余担。"咸同苗变"时，各寨民众聚居其中，亦赖坉保全。至民国间，敲梆坉的石垣犹存，成了文人即景怀古的题材。邑人程则典《登敲梆坉》诗云：

---

① 廖瑞平：《创修东华山记》，载范增如《明清安顺风物诗文注评》，贵州民族出版社，1999，第337-338页。

② 任可澄：民国《续修安顺府志辑稿》卷十四《纪事志·镇宁县·独坡坉战守纪略》。

山头雉堞尚巍然，坐镇南荒不计年。

欲问咸同兴废事，夕阳无语下峰巅。①

旨意虽未直露，反叫人想得很多很多。

即如平坝县（今平坝区）之天台山，今人唯以"游观之地"观之，据彭而述《游天台山记》则不然，彭记云："又问僧：'自三十年兵燹来，孙、王割据，民受荼毒不堪命，此寺何以无恙？'则此中屯聚藏蓄，有以生息此方之性命，非偶然矣。宜其不为游观之地，而为封殖之场也。又颇怪大变以来，都邑、郡县、城郭瓦解，此寨常存，其可以其小而忽之哉？""井在山足，若大盗攻之，久则若渴，是亦山民之急宜防守者也。"②显然，历史上，"山之城门"内"群房连亘，高高下下，若城居然"的天台山寨，亦系山坉之属。而今游山者络绎，能有几人作如是观呢？

安顺的洞坉，亦是避乱的产物，且不自清末始。据《明宪宗实录》载，成化间，贵州总兵官吴经等"平西堡蛮贼"，"攻破洞五十四"。起义的西堡仡佬族人据洞抗击官军，必筑坉扼守无疑。清初平坝学者陈法作《黔论》，以为"居黔有八便"，"山洞可以避秦，八也"。"经营坉、洞以作避乱之所"，犹盛于咸同年间。

安顺城北二十五里大洞口后山之银坑洞，"内有石洞三：一亮洞，一黑洞，一藏珠洞。洞门皆大石垒成"，"大抵数百年来士民避乱时所修者也"。三洞"为品字形"，"但有匪警时，枪炮可互为掩护"。闻那火药味，咸同间亦为洞坉。而小洞口之玲珑洞，地近通道。"里有熊星五者，居近此洞，爱其幽雅，不吝资财进行修建。于洞脚修碉楼一座，（进洞处）槽内修正房三间，作厨房、作碓宅。洞内修佛堂家庙，顶上修天楼作书斋。当建阁时，构筑房屋系由槽底筑基，高处建桥。中有深潭，旁筑小路，左进耳洞，右达寝所。""凿眼于岩，修成夏屋，有覆盖，有栏杆，有雕琢，有图画，俨然山水，颇具匠心。"③这又是以碉楼为掩护的洞坉类型。这幽幽洞府，构造之

---

① 胡翯：民国《镇宁县志》卷四《艺文志·登敲梆坉》。

② 刘祖宪：道光《安平县志》卷十《艺文志·纪》。

③ 任可澄：民国《续修安顺府志辑稿》卷一《地理志·群山·玲珑洞》。

精良，堪称杰作，故《续修安顺府志》列它入"名胜古迹"。

安顺洞垴的典型代表，恐怕要算紫云县城西郊的紫云洞。咸丰《安顺府志》称："洞极幽邃，常有紫气腾于其上，中建佛寺，颇有烟云缥缈之概。"故列入"归化厅八景"，名"洞绕紫云"①。可是，在历史上，这"别一洞天"（洞右石刻），却是最佳避难之所。就说咸同年间，布依族起义，城中官绅躲避于洞中，在这里发生了一场激烈的攻守战。事后［光绪八年（1882）］，当事人归化厅通判石廷栋重返紫云，写有一首五言纪其事（诗刻于洞左右壁）。诗后跋语有云："丙寅夏［按：同治五年（1866）］守是邦，适值贼氛满地，粮饷两无，官绅军民，不堪其苦。"诗的起始几句云：

> 烽火当年警，曾余虎口生。
>
> 量沙嗟食尽，滴溜让杯倾。
>
> 苗号铺山队，官民众志城。
>
> 盘高自筑垒，恃险即为营。
>
> 杀气漫天黯，妖氛漠地平。
>
> 敌摧骄白日，筋动咽残更。
>
> 上下磷光碧，周围鼓角鸣。

诗作旨在表现官绅"众志成城"、据洞坚守的顽强，但仍掩盖不了官绅困于洞中的狼狈、义军猛攻的声威。不难看出那"盘高自筑垒，恃险即为营"的洞垴，在战乱时期的巨大作用。而今紫云洞自若，刻诗字迹多所模糊，游洞者自当游洞，亦不可视刻石为道旁石。

上文所谓的"避乱"，通常指百姓避"匪"乱，在人们（特别是少数民族）反抗起义时，或指所谓"乱民"避官军围剿，或官绅避所谓"乱民"围攻，情况复杂，

---

① 常恩：咸丰《安顺府志》卷十六《地理志十五·形胜》。

不可一概而论。但无论如何，山屯、洞屯，都是"乱世"的产物。现在遗迹甚多，完好者莫如云山屯之石筑城垣。导游者倘能讲述云山屯的真实来历，让和平环境中的人们重温那段血雨腥风的历史，倍觉社会安定之可贵，那云山屯不是陈列馆也胜似陈列馆了。

（原载于《安顺师专学报（社会科学版）》1997 年第 1 期）

明代普定卫戍屯官兵原籍考

——兼谈"十八指挥定黔阳"

欲深入研究安顺"屯堡文化"，必须考察它的渊源，即其本源地母文化。可以说"屯堡文化"是本源文化的搬迁及重新整合的结晶。欲知"屯堡文化"的源头，有效途径就是从考察屯堡人的原郡家乡入手。

一、普定卫职官原籍考

据万历《贵州通志》载，普定卫职官设有掌印指挥一员、管屯指挥一员、管操指挥一员、捕盗指挥一员、经历司经历一员、镇抚司镇抚一员、五千户所各掌印千户一员、各管操千户一员、所镇抚一员、管军屯印百户十员、普定站管站百户一员、儒学教授一员、训导一员。[①] 上列卫指挥均为任事者，称为"见任管事指挥"，有定员。还有不任事者，称为"随操指挥"，无定员。安顺城乡有广为流传的谣谚云：

> 李杜蒋许葛范张，南北左右西五王。
>
> 丁殷庄娄与黄马，十八指挥定黔阳。

这里所谓的十八家指挥，是谣谚编制者认定的明洪武"调北征南"入黔并卜居安顺城乡的带兵官，其后裔世代繁衍不息。并以入黔始祖系指挥为荣光。说巧也巧，

---

① 许一德、王来贤等：万历《贵州通志》卷六《普定卫·职官》。

明万历《贵州通志》载有普定卫指挥使、指挥同知、指挥佥事凡十七家，姓氏几乎与谣谚相同。今按来卫人名为目，以来卫时间先后为序，编录考补如次。

（一）马闰

一世马闰：南京庐州府合肥县人，洪武年功升百户，（洪武×年）调本卫。按：普定卫设于洪武十五年，来卫时间当或随征大军入普定或稍后为宜。

二世：原缺、按：府志名录有马伯强，待订。

三世马仲：正统七年升指挥佥事。

四世马友仁：成化二年以父功袭署指挥佥事。

五世马武：弘治十四年为事降正千户。

六世马玺：十二年袭原职。按：当为嘉靖十二年，原职当为指挥佥事。

七世马恩：嘉靖三十四年袭指挥佥事。

八世马朝卿：沿袭。按：通志修于万历二十五年，沿袭即此时已沿例袭职在册，唯是见任管事还是随操不明。下仿此。

（二）许忠

一世许忠：南京滁州全椒县人，充先锋。洪武元年功升副千户，（×年）调本卫。按：洪武元年至正统七年男许祯任正千户已历时七十五年，来卫时间绝不在洪武初年。

二世许祯：正统七年升正千户。

三世：原缺。按：嘉靖府志名录有许翼圣，待订。

四世许恒：景泰五年升指挥使。

五至七世：原缺，待考补。

八世许鉴：嘉靖五年降指挥佥事。

九世许应春：沿袭。

（三）王葆

一世王用：江西南康府都昌县人，洪武元年功升副千户。

二世王葆：洪武十七年调本卫。功升指挥佥事。

三世王铭：正统六年功升指挥同知。补：父乡贤。云："指挥同知。骁勇善骑射。"正统中，征麓川殒于阵。朝廷嘉其忠，进子泰官一级。

四世王泰：正统六年以父功升指挥使。

五世王伦：正德元年为事降正千户。

六世王镇：仍袭指挥使。

七世：原缺，待考补。

八世王元爵：嘉靖四十三年升中军。按：指军标门下坐营军官。

九世王三锡：沿袭。按：袭原职指挥使。

（四）王辅

一世王宏：南京庐州府合肥县人，洪武元年功升正千户。

二世王辅：洪武二十年调本卫。按：以正千户来卫。

四世王昱：成化二年升署指挥佥事。

五至六世：原缺，待考补。

七世王贤：嘉靖元年升右参将。

八世王嘉武：沿袭。按：袭指挥佥事。

（五）章遇

一世章遇：南京凤阳府定远县人，洪武元年功升百户，二十一年调本卫。

二至三世：原缺，待考补。

四世章宗：景泰五年功升署指挥佥事。

五世：原缺，待考补。

六世章麟：弘治六年奉例授指挥佥事。

七世章银：嘉靖十五年袭署指挥佥事。

八世章达：沿袭。

（六）李进

一世李进：南京凤阳府定远县人，洪武十七年功升指挥佥事。二十四年充都匀卫军，复职，调本卫。

二至三世：原缺。按：咸丰《安顺府志》名录有李国珍，待考。

四世李瓛：天顺二年功升指挥使。

五至六世原缺：待考补。

七世李应芳：嘉靖十一年升指挥佥事。

八世李先春：沿袭。补：咸丰《安顺府志》名录有李光春。注云："万历间任，见《圆通寺碑》。"当为一人。

（七）黄辅

一世黄忠：南京滁州人，洪武二年功升正千户。

二世黄兰：洪武二十五年调本卫。

三世黄鼎：正统七年升指挥佥事。

四至七世原缺：待考补。按：咸丰《安顺府志》名录有黄明达，不知是否在此缺中。

八世黄崇正：沿袭。按：世系属假定。

（八）范玉

一世范昌：南京凤阳府人，洪武五年功升百户。补：据《范氏宗史·休宁范氏世图》，其父名范澄。字澄仲，洪武间为民兵守凤阳，十四年征南留守本卫中所。有子昌以征进升普定百户，遂迁其地。授明威将军。

二世范玉：洪武二十六年功升副千户，调本卫。补：据《范史宗史》，袭副千户。

三世范琬：景泰元年功升指挥同知。补：据《范史宗史》，征麓川功升正千户。

四世范宗：原缺，据《范史宗史》补，升署指挥同知，世袭。

五至六世：原缺，府志名录有范任，不知是否在此缺中。

七世范武：嘉靖十七年降指挥佥事。

八世范宏：沿袭。按：袭指挥佥事。

（九）殷贵

一世殷雄：南京扬州府人，吴元年功升指挥佥事。

二世殷贵：洪武三十四年调本卫。按：洪武三十四年实为建文三年。

三至七世原缺：咸丰《安顺府志》名录的殷祚昌，不知是否在此缺中。

八世殷尚贤：沿袭。按：世系不明，此系假定。

（十）丁曩哥台

一世丁曩哥台：高丽人，前元甘肃省右丞。洪武间宋国公下，功升指挥佥事，调本卫。按：宋国公名冯胜。

二世丁庸：功升指挥同知。

三至七世原缺：咸丰《安顺府志》名录有丁英，不知是否在此缺中。

八世丁大任：沿袭。按：世系不明，此系假定。

（十一）杜友

一世杜泰：北直隶（京师）保安州人。

二世杜得成：洪武十六年升正千户。

三世杜友：永乐十五年调本卫。

四至五世原缺：待考补。

六世杜俊：天顺八年升指挥佥事。

七至八世原缺：待考补。

九世杜思召：沿袭。按：世系不明，此系假定。天顺八年至万历元年，中经一百一十年，至少要历两代才能到杜思召。

（十二）王斌

一世王杰：直隶合山县人，洪武二年功升副千户。

二世王忠：洪武三十年功升指挥使。

三世王斌：宣德六年调本卫，升迤西守备。补：乡贤。云："指挥使，廉介公平，莅卫政三十余年，终始一节。"廖驹《普定卫儒学记》称本卫指挥，正统三年参与复修卫学宫。《明实录》载，天顺四年以后都督同知致仕。

四世王玺：原缺。按：据《明实录》补入，且云天顺八年袭父王斌原职普定卫指挥使。

五至七世原缺：待考补。

八世王嘉宠：沿袭。按：世系不明，此属假定。咸丰《安顺府志》名录有王加龙，疑即此人。

（十三）郭斌

一世郭保：山西太原五台山人，洪武九年功升正千户。

二世郭敏：原缺。按：据《郭太夫人墓志铭》补，称怀远将军指挥同知，宣德六年终于官。

三世郭斌：宣德六年调本卫，升指挥同知。补：据《墓志铭》载，父卒，斌嗣其职，调普定卫任指挥同知，举族家焉。斌领军征剿广右叛壮，殁于王事。

弟郭贵：功升指挥使，参将。补：乡贤。云："指挥同知，机敏有能，守备普定等处，累功升都督，充参将。"镇守贵州迤西地方，桴鼓不惊，寻终于镇。又《明实录》载，景泰三年，指挥同知郭贵升署都指挥佥事，成化元年升都督佥事。又据《墓志铭》，兄卒，贵承其职。正统末，率兵策应清平等卫，以功累官至骠骑将军，都指挥使。复统兵征克西堡，以功升右军都督府都督佥事，未几，命充参将。

四世郭忠：原缺。按：据《墓志铭》补，系郭贵长子。《明实录》云，成化八年郭忠袭父贵州署都督佥事郭贵原职普定卫指挥同知。

五世郭雄：原缺。按：据《墓志铭》补，系郭忠长子。

六世郭仁：原缺。按：据《墓志铭》补，原职为普定卫指挥使，弘治十七年升都指挥佥事。又据咸丰《安顺府志》所载《王轼传》弘治十三年至十五年讨普安米鲁之役，指挥郭仁等"皆转战死"，所升官衔当为死后追赠。

七世郭瓒：原缺。按：据《明实录》补，云弘治十七年袭父郭仁原职普定卫指挥使。

八世郭振先：沿袭。按：世系不明，此系假定。又咸丰《安顺府志》名录有郭云栋，或在其前。

（十四）王源

一世王付二：南京庐州无为州人。

二世王礼：洪武二十年功升副千户。

三世王瑄：正统四年调本卫。按：应以副千户来卫。

四世王良：弘治六年功升正千户。

五世王雄：弘治十八年功升指挥使。

六世或至七世：应缺一人至二人。

八世王体乾：沿袭。按：世系不明，此为假定。所袭之职为指挥使。

（十五）蒋荣

一世蒋源：湖广永州府道州人。

二世蒋彦通：洪武元年功升指挥同知。

三世蒋荣：正统四年调本卫。按：当以指挥同知来卫。

四世蒋祚：成化十六年升指挥使。

五至七世：原缺。按：咸丰《安顺府志》名录有蒋尚忠、蒋德显，不知是否在此缺中。

八世蒋国勋：沿降袭。按：世系不明，此属假定。降袭为指挥同知。

（十六）庄高

一世庄成：山东青州府莒州人，洪武充军，功升指挥使。

二至三世：缺。

四世庄荣：景泰元年升都指挥使，以守备不设，充南丹卫军。

五世：缺。

六世庄高：嘉靖三年仍袭指挥使，调本卫。

七世：原缺。咸丰《安顺府志》名录有庄自新，不知是否为此缺。

八世庄立：沿袭。按：世系不明，此属假定。所袭之职为指挥使。

（十七）王冕

一世王端：南京和州人，充万户侯下军，功升指挥佥事。

二世王冕：调本卫。按：来卫时间不明。

王汝麟：沿袭。世系不明，袭指挥佥事。

这 17 家指挥有 10 家为安徽人。洪武年间入黔者有 9 家，其中有 7 家为安徽人，1 家为江西人，1 家为高丽人；有 6 家为百户、千户来黔，至万历年间才都成为卫级指挥。可见谣谚所谓"十八指挥定黔阳"并不都是卫级指挥，而所见家谱及入黔始祖辄曰指挥者多有虚假，当然千户、百户亦称指挥，应当区分。

17 家指挥无谣谚所谓"娄"姓，咸丰《安顺府志》卫官录名却有娄氏千户一栏，录有娄忠至娄九阶八代姓名，称见《娄氏谱》，可见谣谚亦并非虚拟。谣谚中之"张"姓指挥，17 家中有章遇一家，《续修安顺府志·氏族志》有张义一家（即与顾成同克普定之张翼），他们各不相同。谣谚中有"葛"姓指挥，与 17 家郭姓有异，咸丰《安顺府志》载有卫指挥佥事葛氏名录凡八代，从葛晟（洪武中授）至葛公衮[天启二年（1622）死]，称见《葛氏谱》。吴寅邦据葛氏谱撰《葛公衮传》，云："公衮，世袭普定卫指挥佥事。"并指出，"明天启二年，安酋叛，至普定卫，衮御之，死于阵"，"贼陷城"。"道光戊申冬月，太守胡公派余浚河，至曹家街后岸，掘得一印，缴府验之，即普定卫也。印旁有枯骨杂土中。"[1] 疑即公衮尸骨。如此，郭、葛二氏俱为普定卫指挥。

说到普定卫指挥，不能不言及首任指挥顾成及其后裔世系。

一世顾成：字景昭，南京扬州府江都县人。万历《贵州通志·名宦》："洪武初，以指挥佥事克复普定，留任本卫。"《明史·顾成传》以"坚城指挥佥事从伐蜀"，"蜀平，改成都后卫"。洪武"八年调守贵州"卫，"已，从颍川侯傅友德征云南，为前锋，首克普定"。普定设卫，"进指挥使"。洪武十八年，"进贵州都指挥同知。"升任后事迹从略。

二世顾统：字总威，顾成长子。永乐八年胡纲《俞氏墓志铭》："俞氏，故普定卫指挥顾总威公之妻也"。"洪武庚辰（建文二年）夏，总威公被召"至南京见杀。《明史·顾成传》指出，成"八子。长统，普定卫指挥，以成降燕被诛"。万历《贵州通志·名宦》："顾统，以子兴祖贵，封夏国公。"

---

① 　常恩：咸丰《安顺府志》卷三十《职官志三·明名宦传·葛公衮传》。

三世顾兴祖：《俞氏墓志铭》："（俞氏）生一子，兴祖，字世延。""见任普定军民指挥使。"万历《贵州通志》载大学士金幼孜《纪略》提到"壬午（建文四年）内难平"，以顾成"孙兴祖袭普定卫指挥使。"万历《贵州通志·名宦》："顾兴祖，成之孙，成卒，袭镇远侯。"《明史·顾成传》："统子兴祖嗣侯。仁宗（年号洪熙）即位，广西蛮叛，诏兴祖为总兵官讨之。""宣德中，交趾黎利复叛，陷隘留关，围丘温。时兴祖在南宁，坐拥兵不援，征下锦衣卫狱，逾年得释。正统末，从北征，自土木脱归，论死。也先逼都城，复冠带，充副总兵，御敌于城外。授都督同知，守备紫荆关。景泰三年，坐受贿，复下狱，寻释。以立东宫恩，予伯爵。天顺初，复侯，守备南京。"

四世：失载。

五世顾淳：《明史·顾成传》："（顾兴祖）卒，孙淳嗣。"从弟顾溥：《明史·顾成传》："（顾淳）卒，无子，从弟溥嗣，掌五军右掖。弘治二年，拜平蛮将军，镇湖广。""五年十月，贵州都匀苗乜富架作乱。""诏溥充总兵官，帅兵八万讨之。""加太子太保。""诏入提督团营，掌前军都督府事。十六年卒，谥襄恪。"

六世顾仕隆：《明史·顾成传》："（顾溥卒）子仕隆嗣，管神机营左哨。""正德初，出为漕运总兵。""镇淮安十余年。""嘉靖初，移镇湖广。寻召还，论奉迎防守功，加太子太傅，掌中军都督府事。""卒，赠太傅，谥荣靖。"

七世顾寰：《明史·顾成传》："（顾仕隆卒）子寰嗣。守备南京。"嘉靖"十七年为漕运总兵官。""镇淮南。会安南事起，移镇两广。""安南遂定，三十年事也。""隆庆五年，特起授京营总督。""神宗嗣位，起掌左府。""以两度乞休故也。""久之，致仕，加少保。万历九年卒，赠太傅，谥荣僖。"又有顾大祥者，据咸丰《安顺府志》，乃顾成九世孙，万历中任把总。称见《圆通寺碑》。顾氏自成及兴祖以下数世俱官高爵显，远出卫指挥，故万历《贵州通志》未录。

普定卫尚有潘氏指挥，咸丰《安顺府志》据潘氏谱录，邹汉勋亦作《潘克常传》，略叙于下：

一世潘克常：南京应天府六合县人。兄克善以功授指挥使，卒，克常袭。洪武三十一年调普定卫，以功封昭勇将军。补：大龙井龙王庙（原名龙神庙）有碑一通，云"潘将军号克常施田"若干，"坐落西王山小脚下"，又云"龙神庙建自天启"，时间相差甚远，录此存疑。

二世潘铸：克常子，与弟五人自永乐八年到正统十四年，多次出征俱有战功。

三世潘良佐：景泰二年至四年，从征有功，袭指挥使。天顺二年、成化元年从征有功。

四世潘礼：袭职。

五世潘玉：弘治十五年以军舍从征有功，袭指挥佥事，封明威将军，卒。

六世潘大有：嘉靖十年袭父职。

七世潘文言：袭职。

八世潘侨：袭职。

九世潘希礼：袭职。天启二年从征叛苗战死，加赠昭勇将军。

弟潘希苏：廪膳生，袭职。明亡停袭。①

七世潘文言、八世潘侨，时值隆庆、万历年间，看来未必袭卫指挥佥事，故万历志不载。

顾成、潘克常均为南京人，虽属江苏，然距安徽不远。

二、普定卫军屯人家原籍考

明普定卫所"五十军屯"即安顺四乡屯区，其军屯人家来源档案性文献阙如。《明太祖实录》洪武十五年三月条但云"上谕友德等以云南既平，留江西、浙江、湖广、河南、四川都司兵守之"②，时普定虽隶云南，毕竟仅就大局而言，其分布到底不清。万历《贵州通志》在各卫、府、州、司风俗条间或提到外籍军民来源，如威清卫"卫成军士皆湖广人"，普安州"郡城军民多自中州（河南）迁成"，普定卫却失载记。唯咸丰《安顺府志·风俗》云："郡民皆客籍，惟寄籍有先后。其可考据者，

────────────

① 常恩：咸丰《安顺府志》卷三十《职官志三·明名宦传·潘克常传》。
② 《明太祖实录》卷一百四十三，洪武十五年闰二月至三月。

屯军堡子皆奉洪武敕调北征南。当时之官如汪可、黄寿、陈彬、郑琪作四正，领十二操屯军安插之类，散处屯堡各乡，家口随之至黔。妇人以银索绾发髻三绺，长簪大环，皆凤阳汉装也，故多江南大族。"①

《安顺府志》认为普定卫军屯人家是"调北征南"时来的。其妇人著"凤阳汉装"，此为"江南人"的特征。宋之江南东西路指导江苏、安徽、江西三省，而江苏、安徽即明之南京，又称南直隶。民国《续修安顺府志·氏族志》称系明洪武调北征南而来的各姓为"老姓"，兹将记叙清楚的老姓原籍设项列表于下（见表1）：

表1 安顺"老姓"情况表

入黔始祖	原籍	入黔时间	职官	落籍地
张义（翼）	安徽凤阳府临淮县	洪武十四年	都佥事	夏官屯
张程	江南应天府石灰巷	调北征南		仁冈屯
王大禄	江南江宁府拾珠巷	洪武时		石板房
王嘉臣	江南江宁府石灰巷	调北征南	指挥	交椅
陈再兴	江南应天府石灰巷	洪武十年	通政大夫	幺铺
吴大亨	江南徽州府	洪武时	指挥	五官屯
吴德润	南京应天府上元县	洪武时	太子少保	杨家塘
褚良相	江南江宁府	洪武六年		花山
易福德	江西吉安庐陵	洪武时	指挥	
赵兴旺	江南太平府当涂县	洪武十四年	都司	安顺
鲍福宝	江南徽州府歙县	洪武二年	振威将军	鲍家屯
霍琳	江南徽州府歙县	洪武十三年	武显将军	安顺
谢秀夫	南京乌衣巷	洪武十七年	左军都督	
梅忠	陕西西安府三原县	洪武时	校尉镇抚	安顺
董成	陕西西安府咸阳县	洪武时	指挥	安顺

---

① 常恩：咸丰《安顺府志》卷十五《地理志·风俗》。

入黔始祖	原籍	入黔时间	职官	落籍地
宋龙	南京应天府花柳巷	洪武十三年	指挥	安顺
朱元正	安徽凤阳	洪武十四年		九溪
黎正德	江西吉安府	洪武二十二年		九溪
金一枝	南京应天府	洪武二年		曹家街
汪灿	南京徽州休宁县	调北征南	前所百户	安顺
王铨	南京应天府	洪武十四年	都指挥	西王山
姜洪	南京苏州	调北征南	二路指挥	汤官屯
王应泰	江西南昌	洪武十四年		水沟上
叶信颖	河南南阳	洪武初	参军	詹家屯
齐浚智	山东临淄	洪武十四年	宁波定海县令	小屯
邓思化	南京应天府石灰巷	调北征南		邓家水井
李少安	南京都司巷	调北征南		中所屯

注：此表根据《续修安顺府志·氏族志》、氏族谱中的相关记载统计而成。

例 1：手抄本《汪氏族谱》（整理）。

入黔始祖汪灿系越国公第八子衍泽王汪俊之后，世居南京徽州府休宁县梅林街。自洪武十四年（1381）调北征南始入黔至普定卫留守，以功世袭前所第一百户指挥之职。汪灿创立祠堂于城内南门青龙山，前殿奉太祖汪华金容，后殿供列位夫人及合族先王神主，每遇正月十八太祖诞辰之期祭祀，正月十七预祭山门土地，十八日正祭太祖暨历代祖宗。

例 2：民间铅印《王氏宗谱》。

民间铅印《王氏宗谱·明十八指挥入黔屯垦纪略》："公讳二天，字德含，（序云居南京应天府珠市巷挂彩楼）于明洪武十三年率兵入黔，水西安氏貌为恭顺，内怀忮刻，苗夷伪为招抚，乃用毒药暗害，公中毒殒命，尽忠于广阳（广顺）。是时，二世祖武德将军讳铨字柳溪，年甫十九岁，于洪武十四年春奉命出师黔阳，尽室南行，授都指挥，统领十八指挥。"（"弘治七年，始大靖蛮方，安插屯堡，成绩卓著。八年奉报，上笃念微功，升授武备将军及振威将军王有功等。"）《王氏宗谱·序》云："吾族处于习安，盖西王（北门西王山）之苗裔也。"

例3：民国铅印《齐氏宗谱》。

民国铅印《齐氏宗谱》：

> 浚智公原任浙江宁波府定海县知县，明洪武十四年调北征南，公奉旨解粮来黔。……时有贾、张、王、李、赵五姓军头，……将屯军粮田……投于公前，祈公代办军需、夫马、调丁、粮务等事，公收后落业于龙爪树，遂家焉。

例1《汪氏族谱》所载与历史事实基本相符。唐越国公汪华郡望即安徽徽州，逝后成了徽州主神，汪公庙所在多有。"迎汪公"迎神赛会很流行，尤以歙县、休宁县为盛。汪华有九子，第八子名俊，死后还单独为之立者，子孙繁衍昌盛。汪氏入黔始祖汪灿系汪俊后裔不会是攀附，且称百户，毫不夸饰，更觉可信。立汪公庙以作家祭理所当然，但凭一家之力把汪公信仰普及在屯区是不可能的。徽州又是五显（神像五人为伍者）信仰的发祥地之一。这两种信仰要在安顺屯区流行，说明没有大批安徽及邻近省区人群的传播是不可能的。

例2可以说是讨论屯垦的专文。该谱载有本文开篇所引谣谚，所谓"十八指挥定黔阳"，屯垦是其重要内容，也肯定了南京籍官兵在屯垦中的功绩。该谱提到"大龙井下王衙街乃先王建牙之所也"，王衙街即双桥路。这叫人联想到许衙街（自强路）、蒋衙街（建国路）、范衙街（互助路）、马衙街（双眼井）、马衙后街（原一中旁半边街），都与十八指挥有关，更有顾府街（民主路），档次又在其上。这些都是明普定卫指挥开府设衙的遗迹。在明代，安顺简直就是最大的屯堡。

例3齐氏入黔始祖乃浙江知县，因解粮来黔，途中粮沉河中，不便回任交差，遂流寓安顺。他不是从征军人，因受军头委托而经营屯田，落籍屯区。这给我们透露了当年屯田以缴屯粮为要务，而经营者不必都是军户这一信息。

民国《续修安顺府志·氏族志》所载多依据家谱，一般说来，家谱于始祖入黔时间不尽精确，所任职官也不尽如实，然于郡望一项没有必要虚拟。以上统计虽极不完全，但认定普定卫戍军主体为明代南京人不会大错，而入黔始祖为安徽籍的也为数不少。这为我们检索屯堡文化的渊源指明了大方向。

（原载于《安顺文艺》2003 年第 2 期）

安顺屯堡与屯堡人

安顺跳神戏（地戏）蜚声海外，表演跳神戏的屯堡人已西涉重洋，南渡海峡，初露头面。然"跳神者首蒙青巾，腰围战裙，戴假面具于额前"，庐山真面到底有些朦胧。这些屯堡人究竟何许人也？

一、安顺屯堡区的形成及屯堡人的组合

今安顺境，自先秦至西汉属夜郎国地，东汉末年已称普里。诸葛南征，黔西北彝族首领济火助诸葛亮平孟获；后主复命济火征普里革獠，以其地赐之。济火让于兄之子默歹阿仁，默歹阿仁遂入主普里，称播勒大革。累传至唐，其后裔内附，以其地置普宁州，治安榨城（在今杉木河洗马塘）。元至元二十二年（1285）于普里部置普定县，二十七年（1290）升县为府，另置安顺州属之，治八十一寨（今旧州），大德七年（1303）改府为路，普定县、府、路治仍为安榨城。明洪武五年（1372），元普路内附改置普定土府，治所仍旧。明洪武十四年（1381），普定土知府安瓒从云南元梁王叛明，导致所谓"调北征南"。是年年底明军攻普定，克之，普定土府因之而废。十二月戊寅，另择阿达卜寨（彝族音译，意为牧马）筑普定城（即今安顺城），十五年正月丁亥即于尚未竣工新城置普定卫指挥使司，旋升军民指挥使司，卫治在今安顺市委内，卫前小街因之曰"卫坝口"，五千户所治在卫前左右。

调北征南过程中，明王朝甚以军饷不济为忧，云贵以屯田安边之法势在必行。《明太祖实录》"洪武十五年三月丁丑"条载：

先是上谕友德等，以云南既平，留江西、浙江、湖广、河南、四川都司兵

守之，控扼要害……至是，友德等奏："……普定、乌撒等卫及沾益、盘江等千户所，见储粮数一十八万二千有奇，以给军食，恐有不足，宜以……戍兵屯田之入以给之。"①

据此，知云南初平普定卫已有戍兵屯田之举，而傅友德亦以"广屯田"等功晋封为颍国公，小屯《齐氏族谱》言及始迁祖齐浚智入黔始云：

> 公原籍山东省青州府临淄县。公原任浙江宁波府定海县知县。明洪武十四年调北征南，公奉旨解粮来黔征剿贵州蛮夷，道除黄河，粮沉水中。公恐军粮难偿，不便回任，是以入黔，寄籍安顺两街。住有数年，不克如愿，欲上云南。道经大屯关小屯，时有贾、张、王、李、赵五姓军头，为世道变乱纷纷，夫马浩繁，难以抵挡。军头等将屯军粮田一十四石，屯粮共上租五十石，投于公前，祈公代办军需、夫马、调丁、粮务等事，公收后落业于龙爪树，遂家焉。

这更进一步证明，西门外大屯、小屯一带当时确有戍军屯田，然光景不妙。又据詹家屯《叶氏家谱·序》，始祖叶信禄，系应天府人氏，在詹指挥属下为参军官，调北征南来黔，平服世乱后，奉令垦田为生，家口徙居詹家屯等地。这说明东门外戍军屯田也在此时。咸丰《安顺府志》亦云：

> 郡民皆客籍，惟寄籍有先后。其可考据者，屯军堡子皆奉洪武敕调北征南。当时之官如汪可、黄寿、陈彬、郑琪作四正，领十二操屯军安插之类，散处屯堡各乡，家口随之入黔。②

上引资料足以证明安顺屯堡形成于明初调北征南时期，屯田戍边是这次军事行

---

① 《明太祖实录》卷一百四十三，洪武十五年闰二月至三月。
② 常恩：咸丰《安顺府志》卷十五《地理志·风俗》。

动的继续。所谓"四正"即《明太祖实录》所云五都司，安顺屯堡人的主体或即汪可所部江西兵及其家口。

明代屯田之法始定于洪武七年（1374），据《明鉴》载，边地"屯军三分守城，七分耕作。人授田五十亩，给牛、种，教树植，复租税，官亩税一斗"。据万历《贵州通志》载，普定卫设管屯指挥一员，五千户所设管军屯印百户各十员，专理卫所军屯事务。而兵防区域，东到杨家关哨，其东饭笼铺（今天龙镇）则属平坝卫。东南有坐镇坝阳，驻守备一员，其东北为金筑安抚司（治今广顺）。南有归化营（今猫营），驻百户一员；其西南又为康佐长官司。西南到龙井铺，而中火铺（今幺铺镇）、大山哨又属安庄卫（治今镇宁）；安庄卫南则为募役长官司。西北为十二营长官司，而定南所（治今普定），崇祯三年（1630）置，则隶镇西卫（治今清镇卫城）；又其西南为西堡长官司（治今普定马场上官寨）。笔者所制《明代安顺屯堡分布图》含平坝、安庄二卫屯堡。

安顺屯堡区域与各州所领长官司境绝不相混。明人王士性《广志绎》云：

> 其开设初，只有卫所。后虽渐渐改流，置立郡邑，皆建于卫所之中。卫所为主，郡邑为客，缙绅拜表祝圣皆在卫所。卫所治军，郡邑治民。军即尺籍来役戍者也，故卫所所治皆中国人。[①]

紧接着列出的"民"有：宋家、蔡家、仲家（布依）、龙家、罗罗（彝）、仡佬、苗，又概称为苗。宋家、蔡家，据旧志释，远在春秋时，宋、蔡二国人民为楚子所俘，放之南缴，逐流为夷。他们是被"夷化"的中国之裔。卫所所治中国人即中原人，他们是调北征南后留戍屯田的五都司兵，包括卫所官兵和亦兵亦农的屯堡人，屯堡区与州县及其土司所辖区交错临毗而各自为域，屯堡人与州县及土司所辖之"民"是相互对立的两个概念。

---

① 王士性：《广志绎》卷五《西南诸省·贵州》。

安顺屯堡人不含明清文献所谓"土人"。明代贵州土人，据万历《贵州通志》载，其分布区位乌撒卫（威宁）、新添司（贵定）、施秉县、邛水司（三惠）、黎平府曹滴洞司、铜仁府。至于清代，田雯《黔书》所载土人在广顺、新贵、新添，咸丰《安顺府志》所载土人在西堡。虽所指不尽相同，然所居之地都在安顺屯堡区圈外。然则到底何谓"土人"呢？嘉庆间李宗昉所著《黔记》作了如下解释：

> 凡他省人客黔娶妻生子名转窝子，转窝子所生名门斗子，再传则土人矣。"转"读去声。江西人尤多。[①]

他省泛指先后来黔之汉人，也含卫所军人，所娶之妻则为"苗"民，如新添司之土人是土司"土官与卫人间通婚"形成的，广顺州之土人也是"军民通婚"形成的。但其风俗虽然渐染华风，然大多尚存"苗俗"，故旧志以俗为准，列入"苗俗"。屯堡人与土人是各有特定历史内涵的两种人群。

二、屯堡人的特征和他们的文化象征——"跳神"

明代官制，卫所军官品级相对高于地方府、州、县官品级，如卫指挥使为正三品，千户所正千户为正五品，百户所百户为正六品，而知府为正四品，知州为正五品，知县为正七品。可以说明代实为军人政权，也足见屯堡官兵地位之崇高。平坝《黔南陈氏族谱》载有朱元璋授予入黔始祖陈旺为百户的敕令，抄录于下以为佐证：

> 奉天承运，皇帝敕曰：轩辕平蚩尤以制兵，列圣相传而有军职焉。所以军职者，御侮防奸。朕虽薄德，敢不效先圣而安众庶。尔陈旺从征有功，今特授昭信校尉、祥符卫管军百户。既承朕命，夙夜毋怠，以称斯职。尔惟懋哉！洪武十六年五月十九日。

---

① 李宗昉：《黔记》卷一。

祥符卫在开封府南，正是河南都司属卫。据族谱《入黔始祖纪略》载："十四年随本卫指挥陈胜进征云南。……十六年五月十九日敕授昭信校尉。十八年奉旨准以年老致仕，恩赐平坝卫左所百户。子孙食禄世袭，与国罔替。"一个百户的任命、致仕也要下圣诏，子孙世袭罔替，足见"皇恩浩荡"。陈氏百户承袭了九代（见后引文），西王山《王氏宗谱》亦有"吾先公于明代世袭指挥者九世"之称。卫所武官大多有世系可稽，万历《贵州通志·普定卫·职官》载有除顾成外指挥使、指挥同知、指挥佥事共 17 人，兹节录如下：

> 王用：江西都昌县人，洪武元年为副千户。十七年男王葆来卫，为指挥佥事。正统六年，三世孙王铭为指挥同知。九年，四世孙王泰为指挥使。

> 庄成：山东莒州人，洪武元年为指挥使。景泰元年，四世孙庄荣为都指挥使。嘉靖三年，六世庄高袭，来卫。

> 李进：直隶定远县人，洪武十七年指挥佥事，二十四年来卫，天顺二年，四世孙李璨为指挥使。嘉靖十一年，七世孙李应芳为指挥佥事。李先春沿袭。

> 范昌：直隶凤阳府人，洪武五年为百户。二十六年，男范玉为副千户，来卫。景泰元年，三世孙范琬为指挥同知。嘉靖十七年，七世孙范武为指挥佥事。[1]

卫所官兵世袭制不能不影响到他们诸多方面，代代承袭。

安顺屯堡以密集为特点，素有五十军屯、四十九堡之称。屯堡区都是河槽子，既利于耕战，又利于交通。屯堡人虽然散居于各屯各堡，而屯堡区可以说是中原人集团的移民区。这些屯堡人处在比他们多得多的"苗民"圈子之中，自成体系，执着地保持着故土风情、乡音乡调、衣着服饰，操二铺方言的屯堡人就是典型例子。"妇人以银索绾发髻，分三绺，长簪大环，皆凤阳汉装也。"[2]随着改土归流政策的

---

[1] 许一德、王耒贤等：万历《贵州通志》卷六《普定卫·职官》。
[2] 常恩：咸丰《安顺府志》卷十五《地理志·风俗》。

推行，他们要汉化"夷人"，绝不能入乡随俗，主动"夷化"，包括他们的婚姻。据新出土的《顾夫人俞氏圹志》，普定卫首任指挥使顾成长子总威（名统）之妻俞氏，"父俞谷瑞……洪武初从武事于贵州，洪武中征南御普定，遂家焉"。顾统之子兴祖"娶故六安侯普定卫使王瑛之女"，这"门当户对"的亲事，加固了卫人的网络。

安顺屯堡人自始至终保持着尚武精神。明卫所职官设有管操指挥一员，五千户所各设管操千户一员，专司操练演武。同时还安插军人到南京各卫寄操，《明宣宗实录》载景泰四年（1453）贵州按察使王宪奏疏，有"乞将贵州原安插南京各卫寄操军人尽数发回，以备调遣"语可证。据《明太祖实录》载，云南虽平，然洪武十五年（1382）"西堡蛮贼寇普定"，二十六年（1393）"普定卫西堡长官司阿德诸寨长卜剌赞等聚众作乱"，二十六年（1393）"讨西堡土官阿傍"，二十九年（1396）"征康佐、西堡、狮子孔、白石崖等寨"，三十一年（1398）"水西阿旷毕所部酋长幺不，率花仡阿由那与西堡、沧浪等寨长必莫者等，烧劫屯堡、聚众作乱"。宣德二年（1427），"贵州普定卫西堡长官司蛮贼阿骨、阿哈等为乱"。景泰二年（1451），普定等处"苗贼"肆意劫掠。面对如此"险恶"的形式，卫所屯堡人绝对不能放弃武事。凭借着世袭这条传送带，将其尚武精神代代相传。《黔南陈氏族谱·训约·绳祖武》云：

> 始祖以武功入黔，胙土为茅。二世祖千户侯将兵安南，树绩海外。百户侯承袭九代。想见祖宗原具一种发扬踔厉，战胜攻取之种性。子孙或士或农，或工或商，亟宜本此种性，养成精神，发为力量，锻炼乎身体，而贯注乎事业，方能生存不败。所谓军队化，所谓军人资格，不必介胄行间也。

这是卫所军人之所以具有的"战胜攻取之种性"的很好说明。西门外地勘队后山坡有"道光十一年花月吉日重立"题"皇明诰授都指挥使始祖考张公讳熏府君之坟墓"，职官称谓是否属实，兹不冗辩，但录华表对联如下：

辅佐戎马以展明威，自昔衣冠来北野；

兴开牂牁而传世守，于今俎豆满黔南。

这种尚武精神，与战鼓频催，扫荡四方的安顺跳神戏何其相似！安顺跳神戏是安顺屯堡人的戏，可以说它是屯堡文化的象征。

安顺跳神戏的分布，直到目前，东至花溪、广顺一线，西达普定城郊、镇宁安西一线，北抵平坝城郊至乐平一带，南延至紫云猫场、狗场。对照附图《明代安顺屯堡分布图》，不难发现，它的中心区正是安顺屯堡聚集区，而各长官司辖区则没有跳神戏。这绝非偶然。

跳神戏之兴，与明初调北征南、屯田安边关系至密。任可澄主持续修的民国《续修安顺府志初稿·民间娱乐·民舞·跳神戏》云：

黔中人民，多来自外省。当草莱开辟之后，人民多习于安逸。积之既久，武事渐废。然四顾环境，尚多苗蛮杂居其中，识者忧之，于是乃有跳神戏之举。……盖借农隙之际，演习武事，亦存有寓兵于农之深意也。①

这段卓有见识的文字，正确地指出了跳神戏之举的历史背景。屯堡人所处的"险恶"环境已见前引，而"武事渐废"又与屯堡兴废互为因果。据《明英宗实录》，正统六年（1441）以前，贵州"屯田之法久废，徒存虚名"。景泰元年（1450），"普定、兴隆等卫，去年被苗贼将各处屯堡仓廒种子、房屋、官牛、钱粮焚劫一空"。景泰四年（1453），"贵州卫所站、堡、旗、里军人往差逃亡，十去九空"。故有"修举屯田"之诏，发回寄操军人之请，"演习武事"不得不行。

这段文字，指出了跳神戏最重要的本质属性，即就功用论，它是演武戏。跳神戏在平地围场演出，故又称"地戏"。那以供入场、出场的帐篷，酷似城堡；那演出

---

① 任可澄：民国《续修安顺府志辑稿》卷六《民生志·礼俗门·民间娱乐》。

场地，就是演武场，也似征战的郊野；那紧锣密鼓，就是古战场的最强音。跳神戏是当年卫所屯堡人演武、征战的活写真。

跳神戏演的都是历史演义范畴的征战故事，人情戏绝不经见。就题材论，它是历史剧，大有耀武扬威、借古励今的用意。可以说它是屯堡人精神的食粮。

就表演形式，《安顺府志初稿》认定跳神戏是"鸣锣击鼓""随口歌唱，应歌而舞"的民间歌舞戏，这也是正确的。其舞蹈特征就在一个"跳"字，尤其是开打的基本动作为一合即分的跳斗式，颇类斗鸡。这是屯堡人的创作。

就化妆而论，跳神戏是面具戏。其特点是跳神者"额顶"小面具"扮装神像"。所谓"神"是已故的帝王将相，是历史人物，不是神魔人物。之所以要"顶"，除顶替"神"来到人间以外，也是表示对"神"的敬畏，演出前后取用收藏"脸子"（面具）要举行一系列虔诚而隆重的仪式，意亦在于此。跳神戏的角色扮演乃父传子，代代相承，扮演正脸人物的演员必择品行上好者。这与官兵世袭相似，可作跳神戏是屯堡人的戏的佐证，同时也说明屯堡人对"神"的敬重。

跳神戏的声腔基本属于徒歌类"弋阳腔"。弋阳腔系明代南方"四大腔声"之一种，其特点是："向无曲谱，只沿土俗"；"借用乡语"，即以江西弋阳地方为代表的土音调；"其调喧"，就高而尖，显得喧嚣，故又称"高腔"；"以一人唱而众和之，亦有紧板、慢板"之分；"其节以鼓"，即以皮鼓铜锣按节拍，无管弦乐伴奏。这与今日所闻跳神戏唱法相吻合。刘廷玑《在园杂志》则云：

> 旧弋阳腔乃一人自行歌唱，原不用众人帮合，但较之昆腔则多带白作，曲以口滚为唱佳，而每段尾声仍自收结，不似今之后台众和作哟哟罗罗之声也。[①]

据此，弋阳腔"出于江西，两京、湖南、闽广用之"。（徐渭《南词叙录》）弋阳腔流行地域正是安顺屯堡人的原郡家乡。"永乐间，云、贵两省皆作之，会唱者颇

---

① 刘廷玑：《在园杂志》卷三·一一九《弋阳腔》。

入耳。"（魏良辅《南词引证》）弋阳腔是由征南大军及其家口带到云贵来的，不会大错。然"至嘉靖而弋阳之调绝"（汤显祖《宜黄县戏神清源师庙记》）。唱弋阳腔的跳神戏之兴，上限为洪武十四年（1381），下限为嘉靖年间，也不至于大谬。

（未刊稿）

"屯堡人"解

研究"屯堡文化"，必须明确界定何谓"屯堡人"。检阅地方志，"屯堡人"之称谓最早见于道光《永宁州志·苗俗》：

> 屯堡人，即明洪武之屯军。妇女蓝衣白袖，男子衣服与汉人同。男子善贸易，女不缠足，一切耕耘，多以妇女为之。繁花、六保汉人村寨附近居多。①

繁花（今作凡化）等地之屯堡人多由安顺、平坝屯堡区迁入。据新近修成的《天龙陈氏族谱》载，天龙陈氏入黔始祖名典，原籍应天府都司巷高坎子（修谱时派人到南京已寻找到故居所在地），明洪武"调北征南"，举家入黔，领通政大夫衔，负责军政公文、邮务传递，遂与同来之张、沈、郑三公共创饭笼铺。初划拨"火把田"约20亩，以供站铺驻守人员食用，继开垦屯田形如竹编长形饭笼，因名铺曰"饭笼"。陈氏三房六世孙尽伦等迁居繁花。其八世孙宏爵，据咸丰《安顺府志》，乃乾隆戊子科举人，官知县。陈氏八房六世孙君祥等亦迁居繁花。又据天龙《郑氏家谱》入黔始祖郑纲即陈氏谱所谓郑公，官管二百户。其四世孙国泽亦迁居繁花。据了解，坡头冯姓始祖由吉昌屯迁来，其先亦洪武间调北征南入黔。

光绪《镇宁州志·土俗》亦列"屯堡"入"苗俗"，曰：屯堡人，一名凤头籍，多居州属之补纳、三九地方。相传，明沐国公征南，调凤阳屯军安置于此。其俗与汉民同，耕读为业，妇女不缠脚，勤于农事，间有与汉民开亲者。②所谓"补纳"，

---

① 黄培杰：道光《永宁州志》卷十《风土志·苗俗·屯堡人》。
② 李昶元、彭钰：光绪《镇宁州志》卷五《风教·土俗·屯堡》。

即补纳枝，为旧十二营正长官司地，共 16 寨，无一屯堡，疑为误书。所谓"三九"，即上九枝、中九枝、下九枝之简称，三枝共有 54 寨，内有 38 堡，全在以双堡为中心的堡区。

民国《平坝县志》有称屯堡人为"凤头苗"的记载，大抵是因为"头上束发"，"绾以一笄，故又呼凤头笄"。但又说她们"作凤阳妆"，"为凤阳籍"，最终还是认为"实则真正之屯堡人，即明代屯军之裔嗣也，决非苗夷之类也"①。

咸丰《安顺府志·风俗》虽无屯堡人之名，但云"调北征南"安插屯军"散处屯堡各乡，家口随之至黔，妇人以银索绾发髻三绺，长簪大环，皆凤阳汉装"②，其穿戴特征鲜明，无疑为今之所见屯堡妇女装扮。

综观方志所言，清代文士流官曾误列"屯堡"入"苗俗"，误认屯堡人为"凤头苗"。时至民国年间对屯堡人的最终界定为：真正之屯堡人即明代屯军之裔嗣。这个界定非常严格，也很精确。明代屯堡官兵及其家口自然是原始的屯堡人，唯当时以"军""军户"呼之而已。"迨屯制既废，不复能再以'军'字呼此种人，唯其住居地名未改，于是遂以其住居地名而名之为屯堡人"③，但必须是原屯军及其后代。氏族迁徙，人口流动，经常发生，以今天居住态势观之，不能以是否居住在屯堡来断定是否为屯堡人。原居屯堡的屯军后人已迁居他处，仍旧是屯堡人，而现定居在屯堡区的人家未必都是屯堡人。宋修文老先生所修《九溪村志》云："九溪有称为客家者，妇女缠足，均为文士家族。"据了解定居在章家庄、云山屯、本寨的以"妇女缠足"为特征的客家人（史称"客民"）甚多，他们大多是在清代中晚期因经商先后而来的"汉民"，随后置产安家，成了当地居民。他们大多殷实富有，还有几分瞧不起屯堡人的样子。现多数客家人或有意或无意地称他们为屯堡人，淆乱了二者之间的界限。云峰八寨尚有称为"土著"者，非指少数民族，而是先于屯堡人移来的"汉民"。他们散居农村者，以务农为业，不善经营，经济文化状况似不如客家人和屯堡

---

① 江钟岷：民国《平坝县志》，《民生志·第一人口·人类区分》。

② 常恩：咸丰《安顺府志》卷十五《地理志·风俗》。

③ 江钟岷：民国《平坝县志》，《民生志·第一人口·人类区分》。

人。土著人、屯堡人、客家人，在当地的区分十分严格。

屯堡人是个有特定历史内涵的概念，作以上鉴别，决非论孰优孰劣，只是为了进一步界定"屯堡文化"是何种群体的文化及其纯正的文化内涵。

（原载于《安顺日报》2001 年 6 月 7 日第 3 版）

屯堡人之心理特征

"调北征南"告捷，"以云南既平，留江西、浙江、湖广、河南、四川都司兵守之"，随即以"戍兵屯田之"①。当时贵州尚未建行省，平坝以西隶云南，清镇以东隶湖广，南路征南大军首克普克即征南首战告捷，今安顺、平坝、镇宁自然在留守屯田范围。留守屯田除四都司兵外，应含南京应天、凤阳等府即今江苏、安徽两省之兵，操二铺口音的凤阳籍屯堡人的存在就是证明。万历《贵州通志·普定卫·职官》载有17名直隶籍官兵，其中9人都是在洪武年间来卫，兹按来卫前后开列如下：

（1）百户马闰，直隶合肥县人，洪武元年（？）来卫。

（2）副千户许忠，直隶全椒县人，洪武元年（？）来卫。

（3）指挥佥事王葆，江西昌县人，洪武十七年来卫。

（4）正千户王辅，直隶合肥县人，洪武二十年来卫。

（5）百户章遇，直隶定远县人，洪武二十一年来卫。

（6）指挥佥事李进，直隶定远县人，洪武二十四年来卫。

（7）正千户黄辅，直隶滁州人，洪武二十五年来卫。

（8）副千户范玉，直隶凤阳府人，洪武二十六年来卫。

（9）指挥佥事殷贵，直隶扬州府人，洪武三十四年（建文三年）来卫。

看来，洪武年间来到普定卫的直隶（今南京）籍官兵及其家口定然不少。查阅屯堡人家谱，其入黔始祖为某官某官，多有不实之嫌，但所载为江西、南京某地人氏大抵可信。

---

① 《明太祖实录》卷一百四十三，洪武十五年闰二月至三月。

这些江南来的"大老乡"们，其人文特征本来就相似，相互认同感强，又共同屯田守堡，境遇一致，极易形成共同的心理特征。明初，贵州先设卫所，又置府县州司，各司其职。明人王士性《广志绎》云："其开设初，只有卫所。后虽渐渐改流，置立郡邑，皆建于卫所之中。卫所为主，郡邑为客，缙绅拜表祝圣皆在卫所。卫所治军，郡邑治民。军即尺籍来役戍者也，故卫所所治皆中国人。"[①]

"军"当然包括屯堡人，而"民"又概称为"苗"。可见，屯堡人与安顺三州六司所辖之"民"是相互对立的两个概念。按明代官制，卫所军官品级相对高于地方品级，如卫指挥使为正三品，千户所正千户为正五品，百户所百户为正六品，而知府为正四品，知州为正五品，知县为正七品。可以说明代实为军人政权，也足见屯堡官兵地位之崇高。平坝《黔南陈氏族谱》载有朱元璋授予入黔始祖陈旺为百户的敕令，抄录于下以为佐证：

> 奉天承运，皇帝敕曰：轩辕平蚩尤以制兵，列圣相传而有军职焉。所以军职者，御侮防奸。朕虽薄德，敢不效先圣而安众庶。尔陈旺从征有功，今特授昭信校尉、祥符卫管军百户。既承朕命，夙夜毋怠，以称斯职。尔惟懋哉！洪武十六年五月十九日。

祥符卫在开封府南，正是河南都司属卫。据族谱《入黔始祖纪略》云："十四年随本卫指挥陈胜进征云南。……十六年五月十九日敕授昭信校尉。十八年奉旨准以年老致仕，恩赐平坝卫左所百户。子孙食禄世袭，与国罔替。"一个百户的任命、致仕也要下圣诏，子孙世袭罔替，足见"皇恩浩荡"。陈氏百户承袭了九代（见后引文），西王山《王氏宗谱》亦有"吾先公于明代世袭指挥者九世"之称。卫所武官大多有世系可稽，万历志所载的 17 人就是如此，且姓氏与安顺盛传的"李杜蒋许葛范张（章）、南北左右西五王、丁殷庄娄与黄马，十八指挥定黔阳"的顺口溜暗相吻合，

---

① 王士性：《广志绎》卷五《西南诸省·贵州》。

唯少了"娄"姓而已。屯堡人至今热心修家谱，除要理清世系字辈外，都要追叙他们的入黔始祖的来历，很以祖籍南京、江西为豪，天龙陈氏还派人到南京市找到了其故居所在。

屯堡人的自豪感驱使着他们世代传承引以为豪的人文特征。二铺口音系江淮官话，"凤阳汉装"系江南妇女服饰，"妇女不缠足"系"马皇后"风范，别人讥之"北平夹二铺""凤头苗""大脚妹"，他们却依然故我。自豪感是屯堡人的重要心理特征。

自豪必须自重。随着改土归流政策的推行，他们要汉化"夷人"，就绝不能"入乡随俗"而被"夷化"。其关键环节是维系住自己的血统，通婚还要讲"门当户对"。据出土的《顾夫人俞氏圹志》普定卫首任指挥使顾成长子顾统之妻俞氏，先世为松江府巨族，父俞谷瑞"洪武中征南御普定，遂家焉"。顾统子兴祖"娶故六安侯普定卫使王瑛之女"。以结亲加固了卫官之间的网络。屯堡人既不与周边少数民族、土著汉人通婚，也不与"客家汉人"通婚，甚至禁止接纳外姓为螟蛉。他们十分强调族群的纯洁性，遂重血统的纯洁性也就成了他们的一种心理特征。

自重必须自强。屯堡人本来就是世袭"军户"，操练演武是其本职。处于频频"聚众作乱"的"夷人"圈内的屯堡人，面对如此"险恶"的形势，绝对不能放弃武事，必须养成一种尚武精神，并凭借世袭这条传送带将其代代相传。平坝《黔南陈氏族谱·训约·绳祖武》云：

> 始祖以武功入黔，胙土分茅。二世祖千户侯将兵安南，树绩海外。百户侯承袭九代。想见祖宗原具一种发扬踔厉，战胜攻取之种性。子孙或士或农，或工或商，亟宜本此种性，养成精神，发为力量，锻炼乎身体，而贯注乎事业，方能生存于不败。所谓军队化，所谓军人资格，不必介胄行间也。

这种以尚武而自强也是屯堡人的重要心理特征。西门外地勘队后山坡有"道光十一年花月吉日重立"碑文"皇明诰授都指挥（?）始祖考张公讳勋府君之坟祖墓"

前华表对联云：

辅佐戎马以展明威，自昔衣冠来北野；

兴开牂牁而传世守，于今俎豆满南黔。

这是屯堡人自豪自尊、自强不息的心理特征的活写真，与战鼓频催、扫荡四方的跳神戏何其相似！

贵州安顺地戏并非傩戏

贵州，特别是贵西夜郎故地，有多少神秘的文化奇葩引起了中外学者的注目，被誉为"活化石"的安顺地戏即是一例。研究地戏的专著专文甚多，成果喜人。其中一种似乎成为定论的说法，即安顺地戏是傩戏，大抵是按如下表述推论出来的：贵州土人就是屯堡人，土人逐鬼就是跳地戏，逐鬼是古傩仪……笔者对此不以为然，愿献愚见，商诸同人。

贵州居民组合复杂，非"夷汉杂处"所能尽概。远古不说，单说明清，所谓土人是否就是屯堡人？笔者拟从此谈起，作为本文的出发点。明人王士性《广志绎》：

> 其开初设，只有卫所，后虽渐渐改流，置立郡邑，皆建于卫所之中。卫所为主，郡邑为客，……卫所治军，郡邑治民。军即尺籍来役戍者也，故卫所所治皆中国人。民即苗也……①

后列有苗、彝、宋家、蔡家、仲家、龙家、仡佬，都是志乘所言"夷人"。明初那次"调北征南"军事行动，由中原人组成的大军入据安顺一带，随即屯田安边；万历年间平播州杨应龙之乱后，又于贵阳、安顺等地安屯设堡。大量的世袭卫所官兵转为军垦，寓兵于农，耕战相济，散居各屯各堡，家口随之而来，形成了所谓的屯堡人。他们执着地保留着家乡的腔调、服饰，操二铺方言的屯堡人可谓典型代表。这些屯堡人随着改土归流政策的推行，他们要汉化"夷人"，所以绝不能"入

---

① 王士性：《广志绎》卷五《西南诸省·贵州》。

乡随俗",主动"夷化",包括他们的婚姻。据新出土的《顾夫人俞氏圹志》,普定卫首任指挥使顾成长子名统字总威,其妻俞氏,"父俞谷瑞……洪武初从武事于贵州,洪武中征南御普定,遂家焉"。顾统之子兴祖"娶故六安侯普定卫使王琙之女"。这门亲事堪称"门当户对"。而据明代安顺州土官知州张公(阿宠)墓内石碑文,其妻为"赠太宜人金氏妙芳",金妙芳疑为金筑安抚司(治广顺)金氏女。两相比照,军官土官之间,门户何其森严。这些屯堡人,自始至终保持着尚武精神,铅印于民国二十年(1931)的平坝《黔南陈氏族谱·训约·绳祖武》云:"始祖以武功入黔,胙土分茅。二世祖千户侯将兵安南,树绩海外,百户侯承袭九代。想见祖宗原具一种发扬踔厉,战胜攻取之种性。子孙或士或农,或工或商,亟宜本此种性,养成精神,发为力量,锻炼乎身体,而贯注乎事业,方能生存于不败。所谓军队化,所谓军人资格,不必介胄行间也。"这精神与战鼓频催、喊杀连天的安顺地戏完全合拍。安顺地戏的分布,东止于花溪、广顺一线,西达普定城郊、镇宁安西一线,北达平坝城郊至乐平一带,南延至紫云猫营、狗场,它的中心区正是安顺屯堡聚集区,可见地戏是安顺屯堡人的戏。

明代贵州"土人",据万历《贵州通志》载,其分布及风俗如下:

> 乌撒卫(威宁)"土人多牧胡羊,岁两取毛以为毡",这是彝俗,新添卫新添司(贵定)之土人"土官与卫人间通婚姻,岁时礼节渐染华风";卫人当然是中原人,土官有当地汉人与"夷人"以通婚故,土人渐中原化;镇远府施秉县"土人,九月祀五显神……吹匏笙,连袂宛转,足顿地以为乐,至暮而还";又邛水司(三穗)之土人,"略同镇远县之俗",同书所载镇远县之俗乃苗俗;黎平府曹滴洞司之土人,"葬以鸡卵卜地,掷卵不破云吉地,葬之",这是苗俗;铜仁府之土人,与犵佬、苗人并列归于"夷"。①

① 许一德、王耒贤等:万历《贵州通志》卷十《乌撒卫》。

　　由此可见，明代贵州土人与革老、苗人并举，是一种特殊的"夷人"，有的以通婚故，渐染华风，而大多尚存苗俗。他们居于安顺屯堡人居住区之圈外，两者绝对不相同。

　　至于清代，康熙十四年《贵州通志》卷二十九云："土人所在多有，盖历代之移民，在广顺、新贵、新添者，与军民通婚，岁时礼节皆同。男子间贸易，妇人力耕作。种植时田歌相答，哀怨殊可听。岁首则迎山魈，逐村屯以为傩。男子装饰如社火，击鼓以唱神歌。"① 时人田雯《黔书•苗俗•土人》亦如是说："在黎平府曹滴司者多思、播流裔。"② 上二书所言与万历志相同。乾隆年间蒋攸铦《黔轺纪行集》有《黔阳竹枝词八首》，皆咏黔阳苗类风俗，其八云："健妇锄犁号土人，田歌亦解敬如宾。匏笙谱就丰年曲，丛拜村头五显神。"③ 这与万历志所载施秉土人风俗相同。清代文献所载土人风俗仍为苗俗。然则到底何谓"土人"？嘉庆间李宗昉《黔记》解释云："凡他省人客黔娶妻生子，名转窝子。转窝所生名门斗子，再传则土人矣。'转'读去声。江西人尤多。"④

　　他省人泛指历代之移民，主要指军人；所娶之妻泛指当地人，主要指广义的"苗民"。所谓"汉父苗母"的后裔即"土人"。据1990年开阳县民族事务委员会编写的《开阳县民族志•苗族篇》介绍："有的说：'我家汉父苗母，现是苗族。'有的说：'我家是苗父汉母，现是苗族。'……有的虽然现在不是苗族了，但他家中仍供奉苗族服饰穿戴的塑像，逢年过节仍拿出或穿戴苗族服饰，献酒饭，敬奉祖先。有的在姑娘出嫁时，要备好一身苗族服饰放箱（柜）内作为陪嫁。袭此种习俗的民族，其祖先是汉族？是布依族？是苗族？……现已无从考究。"⑤ 其实，他们就是所谓土人。但道光《安平县志•土人》云："土人所在多有，县属西堡尤盛。相传为洪武时屯军之眷属亲戚与屯军先后至者，因其居土日久，故曰土人，一曰旧人。"⑥ 后记"装扮傩神，沿村

① 卫既齐：康熙《贵州通志》卷二十九《蛮僚》。
② 田雯：《黔书》卷上《苗俗•土人》。
③ 蒋攸铦：《黔轺纪行集》，《黔南丛书》第二集。
④ 李宗昉：《黔记》卷一。
⑤ 开阳县民族事务委员会编《开阳县民族志》，内部资料。
⑥ 刘祖宪：道光《安平县志》卷五《风土志•苗俗•土人》。

逐疫"，"九月祀五显"之俗，确实是土人风俗。但该解释有误，按道光《安平县志》的说法，其指的是明代屯堡人，于清论明事，当称"旧屯堡人"。这在平坝南部大量存在，那里正是屯堡聚集区，故《安平县志·风土志》有"地戏之乐"的记载。西堡则不然。明代西堡正长官司治今普定马场上官寨，正长官沙氏系仡佬族。副长官温氏系洪武征南从征官，江西南昌人，其辖地以六枝为中心，乃水西陇氏地。马场、六枝都在安顺屯堡圈外，并无地戏。如果以道光《安平县志》之说来看，温氏只能是夷汉杂处区入居日久的汉人，称旧人可，称土人则不可。土人是夷汉通婚的产物，非汉、非苗。土人风俗自然是华风与苗俗的融合，以俗为准，列入"苗俗"是可以理解的。

有论者认为前引康熙十四年《贵州通志》那段文字是"对于地戏的记载"，笔者以为仅仅是傩仪，不能作为是地戏的确证。就地域论，广顺、新贵地近安顺屯堡区，现在确有零星地戏分布点。但合考万历志，新添（贵定）是土官与卫人通婚形成的土人区，渐染华风，绝不含地戏，贵阳以东至今尚无地戏分布点。论者还认为康熙三十一年《贵州通志》所载《土人跳鬼之图》"是地戏场面，与今天安顺地戏的演出情况几乎一样"。其实，这是"逐村屯以为傩"的活写真。图上那两个装扮的武将，手持大刀，高步并行，尤其是右边的那位将军，直视前方，旁若无人，绝不是地戏斗鸡式对阵场面。是化装，是戴脸子，看不分明，起码不是地戏脸子。既无高挑的雉尾，又无威武的靠背旗，全无地戏武将家风。旁观及随跟的妇女，身着苗装，毫不见屯堡人的影子。这是土人在"跳鬼"，而不是屯堡人的"跳神"，其与地戏不是一回事。

安顺地区（主要指屯堡区）有无傩活动呢？有。当地称之为跳端公、庆坛。但值得注意的是，方志载傩与跳神（地戏）活动，各有所属，互不相混，兹撮其要点列于后：

（一）道光《安平县志》

土人：西堡"装扮傩神，沿村逐疫"。

风土："扮演故事"有"花灯、地戏之乐"。

（二）咸丰《安顺府志·风俗》

普定（安顺）："迎汪公"，"择宽平之处，鸣锣击鼓，跳舞歌唱为乐"。（应含地戏）

安平："东门迎傩神"，"余村鸣锣击鼓，歌唱为乐"。（应含地戏）

（三）民国《安顺府志初稿》

民间娱乐·民舞·跳神戏："黔中人民，多来自外省……武事渐废。然四顾环境，尚多苗蛮杂居其中，识者忧之，于是乃有跳神戏之举。迄今安顺、普定各屯与归北（化）部龙场、狗场、猫营一带犹盛行勿替，简称为跳神。盖借农隙之际，演习武事，亦存有寓兵于农之深意也。"

（四）民国《镇宁县志》

民风："端公着各种戏衣，戴面具，所扮之神称将军、元帅、仙娘等，皆不可考，载唱载舞，即所谓跳神。"（误跳鬼、跳端公为跳神，故列为民风。）宗教：庆坛有"五显坛、川坛、花坛等"。

（五）民国《平坝县志》

民生："类似戏剧"之"跳神""含有迷信中之游戏意味"。

傩与地戏活动在安顺都是客观存在的，这有利于比较鉴别。首先应指出的是，跳神为民间歌舞戏，跳神之举在于演习武事，寓兵于农，是明初至万历年间处于特定社会背景下的安顺屯堡人的产物。而傩活动为宗教行为，目的在于驱邪逐疫，是原始傩仪的继续和发展。屯堡人信奉的神祇首推汪公，一般说来，汪公系唐代汪华，但这与屯堡人并无直接关系。咸丰《安顺府志》载："郡民皆客籍，惟寄籍有先后。其可考据者，屯军堡子，皆奉洪武敕调北征南，当时之官，如汪可、黄寿、陈彬、郑琪作四正、领十二操屯军安插之类，散处屯堡各乡，家口随之入黔。妇人以银索绾发髻，分三绺，长簪大环，皆凤阳汉装也。"[①] 文中提到了汪可，且汉装指二铺人装束。又根据万历《贵州通志》载，汪恕乃"徽州黟县学生。洪武初，兄胜祖征南，留守普定，殁于戎。檄恕补役，年甫十七"[②]。文中出现了汪胜祖、汪恕兄弟，且其姊在安顺适人，其母丧于安顺，家口随军入居安顺无疑。联系到城东青龙山有汪公庙，城垣外有汪家山、汪官屯，城北郊有汪家白果寨、汪家大坡，这汪公到底为何许人也有待考证，但

---

① 常恩：《安顺府志》卷十五《地理志·风俗》。

② 许一德、王来贤等：万历《贵州通志》卷六《普定卫·孝义》。

必与屯堡人有关，为历史人物是可信的。而从事傩活动之土人及明代后期才先后填南来黔的汉民，其崇拜的神祇则首推五显华光。余象斗《南游记》所描写的五显为：灵山如来法堂前一盏油灯，灯花堆积，如来咒成人身，名曰妙吉祥，赐他五通本领，又赐天眼一只。投胎后则取名三眼灵光。二次投胎，取名三眼灵耀，炼成三角金砖，得了风火二轮，封为火部兵马大元帅，自号华光天王。千田国国王为之造庙立像："头戴金龙冠，头上多一眼，手提三角金砖。"其三次在徽州府婺源县萧家庄投胎，一胎产五子，五名显德，华光脏。后以华光救母为主线展开情节，最后皈依佛法，封为五封佛中上善五显头官大帝。书中出现了改造过的千里眼、顺风耳、哪吒、铁扇公主、孙悟空等形象，可以说五显华光是继《西游记》《封神演义》之后塑造出来的神祇。据《封神演义》六十三回至六十四回载：灵鹫山燃灯道人之琉璃灯焰化作马善下山作怪。他生"三只眼"，"面如傅粉"，不惧三昧真火，反借火光一起而去。后"只见一阵光华"就被燃灯道人收了。《南游记》大抵就是从此引发并糅合目连救母故事敷演成的。这与明初屯堡人的固有信仰没有渊源关系。屯堡人的后裔抑或信奉五显，那当是明代后期以后的事了，其时安顺地戏早已产生。

据民国《镇宁县志·宗教》："五显坛供奉五显华光为主，药王［川主、土主］三圣及一切陪神皆附之。""川坛以供奉赵侯圣主为主，其次杨氏将军，普遍神祇皆附之。"[①] 据安顺五显坛掌坛师介绍，庆五显坛，主要法事为大放兵、扎火墩，大放兵在头天晚上进行，即开墩发放五路五猖、梅山七怪等，均为华光收在手下的将领。扎火墩，在最后一天晚上进行。火墩者乃华光所收的独火鬼化成。用木炭3斤6两放在坛墩内烧红，旁边人再猛吹三口气，泼油浇酒其中，火焰顿时冲空，宛如一朵红云。此时掌坛师左手在袖中捏诀，右手拂袖一招，火即收入墩内，收兵扎墩完毕。庆五显坛原需48天，要唱48本南游传戏文。戏文从唐王李世民设朝起始，18家国公朝参毕，后宫奏报正宫病重，太医治疗无效，即出招医榜文。在龙上修炼的道长孙思邈入京诊治，正宫产下太子，唐王喜封孙思邈为药王……《遵义府志·风俗》云：

---

① 胡翯：民国《镇宁县志》卷二《宗教志·巫教》。

"歌舞祀三圣曰阳戏。……每灾病，力能祷者则书愿帖祝于神，许酬阳戏。……择吉招巫优于家歌舞娱神，献生献熟必诚必谨，余皆诙谐调弄，观者哄堂。……仁怀志：凡人有疾病，多不信医药，属巫诅焉，谓之跳端公……至夜深，大巫舞袖挥诀，小巫戴鬼面，随伴土地神者导引受令而入，受令而出，曰放五猖。……以酒肉载以茅舟，出门焚之，曰劝茅送茅，谓使替灾难也。"[1]光绪《增修仁怀厅志•风俗》："凡年终腊月庚申日民间每庆坛神，必杀豕招巫，跳舞歌唱……巫装女样如戏中妲脚……将圆满之时，巫师以小刀破其额出血，滴于坛旗上，谓之破洪山。"[2]据镇宁人氏知识界老朋友讲，他在解放前夕结婚时就庆过五显坛。掌坛师身着法衣，挽诀念咒，开坛放兵，端公们装扮各种神兵神将，纷纷出场，或步或跳，配合锣鼓，有说有唱，而以唱为主，如唱道：

$\underline{1 \cdot 6}\underline{1 \cdot 6}\underline{6 \cdot 1}2$ | 降 贡 降 贡 降 贡 降 贡 降 | $\underline{6 1}$ $\underline{2 2}$ $\underline{1 2 1 6}$ 5 | （锣鼓同） |

三 伯 公 婆 来 领 愿 　　　　我 都 主 家 庆 坛 神

跳唱过程中夹杂着"上诉文"等仪式和祭祀活动。这就是庆坛"歌舞"。而庆川坛的最大特点是"歪说正接"，故称为"丑坛"。说歪话的人手拿拐杖，头戴面具，如说："你看，好多人都坐着板命。"接音的人加以更正，再由说歪话的人重说一遍："啊，是坐着板凳。"接着歪话又出来了，还相应地做些丑动作，以引人发笑。这就是所谓"诙谐调弄"。由上可知，庆坛称之为"戏"就存在问题，它只是巫优歌舞化了的傩仪，它的核心是做法事以期禳灾还愿，它是宗教的附庸，巫术的载体。而安顺"跳神"是在平地上连台演出的历史武戏，它既是军事行动的辅佐成分，又是粗朴的民间娱乐方式，既演武又娱人。二者的性质迥然不同。

庆坛法事结束后，要唱戏酬宾，解放前唱的多为川剧折子戏。但懂戏的耆老则说唱的是土梆子（即贵州梆子）。不少研究者认为，梆子腔是张献忠部将孙可望的部

---

① 平翰：道光《遵义府志》卷二十《风俗》。
② 崇俊：光绪《增修仁怀厅志》卷六《风俗》。

众带入贵州的，时在明清之交。安顺地戏的唱法兼有旧弋阳腔的某些特点，即多带白作曲，以口滚唱，向无曲谱，只沿土俗。这是明初屯堡人的乡腔乡调。而屯堡人的故里旧弋阳腔绝响时在嘉靖至万历年间。就安顺而论，地戏在万历之前已经产生，其史早于傩戏，它们的声腔系统及其来源各异，二者没有继承关系。

安顺地戏不是傩戏，然则论者何以混而为一呢？这恐怕与地戏又名"跳神"，确实含有迷信成分，使用面具有关。诚然，满人称祭祀为"跳神"。昭梿《啸亭杂录》有"满洲跳神仪"和"满洲跳神仪合于禘祭"两节文字。福格《听雨丛谈·祭祀》云："（旗人）祭祀俗曰跳神，盖祧祭之讹也。跳神是祭远祖，非祭三代祖考，于此可证。"接着谈祭品。这是家祭，既不是傩仪，也不合安顺地戏实况，只是称谓上偶合而已。据明人张楷《大明律解·装扮神像》和熊鸣岐《昭代王章·扮做杂剧》，都有"不许妆扮历代帝王后妃、忠臣烈士、先圣先贤神像"语，已故君臣圣贤即为"神"。地戏装扮的就是这些神，是演义化了的历史人物。既是"神"，当然不是傩仪中所要驱逐的"鬼"。

图1　康熙《贵州通志》卷三十《土人跳鬼之图》摹本

（采自沈福馨《安顺地戏》）

如何装扮神像呢？其答案是使用面具。然这并不是屯堡人的发明。汉代以来，歌舞百戏使用面具不乏其例：汉代的"总会仙倡"（张衡《西京赋》），隋代的"人戴兽面"（《隋书·柳彧传》），唐代的"代面"（《旧唐书·音乐志》等），宋代的"抱锣""硬鬼""舞判"（孟元老《东京梦华录》），元代的"乐音王队""寿星队"（《元史·礼乐志》），明代的"神鬼面像"（游潜《梦蕉诗话》），都在使用面具，但并未因此而成了傩舞、傩戏。安顺地戏也不例外，它只是面具戏。凡剧中人物都有各自的"神像"，一堂戏就有一整套面具。地戏面具俗称"脸子"，制作精致小巧，跳神者顶戴额前而以青巾蒙面。为表示对"神像"的敬畏，平时用箱装好藏之庙中，从开箱起用到装箱存放，都要举行供祭仪式。演出期间亦借助顶戴面具的地戏队"扫寨""开财门"，以祈福求财。这就是所谓的"迷信意味"，但与傩仪法事有质的不同。跳端公则"戴鬼面"以扮五猖。庆川坛仅说歪话者戴面具（也可不戴），巫师、仙娘、将军之属乃涂面着戏装。傩面具制作粗糙大样，戴于脸上，这是古傩仪的遗风。至于演戏，与同时之戏剧没有什么区别。傩面具与地戏脸子大不相同。总之，安顺地戏并非傩戏，二者不能混而为一。

（原载于《安顺师专学报（社会科学版）》1994 年第 1 期）

安顺地戏释名及其他几个问题的探讨

　　近年来，源远流长、经久不衰的贵州安顺地戏引起了中外各界人士的注目，研讨文章的日益繁多。对此笔者拟谈一孔之见，以资同人批评商定。

　　"地戏"之称谓，始见于道光《安平县志·风俗志》。所言"扮演故事"的"地戏"，当是对举于"台戏"的称呼。宋元以来，艺人作场，例如元杂剧的演出，无论是在市井勾栏，还是在寺庙，大抵都在台上进行。在市井勾栏演出的情形，元曲作家杜仁杰《耍孩儿·庄家不识勾栏》套数作了生动描绘："入得门上个木坡，见层层叠叠团圞坐。抬头觑，是个钟楼模样；往下觑，却是人旋窝。"可见场内设有木板搭成的外坡内梯形式的环形座位，圆场中是平地升高的状如钟楼的舞台。在寺庙戏班作场的状况，山西洪洞县道觉乡明应王庙正殿南壁的彩色壁画作了形象展示：台口上端有"帐额"，横题曰"大行散乐忠都秀在此作场"。台中是剧中人正在做戏的一个场面，颇似剧照；演员身后是乐队，其后悬有画幅，是为"靠背"；"靠背"两侧有上下场门，时为"鬼门道"。这就是一面靠壁的舞台形式。观乎今之地戏演出，多在平地上搭设帐篷，以为后台；其前方以代靠背，上有帐额，侧有上下场门，往往还张贴有"招子"。后台和前台均在平地上，观众三面环立，形成自然的圆形台口。这是由台上移到平地作演出的变通形式。因此，可以说，所谓"地戏"，就是以地为台，就是在平地上围场演出的戏剧形式。

　　这是就演出形式命名的，尚未表明这种戏剧的任何本质特征。

　　安顺地戏，民间习惯上称之为"跳神"或"跳神戏"，地方志亦有这种称谓。甲戌（1934）秋任可澄修的民国《续修安顺府志初稿·民生志（二）、礼俗门（四）、民间娱乐·民舞·跳神戏》有云：

黔中人民，多来自外省。当草莱开辟之后，人民多习于安逸。积之既久，武事渐废。然四顾环境，尚多苗蛮杂居其中，识者忧之，于是乃有跳神戏之举。迄今安顺、普定各屯与归化北部龙场、狗场、猫营一带，犹盛行勿替，简称为跳神。盖借农隙之际，演习武事，亦存有寓兵于农之深意也。时当正月，聚集阖寨之人，鸣锣击鼓，歌唱为乐。跳绳者首蒙青巾，腰围战裙，戴假面具于额前，手执戈矛刀戟之属，随口歌唱，应声而舞。如所跳材料系取自《东周列国》者，便名曰"跳列国"，系取自《封神演义》者，便名曰"跳封神"，其余如"跳汉书""跳三国""跳说唐""跳征东征西""跳平南""跳杨家将"等，皆以其所取材料而名。其有歌舞俱佳者，邻近村寨亦多备席延往跳之。[①]

引文所出的这套民国《续修安顺府志初稿》系缮写本，不曾付梓，故人所罕见，今存安顺市图书馆。有关"跳神戏"的这条记载，虽非"信史"，亦可代表20世纪30年代安顺文史学界的一种看法。笔者以为这种见解并非无稽之谈。

首先，文中指出的"跳神戏之举"的背景与朱元璋洪武十四年（1381）"调北征南"的军事行动和随之实施的"屯田定边"政策完全吻合。这方面的文献资料如民国《续修安顺府志初稿》、咸丰《安顺府志》、《明实录》、《明史》外，在屯堡人的不少家谱中亦多有述及，如詹家屯《叶氏家谱·序》就追叙曰：

予始祖叶公信禄，祖籍系河南应天府人氏，今称南阳郡。自明太祖朱元璋洪武初年被派遣南征，始从詹氏始祖指挥属下，称参军官之职，所谓调北征南。平服世乱之后，奉今改土归流，同化汉族，徙居黔地，分驻安顺府属普定县三起，将塘河、永丰里、詹家屯居住，今屯军为民，垦田为生。

仅此可见"屯军堡子，皆奉洪武敕调北征南……散处屯堡各乡，家口随之至

---

① 任可澄：民国《续修安顺府志辑稿》卷六《民生志·礼俗门·民间娱乐》。

黔"①之一斑。明洪武年间，自十四年（1381）"普定土酋安瓒"叛附元梁王被擒后，十五年（1382）"西堡蛮贼寇普定"，二十六年（1393）"普定卫西堡长官司阿德诸寨长卜剌赞等聚众作乱"。屯田与安顺附近的屯堡人，本具有亦民亦兵的双重身份，"四顾环境"感到不可习于安逸，当"接农隙之际，演习武事"，固在情理之中。这就是"乃有跳神戏之举"的社会历史背景。由此也可以了解到"跳神戏"的一种重要的本质属性，即具有鲜明的"寓兵于农"的功利主义倾向性。但看"跳神戏"的剧目，几乎都是历史演义范畴的征战戏。这些戏，倘若与"调北征南"的军事行动联系起来看，其耀武扬威、一匡天下、扫荡四方（主要是异族）的倾向何其鲜明！

其次，从标目看，是把"跳神戏"列入《民间娱乐·民舞》之中的，并没有与宗教戏混为一谈。从引文看，时人认定"跳神戏"是"鸣锣击鼓""随口歌唱，应声而舞"的民间歌舞戏。验之以目前的表演形式，这个认定是正确的。然则，既非宗教戏，又何以呼之为"跳神"呢？《大明律讲解·妆扮神像》有云：

> 凡乐人搬做杂剧、戏文，不许妆扮历代帝王后妃、君臣烈士、先圣先贤神像，违者杖一百；官民之家，容令妆扮者与同罪。②

原来已故的君臣圣贤就是"神"，他们的形貌就是"神像"。所谓"妆扮神像"，就是化妆扮演已故的君臣圣贤的形貌。

说到"妆扮"，就必须涉及化妆的问题。中国古典戏曲的化妆艺术可分为涂面和面具两大类。涂面化妆兹不赘叙。面具很可能是从古代宗教性歌舞仪式（如驱傩逐疫之舞）中产生的但很快就为歌舞百戏所借用，成了自己的化妆艺术（仅是化妆艺术的借用）。汉代以来的歌舞百戏中使用面具的很多，如张衡的《西京赋》所描绘的"总会仙倡"的场面就是典型例子。隋代已出现了"人戴兽面，男为女服，倡优杂技，诡状异形"（《隋书·柳彧传》）的场面。唐代歌舞中有所谓"代面戏"，《旧唐

---

① 常恩：咸丰《安顺府志》卷十五《地理志十四·风俗志》。
② 佚名：《大明律讲解》卷二十六《刑律杂犯》。

书•音乐志》云：

> 代面出于北齐。北齐兰陵王长恭才武而面美，常著假面以对敌，尝击周师
> 金庸城下，勇冠三军。齐人壮之，为此舞以效其指挥击刺之容，谓之《兰陵王
> 入阵曲》。①

崔令钦《教坊记》明确指出"乃科木为假面，临阵著之"。段安节《乐府杂录》
还特意说明"戏者衣紫，腰金，执鞭也"（此条后另有"驱傩"条，前后并列，足证
其为两回事）。宋代歌舞百戏使用面具的情况，可参见孟元老《东京梦华录》所载
"抱锣""硬鬼""舞判"等节目的上场说明。到了元代，无论是在宫廷乐队中，还是
在北杂剧中，都在使用面具。《元史•礼乐志•乐队》载：

> 乐音五队：元旦用之。……次三队，男子三人，戴红发青面具，杂彩衣……
> 次四队，男子一人，戴孔雀明王像面具，披金甲，执叉，从者二人，戴毗沙神
> 像面具，红袍，执斧。次五队，男子五人，冠五梁冠，戴龙王面具，绣氅，执
> 圭，与前队同进，北向立。次六队，男子五人，为飞天夜叉之像，舞蹈以进。
> 次七队，乐工八人，冠霸王冠，青面具，锦绣衣……②

"天寿节用之"的"寿星队"中亦有"男子一人，冠卷云冠，青面具，绿袍，涂
金带"。择日，冠与面具是分开的，且文中多处提到"为某某像""作某某像"，可能
是涂面化妆，涂面与面具两种化妆方式同时配合使用。在北杂剧中，面具主要是用
于"神头鬼面"戏（即"神佛"杂剧）。这类戏在元明两代的宫廷中都很盛行，在
民间亦有演出，明弘治年间游潜的《梦蕉诗话》中就写道："优工髹塑为神鬼面像
而戴之以弄，叫啸踊跃，百状惟怪。"自汉代至元明，从面具歌舞百戏到面具戏剧，

---

① 刘昫：《旧唐书》卷二十八《志第八•音乐》。
② 宋濂：《元史》卷七十一《礼乐•乐队》。

都在使用着面具，其始虽很可能是取法古代傩舞面具，但并没有因此就成了"傩舞""傩戏"。

回头来谈安顺"跳神戏"。就化妆类别论，跳神戏是跳神者额顶面具"妆扮神像"的面具戏；就题材论，跳神戏又是扮演已故君臣烈士征战的故事的历史剧；如前所说，就表演形式论，跳神戏应当是民间歌舞戏；就功用论，跳神戏又是演武戏。

它是面具戏，但具有顶戴面具于额前的特点，故跳神者面罩青巾以隐其本来面目。顶戴面具于额前，一则表示对"神"的敬畏，亦有顶替"神"降临人间欢跳，既娱"神"又娱人的意思。跳神戏演出前后所举行的从取用"脸子"（面具）到收藏"脸子"一系列虔诚隆重的仪式，意在于此。诚然，过去民间常用它来驱鬼逐邪、祈福求财，这与四川"搬目联"的习俗相似，但不能因此就说"跳神戏"、川剧本身就具有了宗教的性质。

它是历史剧，所扮之"神"大多是历史人物，当然是"演义"化了的，但绝不是神魔世界的神鬼精怪，就连《西游记》也不是跳的。

它是民间歌舞戏。其舞，一个"跳"字，充分表明它的开打动作以跳斗为特征，颇似两鸡相斗。"斗鸡"是安顺城乡至今极为盛行的习俗，跳神者模拟斗鸡动作创造出饶有风趣的两将对阵的武斗的可能性很大。

"跳神戏"的唱法也很奇特，酷似高声吟调又夹民歌韵味，似民歌俗调又无专称（"曲牌"）和乐谱，略似"随心令"。它不同于"弋阳腔"，因为弋阳腔"所唱皆南曲"（李调元《雨村剧话》）。但它确实受了弋阳腔的影响，具有弋阳腔唱法的某些特点。刘廷玑《在园杂志》云：

> 旧弋阳腔乃一人自行歌唱，原不用众人帮合，但较之昆腔则多带白作曲，以口滚唱为佳，而每段尾声，仍自收结，不似今之后台众和作哟哟罗罗之声也。[1]

---

[1] 刘廷玑：《在园杂志》卷三·一一九《旧弋阳腔》。

"跳神戏"亦是以口滚唱，多带白作曲，一人自行歌唱完毕或留四字由众人帮合最合四字，兼有弋阳腔新旧唱法。弋阳腔"向无曲谱，只沿土俗"（李调元《雨村剧话》），"错用乡语"（顾起元《客座赘语》）。这与"跳神戏"亦相吻合。徐渭《南词叙录》云：

> 今唱家称"弋阳腔"，则出于江西、两京（按：《明鉴》）载，洪武元年"以应天为南京，开封为北京"、湖南、闽广用之。①

《明实录·太祖洪武实录》洪武十五年三月丁丑云：

> 先是，上谕友德等以云南既平，留江西、浙江、湖广、河南、四川都司兵守之、控扼要害……②

安顺屯堡人的祖籍正是弋阳腔流行地域，屯堡人受到弋阳腔的影响，懂得弋阳腔的唱法特点，是极自然的事。魏良辅《南词引正》云：

> 腔有数种，纷纷不类，各方风气所限。有昆山、海盐、余姚、杭州、弋阳。永乐间，云贵二省皆作之，会唱者颇入耳。③

弋阳腔之流行早于昆山腔。据《南词引正》所载，"国初有昆山腔之称"，朱元璋曾问及于此，可见弋阳腔在明初或更早就已在民间流行。永乐年间云贵二省会唱弋阳腔是可能的，或许就是随"调北征南"的大军而来到云贵二省的。

弋阳腔向四面八方的扩展是很迅猛的，但在它的老根据地"至嘉靖而弋阳之调

---

① 徐渭：《南词叙录·曲史、曲论》。
② 《明太祖实录》卷一百四十三，洪武十五年闰二月至三月。
③ 魏良辅：《南词引正》序言。

绝，变为乐平、为徽、青阳"（汤显祖《宜黄县戏神清源师庙记》）。这"调绝"当是摒弃旧调翻为新腔。弋阳腔在今上海市松江县（古称云间）的兴替，范濂《云间据目抄》有云：

> 戏子在嘉、隆交会时，有弋阳人入郡为戏，一时翕然崇尚，弋阳人遂有家于松者。其后渐觉丑恶，弋阳人复学为太平腔、海盐腔以求佳，而听者愈觉恶俗。故万历四五年遂屏迹，仍尚土戏。[①]

同时，在南都也在经历着"稍变弋阳"的过程（见顾起元《客座赘语》）。旧的弋阳腔绝响，当在嘉靖至万历之间，尔后旧的弋阳腔不可能再影响安顺屯堡人，这以前除"调北征南"外，寻不到大规模移民入黔的痕迹。联系其屯堡人所处环境来综合考究，安顺"跳神戏之举"，当在明洪武十四年（1381）稍后至永乐年间这段时期发生。

（未刊稿）

---

① 范濂：《云间据目抄》卷二《风俗》。

看看云南"关索戏" 想想安顺"跳神戏"

讨论安顺屯堡的"跳神戏"(地戏),论者往往联系到黔东北的"傩戏"(傩仪),反之亦然。且将二者混为一谈,舍异撮同,判定"跳神戏"即"傩戏"(傩仪),虽然细节有异。笔者对这种判定固不敢苟同,但其比较方法可取。安顺屯堡的"跳神戏"如果真有同类戏剧存在,将它们作比较考察,其意义绝不在比附"傩戏"之下,至少,多有一个参照物。确实,无独有偶,且绝非偶然。所谓类似"跳神戏"的戏剧,那就是云南省玉溪市澄江县(今澄江市)阳字镇小屯村的"关索戏"。

"关索戏"演出前,要选就腊月中的吉日设牌位祭祀"药王",要表示代替药王出去玩乐的诚意;正月初一全体演员集中于寺庙大殿开箱取出面具戏装穿戴,然后出队踩村。开始正式演出前,要举行开场仪式,全体演员先围场,再由刘备封官点将、使五方,后演员退场,演出开始。演出结束后要礼送药王,十六日到庙脱装入箱,深夜焚化牌位。演出活动到此结束。诸如此类的演出习俗,虽与安顺"跳神戏"稍有小异,但其主旨完全相同。

"关索戏"的唱法,大多是一人独唱,其唱腔多近似民间山歌小调,也有纯系滇剧的唱腔,这可能是后来借用的。演唱时没有管弦乐伴奏,仅有打击乐相伴。打击乐除一鼓、一大锣外,加用了大钹、小钹、小锣、马锣、现子,这也可能是后来才加用的。这种演唱方式和打击乐使用,与安顺"跳神戏"可能同出一源或有相承关系,只不过"关索戏"的发展变化较大。

"关索戏"的剧目,如《三请孔明》《战长沙》《古城会》《长坂坡》等,全是蜀汉一方兴盛时期的征战故事,这与安顺"跳神戏"多跳"前三国"是相同的。但有的人物和情节是《三国演义》所没有的,如马超与黄山岳弟兄相认、真假张飞、百花公主大战鲍三娘等。这种奇特现象如何解释呢？

　　小屯村原称先锋营，当地传说是关索当年随诸葛亮南征镇守过的地方，当地人对诸葛亮、关索极其崇敬，故把三国题材称为"关索戏"。论者或以为"关索戏"可能是明洪武十四年（1381）左右由戍军带来的，或以为可能是贵州演三国故事的地戏流入云南，渐渐演变为"关索戏"的。"直接带来说"如果成立，那就是说戍军的故土原本就有"关索戏"；"地戏渐变说"如果成立，那就是说小屯人别有所本改造成"关索戏"的。哪种可能性大呢？还有没有别的可能性呢？

　　关索其人是不是个历史人物兹不讨论，但关索故事的流传却是很久远的。清康熙间人毛宗岗本《三国演义》八十七回提到，（诸葛亮）共起川兵五十万，前往益州进发。忽有关公第三子关索，入军来见孔明曰："自荆州失陷，逃难在鲍家庄养病……"孔明闻之，嗟叹不已；一面遣人申报朝廷，就令关索为前部先锋，一同征南。[①]按小说，时前部先锋是魏延，已是抵牾，下文只是偶然提及，且无下落。这段没头没尾的文字，显然是元末明初罗贯中原本所没有的（虽然原本面目至今未见），如有，当前后贯彻成线。但这种插增，并非无风起浪。关索其名，在南宋各种野史和杂记中多有出现，只不过仅借用绰号或艺名而已。元至正本《三国志平话》有"引三万军出发，关索诈败"两句，但亦是无头无尾。直到元末明初初刻本、明成化重刻本《说唱词语》中的《花关索传》四集，才出现了较完整的关索故事。日本所藏明万历刊本《三国志》三种，都有以词语为蓝本的关索一生的故事，如联辉堂本以关索率母胡氏和三妻鲍三娘、王桃、王悦进荆州认父为主体，后如"战长沙""过巴州""取成都"，都有关索参与其中的记载。明崇祯年间雄飞馆二刻《精镌合刻三国水浒全传》，袭用了荆州认父故事。到了毛本反而如《三国志平话》一样没头没尾了，只是文字长一些。可见关索故事在民间早已自成体系而流传着，故《三国志平话》偶有截取，到元末明初出现了《花关索传》刻本问世，但它是"词话"，不是"戏"。此时罗贯中按陈氏正史"编次"《三国演义》，以为《关羽传》并无关公次子关

---

① 　罗贯中：《三国演义》第八十七回《征南寇丞相大兴师　抗天兵蛮王初受执》。

索，没有采用关索故事，往后的改刻本，有的或少或多地增插入关索故事，显然采自《花关索传》。

《花关索传》刻本问世的时间，正是"调北征南"的时间。虽然到云南的戍军是否见过《花关索传》不可臆断，但他们听到过关索故事并把它传到云南是有可能性的。云贵接壤地区，有上十多个以关索命名的岭或城镇，且都在诸葛亮征南用兵的地域内，当地早有关索故事的传说是无疑问的。总之，在云南澄江阳宗（蜀汉时之益州界内）产生出关索故事和三国故事合流的"关索戏"是有其坚实的基础的。

至于产生的时间，联系到安顺"跳神戏"产生的背景，很可能也在明洪武十四年（1381）稍后一段时间，但不是由戍军直接带来了"戏"，而是屯驻下来的戍军，在关索岭山峰林立的特定环境中创造出了"关索戏"。当然也不排除受到贵州地戏的影响而改造成了"关索戏"的可能性，但先后产生的时间恐怕不会相去甚远。因为云南的戍军和贵州的屯堡人的命运何其相似，都需要"演习武事"的心情同样都是急迫的！可以说，"跳神戏"保留了更多的原始风貌，而"关索戏"则渐趋于新，从面具到服饰，从武器到唱腔，都较多地呈现出"戏剧化"的色彩。

将"关索戏"与"跳神戏"比较着考究，更加说明"跳神戏"绝非宗教戏。同时也向我们提出了不少新课题，比如安顺屯堡人的始迁祖也有可能把关索故事传到贵州来，云南有关关索的传说也有可能传到贵州来，而且距安顺不远就有个关索岭，当地就有关索的传说，何以在现在见到的"跳三国"的说唱本中不见关索故事的影子。是原来有后来才据罗贯中本《三国演义》剔除的呢？还是原来就是据罗本编写的呢？诸如此类的问题都待发掘、研讨。笔者以为"跳神戏"的研究，截至目前尚处于"假设"阶段，研究工作者任重而道远！

（1990 年春节于安顺教育学院）

屯堡人的"五显"信仰

　　翻阅地方志乘，遍访安顺地区城乡，我们惊奇地发现，明代安庄卫、普定卫、平坝卫，从卫城到所辖屯堡，五显庙所在多有。而明六长官司地，包括三岔河南岸原水西辖地，几乎不见五显庙踪迹，唯清归化厅城（今紫云县城）内南有座五显庙，实属罕见。五显庙亦名华光庙、灵官庙。兹将方志所载及调查得知的五显庙开列于下：

表1　安顺五显庙分布情况

序号	庙址	建年	出处	备注
西秀				
1	城内碧漾湾	嘉庆间	咸丰《安顺府志》	
2	南关厢		调查	
3	旧州南街		咸丰《安顺府志》	
4	唐官屯		民国《续修安顺府志》	神像五人为伍
5	蔡官屯		民国《续修安顺府志》	
6	张三屯		民国《续修安顺府志》	
7	小张官屯		民国《续修安顺府志》	
8	颜旗屯		民国《续修安顺府志》	
9	小屯		民国《续修安顺府志》	
10	大屯关		民国《续修安顺府志》	
11	南山		民国《续修安顺府志》	

续表

序号	庙址	建年	出处	备注
12	青苔堡		民国《续修安顺府志》	
13	九溪后街		调查	
14	火烧寨			神像五人为伍
15	詹家屯		民国《续修安顺府志》	神像五人为伍
16	麒麟屯		民国《续修安顺府志》	神像五人为伍
镇宁				
1	城内北街	乾隆三十五年	光绪《镇宁州志》	名华光庙
2	城内南街	光绪十三年	民国《镇宁县志》	
3	城内东街	咸丰间	民国《镇宁县志》	
4	城外猪市坝	嘉靖前	民国《镇宁县志》	
5	十三旗		民国《镇宁县志》	
6	元总堡	最早	民国《镇宁县志》	
7	大新哨	咸丰	民国《镇宁县志》	
8	东窑	光绪	民国《镇宁县志》	
9	詹官堡		民国《镇宁县志》	
10	烈山堡	咸丰	民国《镇宁县志》	
11	颜旗堡	咸丰	民国《镇宁县志》	
12	蒋旗堡	清中叶	民国《镇宁县志》	
13	桂家堡	咸丰	民国《镇宁县志》	
14	雷召堡	清中叶	民国《镇宁县志》	
15	五官堡	同光间	民国《镇宁县志》	
16	陶官堡	民国二十一年	民国《镇宁县志》	
17	吴官堡	道咸间	民国《镇宁县志》	

续表

序号	庙址	建年	出处	备注
18	安庄坡	乾隆五十一年	民国《镇宁县志》	民国间改名关帝庙
平坝				
1	城内南街	康熙二十三年	咸丰《安顺府志》	名华光庙
2	西门内	顺治十八年	咸丰《安顺府志》	名灵官庙
3	北门内		咸丰《安顺府志》	名灵官庙
4	羊场堡		咸丰《安顺府志》	
5	宋家河		咸丰《安顺府志》	
6	大堡		咸丰《安顺府志》	
7	车头堡		咸丰《安顺府志》	又名灵官庙
8	齐伯房		咸丰《安顺府志》	
9	养马寨		咸丰《安顺府志》	名灵官庙
10	十家桥		民国《镇宁县志》	又名灵官庙
11	二官屯		调查	神像五人为伍

以上庙宇，既名曰五显庙，当然祀五显神。亦有佛寺亦祀五显神者，如镇宁丁旗堡之西峰寺，嘉庆间齐超渭《重修西峰寺碑记》云："建自有明，其祀者如来、五显。"[①] 五显到底是何神圣？说法种种，流行说法有三：

一、五显神之信仰始于宋，流行于江西德兴及安徽婺源（今属江西）一带。乃兄弟五人为神，均封为显某八字王，如第五位为显德昭利灵助广成王，故称五显神。惟姓氏各异，有林、萧、柴、陈诸说，然均为人没为神，神像以五人为伍。

二、佛教以为乃华光藏菩萨所化，即明人余象斗编写的神魔小说《南游记》所描写的五显。说的是灵山如来法堂前一盏油灯，灯花堆积，如来咒成人身，名曰妙吉祥，赐他五通本领，又赐天眼一只，投胎后便取名三眼灵光。二次投胎，取名三

---

① 胡蔼：民国《镇宁县志》卷三《祀祠志·重修西峰寺碑记》。

眼灵耀，炼成三角金砖，得了风火二轮，封为火部兵马大元帅，自号华光天王。千田国国王为之造庙立像："头戴金龙冠，头上多一眼，手提三角金砖。"三次在徽州府婺源县萧家庄投胎，一胎产五子：一名显聪，二名显明，三名显正，四名显直，五名显德，华光脏。后以华光救母为主线展开情节，终皈依佛法，封为五显灵官大帝。后世或称"五显"，或称"灵官"（非道教神王灵官），或以华光代五显。

三、五显乃邪神阴鬼。安顺民间传说，宋太祖赵匡胤定天下，有五显神化为人形找太祖讨封赠，以掷骰子为戏，太祖输了，随口骂道："撞到鬼了。"五显遂得"鬼"封，很不高兴，走时以手指点了一下太祖后背。后太祖竟患背瘩而死，而五显终成邪神。此与明太祖封阵亡将士为五通神相似。

这三种来源说恰是安顺五显信仰分为三种类型的来源。旧州城南詹家屯五显庙在"叶氏宗祠"右隔壁，大殿中分两层，上层祀玉皇，下层祀五显。其左中祀神农，左祀牛王，右祀马王；其右祀观音。五显乃兄弟五尊坐像，俱戴无翅官帽，著圆领官服。居中者脸色红，双手胸前端捧印信；其左右二尊，脸色黄，双手端捧长条符章；又其左右二尊，脸色白，亦执符章，惟执法各异，左者左手执符章向右斜而右手握符章上端，右者右手执符章向左斜而左手握符章上端。这显然是五人没而为五神之神像，乃一说之验证。叶氏后裔说，"五显"是入黔始祖带来的。据《叶氏家谱》载，始祖叶信禄，河南南阳郡人氏，明初"调北征南"时，从詹指挥任参军官职入黔，因屯田而定居詹家屯。南阳郡离一说发源地不算远，有此信仰合乎情理。安顺东门外麒麟屯、火烧寨、二官屯五显庙之神像亦如詹家屯；而唐官屯之五显庙神坛分上下层，上层五显五尊，下层五猖五座以代五五廿五路猖府神兵，且每年农历九月二十八都要在庙中举行"庆坛"活动（庆的是下坛，详说见下）。这种信仰与屯堡人的人神崇拜一脉相承。此五子者，在生有功于民，没而成神受封赠，立庙血食，亦是古礼。

镇宁所迎之华光即《南游记》所谓三眼华光，乃二说之五显。光绪《镇宁州志·坛庙》载："华光庙，在城内北街，乾隆三十五年建，正月初八日迎神出，名曰赦火。""迎华光"是镇宁县境范围最广、规模最大的迎神赛会活动。迎华光出游，既名曰"救火"，目的是攘除火灾，因为华光专司火政，亦与镇宁城几遭兵燹有关。华光救母行孝，大类目犍连，佛教以为乃华光藏菩萨所化，在丁旗堡西峰寺中，五显华光与如来佛共处，也就不难理解了。屯堡人忠孝观念浓厚，纳吉消灾的心理强烈，欢迎华光莅事也极其自然。这也是五显华光庙普遍存在于屯堡区的重要原因。

至若安顺南关厢五显庙之神像，据见过的老人回忆，脸色阴森似鬼，着战将装，人多畏而避之。此乃第三说之五显。民国《平坝县志》在"五显庙"条下注云："世俗相传，五显、华光皆坛神，甚至为五通，不知何故。"[①] 五通神乃邪神名，亦云五圣神。据《留青日札》载，明太祖定天下，梦阵亡众将士请恤，太祖许以五人为伍，处处血食，命江南家立尺五小庙祀之。不知何时始，民间竟混淆五通神为五显神，成了第三说之"五显"。世俗相传，此种五显坛神最小气，能使人病祟，沾惹上了便随之到家，家若有坛神就必须"庆坛"。庆五显坛又分下坛、上坛：下坛以五显华光为主，设石坛碢；上坛以二郎杨戬为主，设陶坛罐。安顺南关厢庆的就是下坛。民国《镇宁县志·宗教》云："五显坛供奉五显华光为主，药王三圣及一切陪神皆附之。"[②] 这也是下坛。又《镇宁县志·民风》云："端公着各种戏衣，戴面具。所扮之神，称将军、元帅、仙娘等，皆不可考。载唱载舞，即所谓"跳神"，佐以锣鼓铙钹。法事三日，有放兵、打老曹、榨碢诸节目。"[③] 文中所谓"跳神"绝不能混同于"跳神戏"（地戏），而是傩舞，法事则为傩仪。这种"赛神"法事既名曰"庆坛"，则是以敬奉为手段达到祈句作祟之目的。所供奉之"五显华光"实则"五通坛神"，对之采取的是妥协态度，敬而远之，而不崇信。因此，这种赛神不能作为屯堡人信仰。

自有屯堡以来，屯堡人信仰的是五人为伍的五显公。这种人神信仰，与"迎汪公"在精神上是一致的。镇宁之"迎华光"发生在屯堡区，与屯堡人的宗教信仰相通，同时，动作大，影响大，故将它视为屯堡人的迎神赛会。

旧时多误以为"土著"汉民为"土人"，把五显信仰记在"土人"名下，如乾隆

---

① 江钟岷修：民国《平坝县志》，《祀祷志·下编坛庙所在之部》。
② 胡翯：民国《镇宁县志》卷二《宗教志·巫教》。
③ 胡翯：民国《镇宁县志》卷三《民风志·赛神》。

年间襄平人蒋攸铦《黔阳竹枝词》其八曰：

> 健妇锄犁号土人，田歌亦解敬如宾。
>
> 匏笙谱就丰年曲，丛拜村头五显神。[①]

又如道光《安平县志·土人》曰："相传为明洪武时，屯军之眷属亲戚与屯军先后至者，因其居土日久，故曰土人，一曰旧人。""一名里子民。""以别于屯军也。""九月祀五显神，远近咸集，戏舞终日，至暮乃散。"这里的土人、旧人，是与后来之"客民"对举而言的，其实就是屯堡人，不必更与明代屯军相区别。里子民亦作里民子，也是屯堡人。咸丰《安顺府志·清镇县疆域村寨》云："安里四甲，共四十四寨在城西八十里，有里民子，盖卫所旧屯户。"[②]称屯堡人为旧人，恰好说明五显信仰是屯堡人的信仰，且由来久矣。

（原载于《安顺文艺》2004 年第 3 期）

---

① 蒋攸铦：《黔轺纪行集》，《黔南丛书》第二集。
② 常恩：咸丰《安顺府志》卷七《地理志六·疆里·清镇县疆域村寨》。

"迎汪公"：屯堡人的迎神赛会

屯堡人的迎神赛会，首推盛行于东片屯堡区的"迎汪公"。咸丰《安顺府志·祭礼》云：

> 安顺普定，正月十七日，五官屯迎汪公至浪风桥（小五官屯），十八夜放烟火架。狗场屯、鸡场屯共迎汪公，亦于十七日备执事、旗帜，鼓吹喧阗，迎至杉树林，观者如堵。汪公庙二场屯中皆有，如本年自狗场屯迎至鸡场屯庙中供奉，次年自鸡场屯迎至狗场屯庙中。①

东屯与西屯亦复如此。该志言汪公庙"各屯等寨皆有"，如九溪村亦有汪公庙，过去亦在村中迎汪公游村。而府属郎岱厅、归化厅、永宁州、镇宁州、安平县、清镇县坛庙录中却不见汪公庙的影子。说明信奉汪公仅盛行于明代普定卫辖"五十军屯"区域。

今日所见鸡场屯（今作吉昌屯）"迎汪公"盛典正是当年遗风。时逢正月十七日，男丁长者于汪公庙中举行预祭仪式，焚香明烛，供献牺牲，高唱祝文，虔诚罗拜；妇女则烧钱化纸于庙前，灰烬弥空。十八日请汪公神像端坐八抬大轿巡游，执事整严，旗幡掩映，香案夹道，状如将相过市，气氛肃穆；后随彩车（"抬阁"之演进）队、跳神队，迤逦里许，爆竹与锣鼓争鸣，场面热烈。观此可以想见昔日盛况。

所迎汪公系何方人氏，竟享如此殊荣。汪公即历史人物汪华。据新修的《歙县

---

① 常恩：咸丰《安顺府志》卷十五《地理志·风俗·祭礼》。

志》记载，汪华（586—649），字国辅，又字英发，登源里汪村人。歙县旧名新安，系明代南京徽州府治。宋人罗愿撰淳熙《新安志》云：

> 新安之神，讳华，姓汪氏，绩溪人，隋将宝欢之从子，少以勇侠闻。大业之乱，以土豪应郡募，平婺源寇有功，寻为众所推，保据郡境。时四方割据，建号者众，乃稍以兵取旁郡，并有宣、杭、睦、婺、饶五州，带甲十万，建号吴王。为政明信，远近爱慕，部内赖以安全，凡十余年。唐武德四年，以籍土地兵民，遣使纳款于唐。高祖嘉之，制曰："汪某往因离乱，保据州乡，镇静一隅，以待宁晏，识机慕化，远送款诚，宜从褒宠，授以方牧，可使持节总管歙、宣、杭、睦、婺、饶等六州诸军事，歙州刺史、上柱国，封越国公，食邑三千户。"七年朝于京师。贞观二年，授左卫白渠府统军事参掌禁兵。十七年，改忠武将军行右积福府折冲都尉。太宗征辽东，为九宫留守。比还，称其忠勤。二十二年三月三日薨于长安。永徽中归葬歙县北七里云岚山。郡人思慕，立祠于刺史宅西偏。大历中，迁于乌聊山，号越国公汪王神。①

称汪王者，以入宋以来，先封公，后进封王，至乾道四年（1168）三月累封至"信顺显灵英济广惠王"。至明朝初年所颁发的保护其祠庙的榜文则称之为"徽州土主汪王"。以为他能"福佑一方，载诸祀典。本省大军克复城池，神兵助顺，累著威灵，厥功显赫，理宜崇敬"②。

前人死后殊荣不外封冢立庙两端。据新修《歙县志》云："汪华墓，位于县城北三公里云岚山，俗名'汪墓祠'。唐永徽二年（651）营葬。……墓前右为享堂，二进五开间，飞檐高瓴，壮丽堂皇，现仅存遗址。左为家庙两进，有左右廊房，现部分毁坏。原先还有神道、翁仲、牌坊，现皆不存。"③想见原有规模，汪陵可谓伟哉！

---

① 罗愿：淳熙《新安志》卷一《州郡·祠庙》。
② 彭泽：弘治《徽州府志》卷五《祀典·祠庙》。
③ 朱益新：《歙县志》，中华书局，1995，第602页。

汪公庙徽州一带所在多有，其祖庙称忠烈庙，支庙一般称忠烈行祠或汪王庙，兹将所知者列于后。明弘治《徽州府志》府治忠烈庙：在乌聊山，唐大历中从刺史宅迁于此。歙县忠烈行祠："各乡多有之，最著者六所，人称为汪王庙。"休宁县忠烈庙：在古城岩，即万安山。"正庙在歙之乌聊，宋赐额忠烈，而此复有专祠，建自宋淳熙中。"休宁县忠烈行祠："各乡多有之，其最著者五。"婺源县忠烈行祠："各乡多有之，其著者七，乡人称为汪王庙。"祁门县忠烈行祠：在祁山阳。黟县忠烈行祠：有三所。绩溪县忠烈庙堂：在县东七里登源。"犹承旧额扁曰忠显庙（笔者按：《新安志》云'政和四年三月赐庙号忠显'，庙或建于此时）。公之故宅遗坛在焉，在隋起义时所筑故城及井亦在，故乌聊山既有专祠而此复立庙，庙后有公父母墓"，"西山里七塔有公第七子墓，越溪之东南汪村西盘园有公第八子墓"。

绩溪县忠烈行祠：有二所。清光绪《安徽通志》宁国府泾县汪王庙：在县西北孤山高岭。宁国县英济汪王庙：在县尘岭。清光绪《庐州府志》无为州汪圣庙：在开城乡阳山。"宋政和赐庙额曰忠显，德佑改忠烈。""明洪武四年大正祀典，凡淫祠一切报罢，徽所存惟此，江淮亦通祀之。"

汪公乃人不仅为神，祀汪公系人神信仰，且早入国家祀典，故江淮通祀之，但仍以徽州府为盛，上列30座庙竟有27座在徽州，暗合上文"徽州土主"之谓。

汪公有九子，亦皆立庙祀之。根据弘治《徽州府志》记载，歙县忠助八侯庙："在城南龙井山，以祀唐越国公八子，旧称八郎君，皆助父保障六州有功者。宋绍兴十年赐庙额曰忠助，乾道九年咸赐侯。"[①] 为醒目起见，改用表格如下（见表1）：

表1　唐越国公八子情况表

排行	名讳	在唐所任职官	宋赐爵号
1	建	郎州都督府法曹	忠惠侯
2	璨	费州涪川令	忠利侯
3	达	袭越国公	忠应侯

---

① 罗愿：淳熙《新安志》卷一《州郡·祠庙》。

续表

排行	名讳	在唐所任职官	宋赐爵号
4	广	卫勋府飞骑尉	忠济侯
5	逊	卫勋府飞骑尉	忠泽侯
6	逵	薛王府户曹	忠仁侯
7	爽	歧王府法曹	忠德侯
8	俊	郑王府参军	忠佑侯

后汪建累封至六字，余累至四字公。

歙县忠护侯庙：在城南山麓，祀汪公第九子献。献早逝无嗣，宋淳熙间郡人为之立祠。嘉定元年敕封忠护侯，后进封为公。

歙县福惠庙：在城南7里，祀汪公第八子俊。

绩溪县徽溪庙：在县西北5里，祀汪公第八子俊。

绩溪县乳溪庙：在县北5里，祀汪公第九子献。

汪公九子中，似乎汪俊、汪献尤受郡人，特别是歙县、绩溪县人的崇敬。汪公原本为绩溪人氏，在唐为歙州刺史，死后即葬城北立庙，又于祖居地绩溪县登源立庙祀之，理所当然，但要维系久远则不容易。汪公本人已成徽州土主，早已深入人心，且获朝廷认可，这是汪公信仰传之久远的重要原因。同时与汪氏子孙繁衍昌盛亦大有关系。《新安志》称，到了宋代，"今黟、歙之人十姓九汪，皆华后也"。汪公九子中，第九子献本早逝无嗣，但宋淳熙间郡人为之立祠，"颇著灵异，舟行浙江者必乞灵于庙，水旱必祷"。虽为民间灵异之说，亦得敕封忠护侯。第八子俊，墓在绩溪县登源汪氏祖茔，且在县西北建徽溪庙祀之，这一支汪氏必在原郡家乡繁衍。歙县城南亦有福惠庙祀汪俊，"洪武初，邑人张仲甫重建，道人汪道清捐田十余亩以充常住"。可见此庙至明香火仍盛，这汪道人兴许就是汪俊的后裔。

汪俊后裔亦有入黔者。汪家白果寨所藏手抄本《汪氏族谱》载，这个汪氏家族，祖籍南京徽州府休宁县梅林街。入黔始祖汪灿系汪华第八子汪俊之后，"因洪武调北征南，留守普定卫，世袭前所第一百户指挥"，遂家焉。汪灿创立汪公庙于城南青龙山，前殿奉太祖汪华金容，后殿是列位夫人，合族各房列宗神主俱供奉其中。尔后每逢正月十八日太祖诞辰之期，凡属汪姓五房宗支轮流为首祭祀不废。入黔汪氏祀汪公及入黔列祖列宗，原本是一种祖宗崇拜家祭活动，是世代相传的家风之发扬；安徽籍屯堡人把徽州土主汪公信仰带到屯堡区立庙祀之，也极自然。但都不可能直接发展成为"迎汪公"赛会活动。徽州原本就流行"迎汪公"出游盛典，清康熙三十八年刊本《徽州府志》载：

> 三月二十八日，歙、休之民舆汪越国之像而游。云以诞日上寿，设俳优、狄鞮、胡舞、假面之戏，飞纤垂髾，偏诸革鞜。仪卫前导，旗旄成行，震于乡井，以为奇隽。歙各乡及休之隆阜最盛，识者曰"曷不节费以周其乡之食乏者"。[①]

尤盛行于汪氏故里歙县、休宁县的"迎汪公"赛神活动至清初不衰，其场面之铺张引来了时人的非议。那仪卫之浩荡声势，与咸丰《安顺府志》所描述词异而义同。徽州"迎汪公"的游行队伍中，既有中原"戏子"，又有胡狄倡优，或男着女服，或高登革履，很有隋唐以来歌舞遗风。尤可注意者尚有"假面之戏"，它与屯堡人"跳神戏"似乎有所联系，这个信息可供地戏研究者参考。

可以断言，"迎汪公"盛典是安徽籍戍屯军人带来的。屯堡人祀汪公、迎汪公之初衷，与本源地信仰并无二致，且一直维系了下来。九溪坝村大堡亦有汪公庙，据宋修文老先生编修的《九溪村志》介绍，汪公庙中制作于民国四年（1915）的神匾书曰"声灵赫濯"，神联为"封公封王血食千秋隆祀典，保国保庶声名万古荐馨香"。这与本源地何以祀汪公一脉相承。九溪也有"迎汪公"游村的历史，后街水井边还有五显庙，宋志云："民国十九年，大堡村民将汪公塑像抬至后街水井，突然重量倍

---

① 丁廷楗、卢询：《徽州府志》卷二《舆地志下·风俗》。

增，竟如铁钉钉成。内有一老人醒悟即说道：'此乃五显菩萨圣地，怎么能闯得过？'于是抬加庙中即能起动。"汪公与五显割据较劲固为趣谈，但也反映出了屯堡人各有笃信的差异性。"迎汪公"在屯堡区流行既久，也给汪公信仰注入了新的内涵，主要是"屯堡"理念。1991年吉昌屯印制的《汪公简历》，以为汪公曾"分布屯堡"（实则并无此举），"救屯堡人民于水深火热之中，屯堡百姓尤感恩德，铭记在心"，"汪公圣诞日，又值岁首带春节，为我屯欢庆风调雨顺、国泰民安之隆重节日，象征着吉祥如意，万民欢欣"。这个"保境安民"的徽州福主又成了安顺屯堡福主。这种不改变本源地固有的信仰主旨而又注入屯堡理念的延伸，致使"迎汪公"盛典终成"屯堡文化"的有机组成部分。

崇敬汪公也是安顺人的共同信仰。《续修安顺府志》载："咸丰末，乱民攻城，自东南隅梯城而上，为守城民汪万顺所杀，城赖保全。适在庙后，咸以为系公显圣，事后遂重修庙宇。"[1]庙宇即城南青龙山汪公庙，本为汪氏家祭之所，但在安顺人的心目中，汪公又早已成了保一方平安的保护神。在安顺城乡人神信仰中，无疑，汪公的地位是崇高的。

（原载于《安顺日报》2001年6月21日第3版）

---

① 任可澄：《续修安顺府志辑稿》卷十三《祠祀志·一安顺县·汪公庙》

明代普定卫学宫·安顺府学宫建毁始末说

　　地方卫（府）儒学宫乃学官（教授、训导）向入学廪生传道授业之所，以多建先师庙其中，故亦称文庙。坐落于今安顺城东北隅黉学坝之文庙，清人称"府学"，即府学宫、府文庙，早在1958年就列入第一批贵州省省级文物保护单位，良有以也。《续修安顺府志》赞之曰："庙之建筑，非惟为黔中各府厅州县冠，即方之北京国子监太学中之孔庙，亦无逊色。""而庙之大成殿之石龙柱，全身空雕，玲珑剔透，婉转空灵。背负龙柱之石狮，雄伟活泼，口中含弹丸如巨卵，滚动自如。中外人士经此参观者，赏此绝技，无不拍照留念。"[①] 这是入清后几经修葺，至于道光年间最后增修完毕所具有的新颜。

　　安顺府学宫的前身普定卫学宫，始建于何时？旧貌何如？自咸丰《安顺府志》轻率记为"明洪武初建"，引者以讹传讹，贻误至今。史载，明洪武十四年（1381）十二月至十五年（1382）闰二月安陆侯吴复始筑普定新城即今安顺城，十五年正月始置普定卫。二十七年（1394）正月置普定卫儒学，仅委以学官而未建学宫。洪武三十一年（1398），于卫儒学言"洪武初"置已不确切。《贵州图经新志》言"普定卫学……正统间贵州布政司参议李睿建"。建年又稍后。据万历《贵州通志》记载，李睿，济宁人，任右参议，时在宣德间，而正统间已升任副使。且云："先是，诸郡卫强半未建学。""（睿）乃疏请得可遍建诸学，黔人始津津然兴起。"[②] 可见贵州府卫普遍建学自宣德以后，普定卫学宫之建亦是应运而成。该志《普定卫·学校》"儒学"注文云："宣德八年建。嘉靖二十六年巡抚王绍元重建。""先师庙"注文云："宣德八

① 　任可澄：《续修安顺府志辑稿》卷十三《祠祀志·一安顺县·文庙》。
② 　许一德、王耒贤等：万历《贵州通志》卷二《省志·名宦·副使》。

年参议李睿建。正统元年毁，二年佥事屈伸重建。嘉靖三十一年御史董威、宿应麟，提学谢东山重建。"① 该志所收迁客廖驹《普定卫儒学记》言卫学宫建而毁而复建经过甚详：

> 宣德癸丑（八年），宪副李公睿先任贵州参议时，卜地于城东，始建学舍。乃者毁于火，岂惟诸生失讲习之地，而吾夫子神主亦假寓道宇，可胜慨哉！正统戊午（三年）夏，佥宪屈公伸，廉问来兹，祗谒文宣，喟然太息，乃偕镇守都帅顾公勇及本卫指挥王斌等，躬造旧基，相地度材，鸠集百役，复经营之。既而工告成，于是栖神有殿，会讲有堂，肄业有斋，自廊庑门墙以及庖舍涵涸，无一不备。经始于是岁夏五月戊子，落成于次年夏四月壬寅。②

合而考之，普定卫儒学宫（学舍）以及先师庙（文庙）并肇建于宣德八年（1433）无疑。越三年，即正统元年（1436）并毁于火。正统二年（或三年）兴工重修，次年竣事，基址仍其旧。

而后又有扩建。如"敬一亭"注文云："嘉靖十年建。""礼门、儒学门"注文云："俱副使陈赞修。"陈赞，长乐人，嘉靖十四年（1535）任。截至万历二十五年（1597）修《贵州通志》时已具相当规模，该志所载主体建筑名称如下，大多注明其相对方位，可以画出如下《普定卫学平面示意图》：

---

① 许一德、王耒贤等：万历《贵州通志》卷六《普定卫·学校》。
② 许一德、王耒贤等：万历《贵州通志》卷二十一《艺文志·普定卫儒学记》。

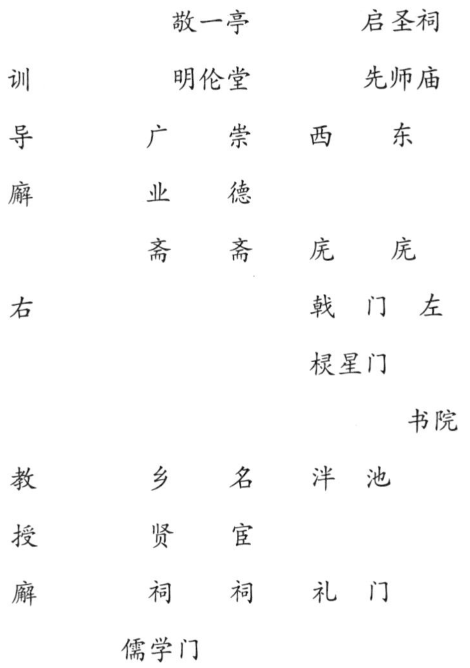

```
              敬一亭          启圣祠
    训      明伦堂          先师庙
    导    广   崇   西   东
    廨    业   德
          斋   斋   庑   庑
    右                载   门   左
                    棂星门
                          书院
    教    乡   名   泮   池
    授    贤   宦
    廨    祠   祠   礼   门
          儒学门
```

图 1　普定卫学平面示意图（本图以先师庙为本位分定左右前后）

万历三十年（1602）九月，升安顺州为安顺军民府，府、卫同城。三十一年（1603）九月，改普定卫学为安顺军民府学，定廪额为二十名。据咸丰《安顺府志》载，府学于"天启二年毁。四年，知府孙森重修，复圮"[①]。此即明代卫学、府学建毁大略。

入清后，增修府学成就卓著者首推道光年间那一次，今存建筑亦为此役遗存。据咸丰《安顺府志》载，道光十七年（1837），署知府宋庆常、教授黄淳、训导彭拔才建议增修，乡宦宋劭谷倡捐，暨合郡绅耆杨春发等买地广基。十八年（1838），知府经武济兴工改修……二十年（1840），知府张瑛修成。[②] 此段记载，与《杨珍林年谱》所载亦有出入。其"道光二十一年辛丑八月十五日未时生"条下有"府学文庙落成"之语，其下注文言重修始末甚详，大略云：广东运使宋云皋（邵谷）于嘉庆

① 常恩：咸丰《安顺府志》卷十八《营建志一·学校府学》。
② 常恩：咸丰《安顺府志》卷十八《营建志一·学校府学》。

十六年（1811）以丁忧回籍，见庙基湫隘，且就倾颓，有兴修意，约同学杨春发捐款首倡，嘱杨春发董其事。后致千金交郡守宋庆常督催兴工，杨春发复集绅士劝捐，得资万余金。经始于道光十七年至二十一年落成。一个官书，一个家史，两相比较，除工程起讫时间有差异外，更透露出了官书往往将功劳记在官爷名下的虚伪性。这也罢了，更为遗憾的是，那位制作透雕龙柱的名工巧匠竟然于青史无名，埋没至今，唯有流传于民间的美好传闻而已。

（原载于《明清安顺风物诗文注评》，贵州民族出版社，1999 年 7 月）

九溪"顾公墓"辩

万历《贵州通志·普定卫·丘墓》载："镇远侯顾公墓，在城东40里。"[1]墓在九溪村河对岸山麓，墓前曾有碑三通，紧贴叠立。由里至外，第一碑已断残，唯"镇远侯顾公、大太夫人俞氏墓"可识，虽男墓主顾公名讳不详，而女墓主为俞氏可知。第二碑重立于清代嘉庆十九年（1814）二月，"顾公"已为"讳成"，此墓已成了顾成墓。第三碑立于民国三十三年（1944）十二月，"顾公成"的字号，封号大备，"顾母俞老太君"已成为"诰奉一品夫人"，越假越像，足以乱真，致使当地人士及顾氏后裔信而不疑。

其实，顾成墓在贵阳市郊。清代贵州文人莫友芝《黔诗纪略》载有明清之交贵阳名流吴中蕃《夏国公顾成志石叹》七言古诗一首，题下注云"在厉祭坛"，诗曰：

> 西风吹土土花碧，野寺墙阴横片石。
>
> 闲搜细扪读未终，知是前朝圹中碣。
>
> 上书皇帝嘉元功，特敕词臣撰次工。
>
> 千秋万岁藏幽室，宠及三泉媲鼎钟。
>
> 挽郎歌薤千人送，天鹿神羊夹翁仲。
>
> 内府支金部使临，经营既定推难动。
>
> 祠祀蒸尝三百载，西南老顾名犹在。
>
> （原注云：高帝呼公为老顾）

---

[1]　许一德、王耒贤等：万历《贵州通志》卷六《普定卫·丘墓》。

鳌柱倾颓大海干，缨貂零落丘原改。

冢头犁作梵王宫，颐控金椎鬼不雄。

谁言翊运开疆者，寸壤难容异代躬。

顾成墓所在地厉祭坛，据万历《贵州通志·省会志·秩祀》载："厉坛，城北隅。"所载省城图标在城外西北南明河西。又云："夏国公祠，在城内南，永乐年建。"①省厉图标在城内东南靠近城垣处，吴中蕃所仔细扪读当时已裸露于顾成墓外的圹志铭，已是顾成墓在贵阳市郊的铁证。吴诗虽多兴废之感，亦可想见顾成死后所获殊荣。这又可与夏国公祠注文载《大学士金幼孜记略》（简称《记略》）相互印证。《记略》云："永乐十二年夏五月丁酉，奉天翊运推诚宣力武臣特进荣禄大夫柱国后军都督府右都督镇远侯顾公薨于贵州，时年八十有五。讣闻京师，天子辍视朝，遣行人李鉴往祭，诏定谥议，追封夏国公，谥武毅。"何以如此？原来顾成于"戊寅（洪武三十一年）还京师，己卯（建文元年）靖难师起，公自真定挺身来归，命守北京"②。这纯系溢美之词。据清人印鸾章、李介人修订《明鉴纲目》，其"纲"云："己卯建文元年……八月，耿炳文及棣战于滹沱河北，败绩。"其"目"云："丧师三万，副将李坚、宁忠、都督顾成皆被执。炳文退保其定。"③建文帝朱允炆命顾成随耿炳文北上抗击燕王朱棣发难之师，顾成战败被俘，降于朱棣，竟得加官封侯。《记略》又云："夫人彭氏，子八，长统任普定卫指挥使，次勇为贵州卫指挥同知。孙七，曰兴祖，袭爵镇远侯。"④但顾成死后，仅言"明年春，公之子勇、孙兴祖自贵入谢，兴祖承命袭封镇远侯"，不见了长子顾统的踪影，这又似乎隐瞒了什么。顾成夫人姓彭，绝不是九溪"顾公墓"的女墓主。

然则九溪"顾公墓"之男、女墓主到底是何人呢？近年出土于墓中的《顾夫人

① 许一德、王枟贤等：万历《贵州通志》卷一《省会志·秩祀》。
② 许一德、王枟贤等：万历《贵州通志》卷一《省会志·秩祀》。
③ 印鸾章、李介人：《明鉴纲目》卷二《恭闵惠皇帝》。
④ 许一德、王枟贤等：万历《贵州通志》卷一《省会志·秩祀》。

俞氏圹志》（简称《圹志》，见《安顺文物》所载郑正强先生文《俞氏墓志铭》）终于解了这个谜。《圹志》出自京口（镇江旧称）胡纲之手，时在永乐八年（1410）十二月二十八日，兹节录其要者如下：

> 夫人字善贵，姓俞氏，"故普定卫指挥使顾总威公之妻也"。俞氏来归，"公时为胄子"。"洪武庚辰（建文二年）夏，总威公被召，未几，夫人以疾卒于寝。""夫人卒之日，总威公在京师。""永乐庚寅（八年）十二月二十八日庚申，礼葬于普定九溪之山北，与总威公合圹焉。"夫人"生子一，兴祖，字世延"，"见任普定军民指挥使"。"世延请书夫人年氏节略，纳志于圹中。"

墓志盖刻文曰："大明普定卫指挥使顾公夫人俞氏之墓。"原来，男墓主乃普定卫指挥使顾总威公；女墓主乃其夫人俞氏，字善贵，系普定卫继任指挥使顾兴祖生母、顾成儿媳。圹志称顾总威公为"胄子"，即长子、嗣子，必为顾统，官职与《记略》所称相合，"总威"与"统"同义，乃其字。圹志于顾统之死，亦闪烁其词，盖讳言也。《明太宗实录》洪武三十五年（建文四年）十一月己亥载："（燕王朱棣）命普定卫故指挥使顾统子兴祖袭其父官。……统，镇远侯顾成长子，成初归上于真定，建文君闻之，杀统。"[①] 顾成归降永乐帝成了忠臣，而于建文帝则为叛臣，且殃及顾统——顾成于建文元年归降朱棣，顾统则于建文二年被召入南京而见杀，时俞氏"龄甫三十"，恐怕也是俞氏早逝的重要原因。这当是顾氏家族的隐痛，故《圹志》与《记略》皆讳言顾统之死。

《圹志》于永乐八年（1410）撰写并纳入圹中，时顾成尚在人世，不可能是男墓主。"请书夫人年氏节略纳志于圹中"者乃顾兴祖，顾勇于正统中从征麓川战死，也不可能是男墓主。然或封或袭镇远侯爵，有明文可稽者，仅顾成、顾兴祖祖孙二人，而万历志及墓前第一碑于"顾公"前均冠以"镇远侯"，这又作何解释呢？顾成、顾

---

① 《明太宗实录》卷十四，洪武二十五年九月。

勇、顾兴祖三人，万历《贵州通志》皆列入《普定卫·名宦》，唯顾统列入《恩典》，云："以子兴祖贵，封夏国公。"[①] 按封赠惯例，当先封侯而后进封公，称顾统为镇远侯并不为过，或正可补史志阙如。

（未刊稿）

---

① 许一德、王耒贤等：万历《贵州通志》卷六《普定卫·恩典》。

安顺"屯堡文化"研究价值论

一、"黔中文化"研究之价值取向

"黔中"之名，自楚以来即见诸文献，但实际所指已几经变迁。明永乐十一年（1413）设置贵州行省（称贵州等处承宣布政使司），今安顺市境仍隶云南行省，是"滇之喉"，改隶贵州行省时在正统三年（1438）。明中叶，贵州渐称为黔省、黔中，出现了黔南、黔东等称谓。清代改水西城置黔西州，雍正年间遵义府来隶贵州省，渐称黔北，以清代贵州版图论，安顺府适处黔省之中，不与他省相邻，是名副其实的"黔之腹"。就贵州文化论，安顺文化圈不直接与他省文化圈相交错，最具独特性和代表性。称安顺文化为"黔中文化"不仅界定妥帖，也是对其的中肯评价，即代表性地位的确立。

"黔中文化"内涵极为丰富，历史积淀非常深厚，难解之谜不少，民族文化异彩纷呈，值得研究的课题太多太多。诸如普定"穿洞文化"，其人类学研究价值固然很高，可惜这不知属于何种族的"穿洞人"早已迁居北京城，原郡家乡只留下了一无所有的"穿洞"。古夜郎文化，其历史学、民族学研究价值自不待言，但没有大量的地下实物作证，"推论"官司不知打到何年何月才了，连"夜郎风情"尚不知为物的"洋"编导们，其所拍电视只能成为"洋花椒"。"红崖古迹"确实神秘，但至今未做放射性C14测定，其形成年代，是人为还是大自然造化、摹本真伪，都还是谜，其种种推测、破译，又将成为新的千古之谜。安顺民族风情描述性研究成果喜人，如马启忠先生的多本著述早已誉满东南亚，原因之一，就是其描述对象是活的。但与几个自治州相比，总体说来，其独特性始终不足，难以形成"黔中文化"研究的强项。

我们要确立"黔中文化"研究取向，首先要考虑到价值取向。不同历史阶段、不同地域条件，人们在推进社会全方位发展时，自有其价值理念。在西部大开发的热潮中，在把贵州建设成为公园省的今天，结合安顺自身条件，加大旅游开发的力度刻不容缓。事实证明，旅游开发，重自然、轻人文，收效并不佳，必须加大人文景观开发的力度。研究"黔中文化"价值取向必须首先注意到它的旅游开发价值。具有旅游开发价值的文化，应当具有独特性，即我有你无，才能在旅游市场独占一席。向外开放的文化，应当具有多方面的观赏价值和考察研究价值，才能引来多层次的人到此一游再游。所谓价值，还应包括时效价值，即在一定的时间内获得预期的实用性研究成果，可供有关部门或开发商作决策的依据，尽快树立起安顺城市标志性文化形象、打造出安顺旅游代表性文化品牌；或获得具有较高学术价值的阶段性成果，为把"黔中文化"研究推向更高层次奠定好坚实基础。当然，价值取向的最终确立，必须对它的可行性进行切实论证，包括文献资料的存量、田野调查的条件、组织形态、资金投入诸多因素，都得考虑。

基于以上思考，笔者以为"屯堡文化"最具独特性（或称独有性），不仅在贵州，乃至全国，只此一家，别无分号，它是明代汉族军旅文化的"活标本"。笔者不主张称它为"活化石"，因为活化石只是死亡已久的特种的仅存者或幸存者，而活标本并不意味着特种完全僵死或基本绝迹，它不仅自己是活的，而且还具有某种代表性。活着的物质文化层面外在表现形态非常鲜明，包括衣、食、住、行、言诸多层面。单就屯堡妇女所著"凤阳汉装"，常被外人"以凤头苗目之"，定然引起游人的注目。走进屯堡人家吃上一顿饭、拉上几句家常，又会口耳一新。更兼早已蜚声海内外的神秘的"跳神戏"表演，足令游客驻足围观，或看门道，或看热闹。诸如此类，为我们调查研究提供了取之不尽的活材料。且屯堡区域广大，遍及安顺、平坝、镇宁、普定等地，具有广泛的群众基础，屯堡人言屯堡事如数家珍，非屯堡人作田野调查如邻里串门。地方志乘、各氏宗谱，或专题论述屯田，或零星言及屯田，材料甚丰，倘能慎重取舍，充分运用，不至于有阙如之感。诚然，前期研究还基本上处于自发的分散型状况，但以描述性为主的研究应当说已经比较充分，为全面搜集、忠实记录、慎重整理，为把研究推向纵深准备了必要条件，这引起了社会各界的广泛关注，包括不少屯堡村寨试验性旅游开发，自觉的集中型有序研究与开发相互促进的态势基本形成。因此，可以说"屯堡文化"研究与开发前景极好。

二、"屯堡文化"是军旅文化

"屯堡文化"是屯堡人群体的生存系统，层面繁多，内涵精深，但基本属性当是军旅或军屯文化。它的形成首先取决于屯堡人群体的形成，而屯堡人群体则直接是明王朝置卫所、广屯田的产物。为"调北征南"战事之需，洪武十五年（1382）正月即设普定卫。"云南既平，留江西、浙江、湖广、河南、四川都司兵守之，控扼要害"，"普定、乌撒等卫"储粮"以给军食，恐有不足"，以"戍兵屯田之入以给之"①。知云南初平普定卫已有戍兵屯田之举。咸丰《安顺府志》亦云："郡民皆客籍，惟寄籍有先后。其可考据者，屯军堡子皆奉洪武敕调北征南，当时之官如汪可、黄寿、陈彬、郑琪作四正，领十二操屯军安插之类，散处屯堡各乡，家口随之至黔。"②据《明锱》，边地"屯军三分守城，七分耕作"。安插屯田的军人及其家口成了脱离原郡家乡的新的正军户，由户而屯堡，连屯堡成片，则形成了平坝、普定、安庄三卫毗连的广大屯堡区。这些军户的原籍，大言之，除上述几省外，还有南京各府县，今分别属江苏、安徽两省。这几省，除河南称中州外，其余都在唐之江南道辖区内（宋之江南东西路，则专指江苏、安徽、江西三省），故地方志乘、各有氏族家谱多有此谓。这是一个地域广大而习俗相近的文化圈。这个文化圈来的重组的安顺屯堡人群体，易于相互交融，也易于形成共同认可、共同维系的生存系统。它的最大共性恐怕就是军旅文化属性，这是我们至今仍然看得见、摸得着、感受得到的。

屯堡命名，普遍冠以某官、某家、某旗，或冠以某所，置于交通线上的更称为站、铺。民国《镇宁县志》解释说："其曰某官堡者，百户所驻也；曰某旗堡者，总

---

① 《明太祖实录》卷一百四十三，洪武十五年闰二月至三月。
② 常恩：咸丰《安顺府志》卷十五《地理志·风俗》。

旗所驻也；曰四旗，十三旗者，诸小旗所驻也。"① 而"运粮饷为站，递军报为铺"。它们都是明代卫所屯田军事编制网络中的单位。

世居屯堡村寨的屯堡人家，在明代卫所屯田体制中系"军户"，直隶卫所管屯指挥。谈到贵州军政建设，明人王士性《广志绎》云：

> 其开设初，只有卫所。后虽渐渐改流，置立郡邑，皆建于卫所之中。卫所为主，郡邑为客，缙绅拜表祝圣皆在卫所。卫所治军，郡邑治民。军即尺籍来役戍者也，故卫所所治皆中国人。②

"军"当然包括屯堡人，而"民"又概称为"苗"。可见，屯堡人与安顺三州六长官司所辖之民是相互对立的两个概念。按明代官制，卫所军官品级相对高于地方官品级，如卫指挥使为正三品，千户所正千户为正五品，百户所百户为正六品，而知府为正四品，知州为正六品，知县为正七品，百户与知州同级。可以说，明代实为军人政权，也足见屯堡官兵地位之崇高。平坝《黔南陈氏族谱》载有朱元璋授予入黔始祖陈旺为百户的敕令，抄录于下以为佐证：

> 奉天承运，皇帝敕曰：轩辕平蚩尤以制兵，列圣相传而有军职焉，所以军职者，御侮防奸。朕虽薄德，敢不效先圣而安众庶。尔陈旺从征有功，今特授昭信校尉、祥符卫管军百户。既承朕命，夙夜毋怠，以称斯职尔。惟懋哉！
>
> 洪武十六年五月十九日。

祥符卫在开封符南，正是河南都司属卫。据族谱《入黔始祖纪略》载，陈旺"十四年随本卫指挥陈胜进征云南"，"十六年五月十九日敕授昭信校尉。十八年奉旨准以年老致仕，恩赐平坝卫左所百户，子孙食禄世袭，与国罔替"。一个百户的任

---

① 胡霭：民国《镇宁县志》卷二《经制志·武官志·小旗若干》。
② 王士性：《广志绎》卷五《西南诸省·贵州》。

命、致仕也要下圣诏，子孙世袭罔替，足见"皇恩浩荡"。

卫所武官大多有世系可稽。万历《贵州通志·普定卫·职官》所载十七人就是如此，且姓氏与安顺盛传的谣谚"李杜蒋许葛（郭）范张（章），南北左右西五王，丁殷庄娄与黄马，十八指挥定黔阳"相吻合，唯少了娄姓而已。屯堡人至今热衷于修家谱，除要理清世系字辈外，都要追溯他们的来历，委以祖籍为南京、江西而自豪，天龙陈氏还派人到南京市找到了故居所在。当别人问到他们是何许人也，他们都说是"朱洪武调北征南来的"，入黔始祖是什么什么指挥、将军，以此显示他们的优越性。

这种优越感驱使世代身着"凤阳汉装"的"南京人"至今操着属江淮官话语系的二铺口音，虽招来"北平夹二铺"之讥，他们却依然故我。这种优越感随着"改卫归流"政策的推行，驱使他们绝不入乡随俗，被"夷化"，对"夷民"的优秀工艺如蜡染等，则拿来为其所用，他们要维系住种性的纯洁（血统），关键环节就是婚姻制度。屯堡人既不与周边少数民族、先来之土著汉人通婚，也不与后来之客家汉人通婚，甚至禁止接纳外姓为螟蛉。通婚还要讲"门当户对"，等级森严。据出土的《顾夫人俞氏圹志》记载，普定卫首任指挥顾成子统（字总威）之妻俞氏，先世为松江府巨族。"父俞谷瑞""洪武中征南御普定，遂家焉"。顾统在顾成上迁后承袭普定卫指挥，见杀于建文帝后，其子兴祖袭，"娶故六安侯普定卫使王瑶之女"，以联姻加固了卫官之间的网络。

在明代，屯田军人一般不随便参加征战，农耕生活比较稳定。但处在频频"聚众作乱""焚烧屯堡"的"夷人"包围圈内的屯堡人，面对如此"险恶"的形势，又不能放弃操练演武，遂养成尚武精神。并凭借世袭这条传送带将这种尚武精神世代相传，直到他们的后裔。平坝《黔南陈氏族谱·训约·绳祖武》云：

> 始祖以武功入黔，胙土分茅。二世祖千户侯将兵安南，树绩海外。百户侯承袭九代。想见祖宗原具一种发扬踔厉，战胜攻取之种性。子孙或士或农，或工或商，亟宜本此种性，养成精神，发为力量，锻炼乎身体，而贯注乎事业，方能生存于不败。所谓军队化，所谓军人资格，不必介胄行间也。

　　陈氏世居平坝白云庄，陈法为清康乾间著名理学家，他与其弟陈浩，其子陈庆升俱中文进士，其女陈淑秀亦为时重的女诗人。如此文士之家，犹不忘战攻种性、军人资格，其他屯堡人家又当如何？西门外地勘队后山坡有"道光十一年花月吉日重立"墓碑题"皇明诰授都指挥始祖考张公讳勋府君之坟祖墓"前华表对联云：

　　　　辅佐戎马以展明威，自昔衣冠来北野。
　　　　兴开牂牁而传世守，于今俎豆满南黔。

　　这又更近于耀武扬威了！
　　"屯堡文化"的象征"跳神戏"（地戏）更鲜明地表现出军旅文化的属性。有关它的产生，民国《续修安顺府志初稿》云：

　　　　黔中人民多来自外省，当草莱开辟之后，人民多习于安逸。积之既久，武事渐废。然四顾环境。尚多苗蛮杂居其中，识者忧之，于是乃有跳神戏之举。……盖借农隙之际，演习武事，亦存有寓兵于农之深意也。①

　　这揭示出了跳神戏具有鲜明的"寓兵于农"的功利目的。跳神戏的剧目都是征战戏，目的是借跳神以"演习武事"，可以称之为演武戏。它又是面具戏，与唐代歌舞"代面戏"一脉相承。"代面出于北齐。北齐兰陵王"，"刻木为假面，临阵著之"，"勇冠三军"。（见《旧唐书》与《教坊记》）北齐地域含今河南及安徽、江苏大江以北地区，屯堡人的先辈习学近"代面戏"并传了下来，不是不可能的。根据康熙《徽州府志》所载，"三月二十八日，歙、休之民舆汪越国之像而游"的队伍中就有"假面之戏"，这"假面之戏"的详情虽说不知晓，但当我们联系到于今可见的吉昌屯"迎汪公"的队伍中的跳神队，似乎说明"代面戏""假面之戏"与跳神戏之间有

---

① 任可澄：民国《续修安顺府志辑稿》卷六《民生志·礼俗门·民间娱乐》。

相承关系。

跳神戏所顶戴的脸子分文将、武将、老将、少将、女将五种，角色相当，并无生、旦、净、末、丑之分，这所谓的"五色相"全称"将"，在面相的开法上，武将（无论正武将、反武将）最为丰富和夸张，军旅文化色彩凸显得异常鲜明。

跳神戏又称地戏，以在地坝演出故名。东路地戏演员坐在围场对面两边，标志敌对双方排兵对阵，战争气息强烈，酷似演武场。西路地戏多以帐篷为"后台"，以便"出将""入相"且书有某地某堂戏名称的旗帜高挑，战地营盘气氛浓郁。相传，过去作为道具的兵器使用真刀真枪，地戏是由军队演武传承而来的痕迹更为清晰。

跳神戏的唱腔属徒歌类，仅以一锣一鼓节拍，鼓点分为"催战鼓""行军鼓""聚将鼓""吟诗鼓"等类。这不仅说明它是旧弋阳腔的遗留，也说明它是军队作战，操练"击鼓进军、鸣锣收兵"的传承。

跳神戏的演员全为男子，而"五色相"则是角色行当的分类，演员一旦确定跳什么将以后就不轻易变动。传承方式是父传子、子传孙，沿袭罔替，这与明代卫所官兵世袭制相一致。

屯堡文化外在的显著表征就是屯堡村寨的建设模式。它外裹坚固石城垣，中剜宽厚石拱门洞，有的还以沟渠为池，上架石拱桥，俨然石头城堡。寨中巷道幽深、纵横交错；石板路两旁，住户石墙连绵，朝门斜开，入内道歪。这一切的一切，在那冷兵器时代，颇具"家自为塾（支撑意），户自为堡"的防御功能。

称屯堡文化为军旅文化，不无道理。

三、"屯堡文化"研究价值

说到"屯堡文化"的研究价值，不仅是旅游价值，更具有多层面的文化、学术价值。即如旅游，前人称为"游学"。远的如司马迁，多次壮游考察，是他能创作《史记》的重要原因之一；不奉旨出使西南少数民族地区，就写不出《西南夷列传》。近的如徐弘祖，他的地理巨著《徐霞客游记》是走出来的；他指出黄果树瀑布的特点不在于高挂，而在于"阔大"，这是见多识广的旅行家的鉴定（可惜这恰被介绍黄果树瀑布的宣传品的制作者们所忽视，却去吹霞客观看过红岩碑之类的牛皮）。就说爱游山玩水的谢灵运吧，永嘉山水几乎游历殆遍，终成开创中国山水诗派的祖师爷。不可以为游客都是来走马观花、玩上一玩而已。只有充分发掘并展示出屯堡文化丰富内涵，以研究促进旅游开发，才能最终实现其旅游价值。

屯堡文化鲜明外在表征之一就是妇女服饰。民国《续修安顺府志》载有一首民谣：

> 摇摇摆摆进城来，黄泥裹脚大花鞋。
>
> 一进门来拜三拜，稗子粑粑滚出来。

洗掉脚上的黄泥，隐云旁观者的调侃，一位身着"凤阳汉装"、脑后拖着长长的发辫、脚穿高帮凤头鞋的屯堡姑娘"大脚妹"，"摇摇摆摆"地走了过来，恐怕连善作时装表演的女模特儿也难得造作。她很懂传统礼节，进门三作揖，品性憨厚，见人又有些羞涩慌乱，连礼物屯堡区特产稗子粑粑也失手落了地，多富有人情风韵。我们在展示服饰文化的时候，除了注重一般的观赏价值外，更要注重它的审美价值、历史服饰传统价值，多给予人文理念的关照。

屯堡文化鲜明外在表征之二，就是屯堡村寨的建筑风格。城堡似的外壳裹藏着分布有致的幽邃雅观的四合院民居，防御性与舒适性兼有，阳刚美与阴柔美共存。明代万历间贵阳籍"天末才子"谢三秀《夜宿西屯人家》诗云：

> 西村幔被酒初香，寒逼莎鸡渐入床。
>
> 深巷犬声如豹吠，空田鹤影似人长。
>
> 山楼笛起家家月，野浦砧残夜夜霜。
>
> 垂老生涯耕稼在，衡茅吾拟托柴桑。[①]

---

① 范增如：《明清安顺风物诗文注评》，贵州民族出版社，1999，第 200 页。

秋收后的傍晚，诗人来到西屯（幺铺）投宿，酒香扑鼻，甜酒酿成；蟋蟀在织布机（床）下叫声渐稀，妇女纺织不辍。屯堡巷道狭窄幽深，两边石墙高厚，回响也大，犬吠如豹；收割后的田野空旷，鹤影修长。村中短笛起伏，村外小溪清凉。农家茅舍虽简陋，也可追陶潜结庐柴桑。这一幅幅场景反映了明代安顺屯堡人家的生活风貌和村落环境，引人发桃源之思。提供给游人游览休闲的屯堡村寨既要具有鲜明的军旅文化特性，也要培育园林风光，更要洋溢出浓郁的屯堡人家特有的风情。就说招待客人吧，少不了饮与食。屯堡人饮食文化的独特品牌尚待打造，但必须发掘出屯堡饮食固有的文化底蕴和文明价值。即如谢诗赞誉的诱人的“甜酒”就有文章可做，姑不说甜酒粑早已成为待客的风味小吃，甜酒酿也早已成为厨师做菜的佐料，甜酒兑水即成带糟含酒的饮料，何尝不可制作成小坛“咂酒罐”以待宾客。屯堡区的米酒不失为低度醇，生活文明化进程推进到了今天，应在酒席上唱主角。屯堡食俗中，妇女“飞瓢”（飞碗）劝饭，恐怕要算最精彩的关目，虽有点恶作剧之嫌，但把主客感情交流推向了高潮，主人的热忱率真、开朗风趣袒露无遗，客人的情不可却、受之无法下场的尴尬足令终生难忘，这暂称为加深印象的效应价值吧。

屯堡文化鲜明外在表征之三就是屯堡语言，俗称“堡子腔”。其典型代表是安顺东门外的“二铺话”。最大特点，一是高平调多，凡旧入声字一律读为阴平；二是卷舌音多，凡 zh、z 两系的字一律卷舌。这与城区和周边汉族语音反差极大，形成方言孤岛。城里人称这种话叫“北平夹二铺”，有的学者以为属江淮官话语系，也有的学者认定部分词语的读音与今南京相同。从语言学的角度进一步作比较研究，是考定这部分屯堡人来源不可或缺的课题。屯堡人说话有种特殊的表达形式，叫“展延字”，类似歇后语。即借用成语或俗语，只说前三字，不说出的后一字才是说话人所要说的字眼。又略可分为三种格式：一、“四马投——唐”可称为本字格；二、“王法难——犯”，以“犯”谐“饭”，可称为谐音格；三、“青山绿——水”，以“水”代“酒”，可称为替代格。这种表达方法可称为“抛砖引玉”法，已经属于汉语修辞学研究范畴，自有其不可忽略的学术研究价值。

屯堡人的宗教信仰是屯堡文化精神层面重要组成部分。有的屯堡村寨信仰徽州土主唐越国公汪华，为之造汪公庙，每年的正月十八举行"迎汪公"出游的赛神活动，场面之热烈引来"观者如堵"。徽州原本就盛行"迎汪公"，这是否说明这种信仰是徽州人带过来的呢？经考证，是。有的屯堡村寨崇拜"五显"，但"五显"有二：一是五神为伍之五显，发祥地仍为徽州（含婺源），屯区屯堡人信之；二为三眼华光，《南游记》亦说出生在婺源，堡区屯堡人信之。婺源是五显崇拜的发祥地。汪公庙、五显（华光、灵官）庙只有屯堡区有，非屯堡区紫云县城中有座五显庙是特例，屯堡人信仰本源化倾向十分鲜明。安顺城乡寺庙多诸神杂处，"三教合一"痕迹都很明显。但屯堡区寺庙往往供有伴随牛、马的牛王、马王，屯堡人不奉洋教，这又显示出民俗化、本土化特点。对屯堡人信仰的研究，远远超越了宗教文化本身固有的内容，是换了一个角度考察屯堡人的来源。

屯堡人的"跳神戏"是旅游开发的一张王牌。游人来了跳上一跳，让游人观赏不难，但给游人介绍跳神戏或创建一个博物馆就难了，因为必须以研究成果为后盾。对跳神戏的研究，笔者不主张在没有可靠证据说清它与某某的直接渊源关系时就说它是某某的分支、某某的高级层次，倒不如从本体论着眼，跳神戏就是跳神戏，多角度探讨它的文化、美学、戏曲史诸方面的价值，展示它民间文艺的魅力、活力。比如，跳神戏的声腔属徒歌类江西旧"弋阳腔"，而"弋阳腔"系明代南方"四大声腔"之一，在明初以前就已形成，"至嘉靖而弋阳之调绝"（汤显祖《宜黄县戏神清源师庙》）。它原本就是南戏的一种声腔，曾流播到南都（南京）、松江府等地。这种声腔在发祥地及流播地区早已消失，而在安顺跳神戏中却保存至今，这才是它在中国戏曲史上的"活化石"（或活标本）价值。跳神戏的产生或传入必在弋阳腔形成后到消失前这个时段。可是跳神戏的剧本不是南戏（明传奇）体制，而是代言体说唱本，与明代成化十四年（1478）重刊说唱足本《花关索传》完全一样，成了一种代言说唱加角色表演的特殊戏曲形态，这又何尝不具有"活化石"的价值。

如前所说，安顺屯堡人群体及其文化的形成是明初"调北征南"军事行动的产物，而军事行动也有其文化价值。明王朝在贵州境内广设卫所，高筑城垣，是有史以来有序进行城镇建设的良好开端，同时打通了湖广、四川通向云南的两条交通干线，远远超越了单方面的军事意义。卫所屯田制本身就是制度层面上的文化，屯田不仅有效解决了军队给养问题，还促进了贵州的开发，这在安顺地区表现得尤为突出。安顺地处黔中，地势相对平坦，农耕、交通、定居条件较好，资源也相对丰富，开发成效显著。他们带来的江南文化是一种强势文化，不仅形成了领先的屯堡文化，也向周边辐射，影响本土文化，至今仍可发现屯堡区内及周边的民族村寨的生产、生活理念和方式接近屯堡村寨，而与边远地区的民族村寨差距甚远。反之，屯堡人也善于学习本土文化精华，如上文说到的蜡染工艺，借以丰富自己的文化。任何一种文化，没有排他型的封闭性就难以保持自己的纯洁，没有拿来型的开放性也难以丰富自己的宝库。"黔中文化"是多元一体的文化，汉文化与本土文化既各具特色而又彼此吸纳、融合，共同发展，才如此丰富多彩。研究文化交融的价值并不亚于孤立研究某种文化的价值。

“堡”与“屯”辨

“屯”，聚也；兵耕曰屯田。明“设官安屯，且耕且守”，为的是“戍兵屯田之人以给之（军食）”。设官安屯以解决军队给养为首务，从中国自有屯田以来就已确定。元马端临《文献通考》云：“汉昭帝始元二年，发习战射士，调故吏将屯田张掖郡。……宣帝神爵元年，后将军赵充国击先零羌，罢骑兵，屯田以待其弊。”何以屯田？“屯田所以省馈饷，因农为兵”也。

“堡”，字典义为小城（字亦作保），有“bǎo”“pù”“bǔ”三读，当地读“屯堡”为第二音。据万历《贵州通志》载：

今镇宁城，“洪武十四年置纳吉堡，二十二年改置安庄卫指挥使”。

今关岭城，“洪武二十二年置关索岭、鸡公背二堡，寻并鸡公背入关索岭，二十五年改为所”。

今晴隆城，洪武二十一年置“尾洒堡，军兵448名”，“二十三年置安南卫指挥使司”。

今普安城，洪武二十二年置新兴堡。

另据《明太祖实录》洪武二十一年十一月条载，傅友德令“千户刘成等领兵千人树栅置堡”① 于平夷（今云南富源县，其地紧接贵州境），后为千户所，再改置卫指挥使司。

以上所列之“堡”都是卫、所的前身，规格颇高，也有规格较低的，如万历《贵州通志》所载安庄卫之白水堡、北口堡和南口堡，乃该卫之关索岭守御千户所设

---

① 《明太祖实录》卷一百九十四，洪武二十一年十月至十二月。

在驿道上的驻防分所。无论规格高低，设堡目的都是一致的。

平夷堡之设，是"以其山势峭险"，"宜筑堡驻兵屯守，以悍蛮夷"。洪武二十五年（1392）正月，"威清青山龙开堡，罗罗相煽而起，掩袭守堡官军，百户曲通与之战，又死之。临堡百户李真率兵奋击，贼乃败走"[①]后"因筑堡其地屯兵镇守"。威清指挥杨遵就因为永乐间"立堡戍，有功于卫"而被载入咸丰《安顺府志·明名宦传》。足见"堡"的主要功能是重兵驻防镇守。

据《明太祖实录》，洪武年间，原则上"每一驿置一堡，每堡置卒二百人戍守，且令走递"。[②]又据正统六年（1441）六月王骥奏："贵州直抵云南洱海等处，自洪武以来，初开道路，因蛮夷叛服不常，兼山恶路险，是以设立站堡……接递军需。"[③]按明制，"站"系卫之"邮传"，"站堡"并列，"堡"（特别是驿堡）兼有邮传功能。

时至嘉靖二十五年（1546）九月，巡抚王学益条陈经略事宜，请求"各乡建堡"，以为"亦保甲之遗意"。保甲法，为王安石所创，在保内挑选保丁（民兵），自备弓箭，教习战阵，以保地方治安。而王学益则请征戍军及其妻子外，还以"寄籍人户充之"，堡军不纯是卫所戍军了，但到底堡与甲发生了联系。清康熙间，明代屯堡制不复存在了，但屯堡作为村寨名称仍在使用，且甲堡连称。道光《安平县志》载："道光六年，知县刘祖宪以五所柔东为六乡，所分十甲，柔东分上中下排。"[④]至今平坝尚有四甲堡、九甲堡、十甲堡，村寨名称（但多讹"甲"为"家"，盖音讹而字变）由来久矣。

何谓"堡"，地方志亦有说解。民国《镇宁县志·旧安庄卫疆域》在"吴复始置纳吉堡"后注云："堡者，小于城而大于寨，所以驻兵屯田。卫之下守御所，所之下堡，堡之下总旗，总旗之下小旗，小旗之兵，分守堡兵、操兵、屯田兵等。"[⑤]可见，堡亦为"小城"义，下于所上于寨。该文堡分为："堡与旗"类（即旗堡类），如丁

①　《明太祖实录》卷二百十五，洪武二十五年正月。
②　《明太祖实录》卷二百三十四，洪武二十七年八月至九月。
③　《明英宗实录》卷十八，正统六年六月。
④　刘祖宪：道光《安平县志》卷二《地理志》。
⑤　胡翯：民国《镇宁县志》卷一《地理志·沿革·旧安庄卫疆域》。

旗堡;"堡不并旗"类,如沙戈堡、王官堡(当别立为"官堡"类);"旗不设堡"类,如十三旗。该志《官制·武官》解释说:"其曰某官堡者,百户所驻也;曰某旗堡者,总旗所驻也;曰四旗、十三旗者,诸小旗所驻也。"[①]百户领兵112名,总旗领兵50名,小旗领兵10名。堡大者,称官堡,驻百户;堡小者,称旗堡,驻总旗;小旗驻地,不足称堡。这些五所之堡旗军都兼有戍守及屯田之双重任务。

堡旗军虽也有屯田任务,但其主要功能不可忽视,特别是守御千户所之堡的驻防功能不可忽视。倘以功能主义取向来审视安顺屯区、堡区的分布,尤可注意的还是处于屯区外围的堡区,因为它内卫护着屯区,外防御着土司区"夷民"。安顺屯堡区的惊人之处,不仅在于屯的密集,更在于堡的密集,"30军屯,49堡"之说,虽然不是确数,但也说明了堡远多于屯这一特点。这恐怕是安顺屯田制得以推行和维持的主要原因吧!

(原载于《安顺文艺》2003年第2期)

---

① 胡蓥:民国《镇宁县志》卷二《经制志·官制·武官》。

他　论

古夜郎沿革及其先民

贵州省西南地区自战国迄于西汉为古夜郎国境。夜郎之得名，咸丰《安顺府志》以为其境有夜山、郎山。夜山为南、北盘江之分水山。郎山即老郎山，在郎岱西、北盘江畔。今人汪应梁、史继忠先生认为夜郎乃越语"於骆"之音译，系"於骆越"种族称谓。[①] 换言之，夜郎人即"於骆越"。合考二说，各得本末，即以越语呼之为"於越"，以汉字异书之为"夜郎"，再拆而名夜郎人所居之山，则有夜山、郎山，唯咸丰《安顺府志》本末倒置耳。

古夜郎国名见诸文献，始于《史记·西南夷列传》："西南夷君长以什数，夜郎最大。"[②] 由此知汉初已蔚为大国矣。然而夜郎兴于何时，诸史俱不言。据常璩《华阳国志·南中志》载，"楚威王（当为楚顷襄王）遣将军庄蹻溯沅水出且兰以伐夜郎"，"留王滇池"，"名且兰为牂牁国，分侯支党，传数百年"[③]，知战国末期夜郎、且兰并存，并改且兰名牂牁。

牂牁之为国不自庄蹻时始。据《管子·小匡》载，春秋时齐桓公九合诸侯，南方已有牂牁之国。庄蹻入黔王滇以前，牂牁国早为且兰国所替代，庄蹻更名，唯旧名复用耳。

以牂牁为国名，盖其境有牂牁江，前人论定为今之北盘江。据《旧唐书·地理志》，南盘江亦称牂牁江。《史记》《汉书》皆云："牂牁江广数里，出番禺城下。"可见自红水河至珠江，均可称牂牁江。其江、其国，何以名之曰牂牁，释义者纷纷。

---

① 江应梁、史继忠：《夜郎是"百越"族属》，载《夜郎考》讨论文集。
② 司马迁：《史记》卷一百一十六《列传第五十六·西南夷列传》。
③ 常璩：《华阳国志》卷四《南中志》。

如《华阳国志》"以牂牁系船",《后汉书》"以有杨船牂牁处",释庄蹻更名之由,均失之望文生义。近人胡翯《牂牁丛考》指出:"牂牁者,译音耳,别无意义在。"罗香林、徐石先生进一步考定:牂牁一词源于壮傣语,壮人自称壮牯佬,转译则为"牂牁僚"。又,且兰当是"且骆"之转译。如此,夜郎、牂牁、且兰都是百越族种名称,他们同居牂牁江域,春秋时形成了以牂牁僚为首脑的所谓"牂牁国"。

且兰部取代牂牁部首脑地位成为且兰国,不知始于何时。然其国邑当为同一邑聚,其地当于牂牁江流域求之。咸丰《安顺府志》判定:"牂牁即且兰,在其(夜郎)东,亦临牂牁江,即今罗斛之稿里,元时之光兰州。"① 清代罗斛厅即今罗甸县。《贵阳府志·罗斛古地名》中"故且兰、光兰州、定远府"按文云:"今罗斛东南六十里有稿里场,北距定番州(今惠水县)二百二十里,临红水江上。"② 即蒙江注入红水河处。这与庄蹻行军路线正相吻合,即先沿沅江、清水江、重安江至于福泉,再向西南行,转经蒙江或其东之曹渡河河漕抵红水河,克且兰,又沿红水河西进,降夜郎,遂沿南盘江入滇。

且兰取代牂牁前后,其西之夜郎部崛起,独立为国,开国君侯当为传说中的竹王。《后汉书·南蛮西南夷传》云:"夜郎者,初,有女子浣于遁水(北盘江古称),有三节大竹流入足间,闻其中有号声,剖竹视之,得一男儿,归而养之。及长,有才武,自立为夜郎王,以竹为姓。"③ 至庄蹻降夜郎,"分侯支党",已易其主。然都邑应为同一邑聚,其他必在且兰都邑之西。又,《史记》云:"夜郎者,临牂牁江,江广百余步,足以行船。"④《汉书》《华阳国志》均载有遁水通广郁语。咸丰《安顺府志》定为"元之桑州郎堡,今桑州甲渡邑亭"。渡邑亭在今望谟县南界红水河北小河边,是说近似。《威宁志·夜郎县考》定在望谟者香⑤。地在南、北盘江汇合后红水河起始处,既靠夜山,江水又足以行船,是说为当。

---

① 常恩:咸丰《安顺府志》卷二《地理志二·沿革》。
② 周作楫:道光《贵阳府志》卷四《表一·沿革表第一上》。
③ 范晔:《后汉书》卷一百十六《列传第七十六·南蛮西南夷传》。
④ 司马迁:《史记》卷一百一十六《列传第五十六·西南夷列传》。
⑤ 今作蔗香。

秦统一六国之前，即开始修筑自僰道（今四川省宜宾市）至古郎州（今云南省曲靖市）之五尺道，其势已指向夜郎及滇。至"南取百越之地，以为桂林、象郡，百越之君，俯首系颈，委命下吏"[1]。于夜郎故地置夜郎县（当移治郎岱北盘江畔毛口）、汉阳县（治赫章可乐）、且兰县（治稿里场）[2]，俱隶象郡。庄蹻支党统治夜郎史亦告结束。

秦末战乱纷起，无暇顾及西南夷地，旧时君长故态复萌，乘间独立，至于汉初而不宾服。夜郎君长当即竹姓夜郎侯之后裔。此段独立至于汉武帝，历时约六十余年。武帝建元六年（前135），唐蒙出使南越（今广东省佛山市南海区），探得夜郎虚实，上书言制越奇策："窃闻夜郎所有精兵可得十余万，浮船牂柯江，出其不意，此制越一奇也。"欲制南越，必先制夜郎。武帝遂拜唐蒙为郎中将，往见夜郎侯多同，约为置吏，以其子为令。而多同不听唐蒙所约，独立如故。元光年间始置夜郎、且兰两县，隶新置犍为郡（治遵义），多同权势不减。元狩元年（前122），张骞出使大夏（阿富汗北部）返回长安，言居大夏时见蜀布、邛竹杖，得知从身毒（今云南省保山市）来。此必蜀贾市于身毒。于是武帝令王然于三人探道，至滇，滇王尝羌留之。"滇王与汉使曰：'汉孰与我大？'及夜郎侯亦然。以道不通，故各自以为一州主，不知汉广大。"[3] 时夜郎侯如此气盛，盖亦借助南越之势。

元鼎五年（前112），南越王之相吕嘉反，武帝令江淮各部往讨，又令驰义侯（名遗）及八校尉发夜郎兵下牂柯江。且兰君长不从命，举兵反。六年（前111），江淮各部先破南越，驰义侯及八校尉即还军诛且兰君长。而夜郎侯遂入朝，武帝封为夜郎王，赐夜郎王印。南夷平，置牂柯郡（且兰县稿里场），夜郎县（仍治毛口）隶之。而夜郎王之封邑在且同亭，据《汉书·地理志》，王莽改制，夜郎县亦曰同亭可证。

自武帝元封以后约80年间史志少涉夜郎事。据《汉书·西南夷两粤朝鲜传》载：

---

① 引自贾谊《过秦论》。据《史记·秦本纪》，尚置有南海郡。

② 三县之名见于咸丰《安顺府志》及《贵阳府志》。

③ 引自《史记·西南夷传》。

"至成帝河平中，夜郎王兴与钩町王禹、漏卧侯俞更举兵相攻……乃遣大中大夫蜀郡张匡持节和解。兴等不从命，刻木象汉吏，立道旁射之。"大将军王凤"荐金城司马陈立为牂柯太守"，"及至牂柯，谕告夜郎王兴，兴不从命"，"乃从吏数十人行县，至兴国且同亭召兴"，"立数责，因断头"，"兴妻父翁指与兴子邪务收余兵"反，"蛮夷共斩翁指，持首出降"。[①]邪务下落不明。翁指败，古夜郎国三百余年历史即告终止，而夜郎之为郡县名仍在继续，元代以后不复用作具体地名。

古夜郎这块神奇的土地上很早便有人类活动，历史久远。从今普定县穿洞文化遗址所发现的古人类化石（以一个较完整的旧石器时代晚期女青年头盖骨最为典型）看，约10万年前，古夜郎就有先民存在，虽然尚不能断定其族属。

讨论夜郎先民的族属，言必"濮""獠"。常璩《华阳国志·南中志》载，建宁郡"谈豪县，有濮、獠"；永昌郡"有闽濮、鸠獠、僄越、裸濮、身毒之民"；兴古郡"多鸠獠、濮"。汉末西南夷中"濮"与"獠"对举并存，显然不是同一个种族。[②]而谁是古夜郎最早的居民呢？

古夜郎地处古越地，与南越关系密切。据《史记·西南夷列传》，南越以财物役属夜郎，而夜郎亦倚仗南越。据《南越尉佗传》，南越之东有闽越，其西为瓯骆（即西瓯越），瓯骆亦役展南越。这种地理条件、依附关系，构成了夜郎君长与南越王为同一族种的可能性。

如前所说，夜郎乃越语"於骆"之音译。且兰乃"且骆"之音译，牂柯獠乃壮人自称"壮牯佬"之转译。"骆"亦作"雒"，《说文》段注释"雒"：南音"格"，与"越"音近。"骆"亦有读若"劳"音者，后渐统作"獠"。庄蹻入黔以前，古夜郎腹心地区的居民同属首越族种，后统称为獠，不至大错。

古夜郎境内之獠人乃今仡佬族之祖先。前面提到的"自立为夜郎侯"的竹王、"天子赐王印绶"的多同、"后遂杀之"的夜郎王兴，必为獠人，故"夷獠咸以竹王

① 班固：《汉书》卷九十五《列传第六十五·西南夷两粤朝鲜传》。
② 常璩：《华阳国志》卷四《南中志》。

非血气所生，甚重之，求为立后。"① 夜郎国亡，獠人势力大大受挫。至诸葛南征，彝族首领入主古夜郎中心区普里部，獠人大量外徙。"平南事讫，牂柯兴古獠种复反，（马）忠令（张）疑领诸营往讨，疑内招降得二千人，悉传诣汉中。"② 此时牂柯獠已入蜀川。南中故地牂柯獠人口仍然众多。西晋"武帝太康四年六月，牂柯獠二千余落内属"③，至怀帝永嘉五年（311），以其地置夜郎郡。入蜀獠人迅速发展，故《魏书·獠传》有"獠者，盖南蛮之别种，自汉中达于邛、川洞之间，所在皆有"④ 之语。本来"蜀土无獠"，至后蜀李势时，"始从山出，自巴至犍为、梓潼，布满山谷，大为民患"⑤。乃至"夷獠叛乱，军守离缺，境宇日蹙"⑥。然终因散居山谷，尚未设置辖制夜郎流民的郡县。到了梁代，在今湖南辰水（麻阳江）北岸置夜郎郡，恰是獠人北徙的产物。

新、旧《唐书》均有《南平獠传》，提到"戎、泸间有葛獠"，"又有乌武獠"，戎即今宜宾，泸即泸州，乌武即乌江流域。"葛"可异读为"革"，"獠""猱"双声韵近。唐人已有用"猱"字的记载，段成式《酉阳杂俎》云："越人习水必镂身以避蛟龙之患，今南中绣面猱子盖雕题之遗俗也。"⑦ 此亦透露了他们之间的继承关系。《宋史·蛮夷列传》称南平獠为渝州蛮，尚有黔南溪洞夷族（牂柯獠）、辰州（湖南麻阳江畔）猫獠、武冈溪洞蛮獠、高窦州犹獠、高州蛮。云："高州蛮，故夜郎也，在涪州西南。"⑧《遵义府志》按语指明南平獠在桐梓、綦江一带，高州蛮在正安接彭水一带。《宋史》所谓"故夜郎"指宋代曾于西高州所置夜郎县。唐代，黔北有三夜郎县：一在石阡西，仅存 6 年；一在岑巩东北，存 108 年；一在桐梓北 70 里的夜郎坝（今

① 范晔：《后汉书》卷一百十六《列传第七十六·西南夷传》。"夷獠"处，常璩：《华阳国志》卷四《南中志》。作"夷濮"是否属误记，待考。

② 陈寿：《三国志》卷四十三《蜀志十三·张嶷传》注引陈寿《立都耆旧传》。

③ 房玄龄：《晋书》卷三《帝纪第三武帝司马炎》。

④ 魏收：《魏书》卷一百一《列传第八十九·獠》。

⑤ 常璩：《华阳国志》卷九《李特雄期寿志》。

⑥ 房玄龄：《晋书》卷一百二十一《载纪第二十一·李势》。

⑦ 段成式：《酉阳杂俎》卷八《黥》。

⑧ 脱脱：《宋史》卷四百九十六《列传第二百五十五·蛮夷》。

已划归四川），史不言废，终于唐名，存260多年。宋有二夜郎县：一为西高州之夜郎县，存约110年，一为溱州之夜郎县，仅存12年。[①] 唐宋夜郎县皆以獠人所居之地而设置，夜郎与獠人不可分割。

南宋朱辅《溪蛮丛笑》"獠"与"犵狫"并举，但云"犵狫"妻女年十五六敲去右边一齿，显系獠俗。《元史·地理志·普定路》注文单言"犵狫"不言獠。《明史·贵州土司传》称"西堡阿德、狮子孔阿江，二者皆"犵狫也"。《明宪宗实录》称"西堡、狮子孔等处羁獠蛮贼"，万历《贵州通志》则称"西堡夷獠"。显然，"犵狫"即獠[②]。

犵狫由獠人演化而成，还可以从他们一脉相承的习俗得到明证。

一、住俗。依《北史·獠传》记载，其"散居山谷"，"依树积木以居其上，名曰干阑，干阑大小，随其家口之数"。《遵义府志·风俗》指出"南平獠""人楼居，悌而上，名为干阑"。[③] 清谢圣纶《滇黔志略》记犵狫风俗："其屋宇如羊棚，调之羊楼，盖干阑之属。"[④]

二、葬俗。《北史》："死者，竖棺而埋之。"[⑤] 万历《贵州通志》：新添卫把平司犵狫，人死，"棺用长木桶，葬多路旁"。[⑥] 清田雯《黔书》记平伐、平远打牙"犵狫"同。此为竖棺葬遗风。

《云南志略》所称土獠蛮者，人死则以棺盛之置于千仞颠崖之上。《黔书》：花犵狫、红犵狫，人死"殓以棺而不葬，置崖穴间，高者绝地千尺，或临大河，不施蔽盖，树木主于侧，曰家亲殿。"[⑦]《滇黔志略》同。此为悬棺葬。

三、凿齿。晋张华《博物志·异俗篇》提到"獠子""既长，皆拔去上齿牙各一，

---

① 王燕玉：《夜郎沿革考》，载《夜郎考》讨论文集。
② "犵狫"，亦作仡佬。文中民族称谓均仍其旧，以保留历史文献原貌。
③ 郑珍、莫友芝：《遵义府志》卷二十《风俗》。
④ 谢圣纶：《滇黔志略》卷二十《贵州·风俗》。
⑤ 李延寿：《北史》卷九十五《列传第八十三·僚》。
⑥ 许一德、王耒贤等：万历《贵州通志》卷十二《新添卫·风俗》。
⑦ 田雯：《黔书》卷上《苗俗·打牙仡佬》。

以为华饰"。①《新唐书·南平獠传》："乌武獠，地多瘴毒，中者不能饮茶，故自凿齿。"②明罗曰褧《咸宾录》："在平伐者为打牙仡佬。父母死则子妇各折其一齿投之棺中。云以赠永诀也。"③《黔书》指出"在平伐、平远者为打牙仡佬"，"女子将嫁，必折其二齿，恐妨夫家也"。④《安顺府志》亦有相同记载。清爱必达《黔南识略》提到安平县"挞牙仡佬，女子将嫁，必先折其一齿以遗之夫家，即古所谓凿齿之民也"⑤。凿齿习俗相同，虽然原因有异。

四、桶裙。《旧唐书·南平獠传》："妇人横布两幅，穿中而贯其首，名曰通裙。"⑥《溪蛮丛笑》："仡佬裙，裙幅两头缝断，自足而入。阑斑厚重，下一段纯以红。"⑦自万历《贵州通志》以下所记桶裙甚详，大多以羊毛缀线为之，或红或青，但其基本特点是着幅巾围腰式无褶桶裙，獠人遗风尚存。

五、文身。《隋书·地理志》载，獠人有"断发纹身"之俗。《炎徼纪闻》载，獠人有"花面"之属。前引《酉阳杂俎》，南中有绣面"犵子"，亦可表明越人、獠人、犵佬之间的渊源关系。

古夜郎之先民包含史志所称"濮"人，但其是外来的。据《逸周书》载，"正南"有七个民族，"瓯"与"百濮"并列。瓯即瓯越，与"濮"不是同一族种。《史记·楚世家》载："周宣王初立，熊霜六年卒，三弟争立，仲雪叔堪亡，避难于濮。"⑧《史记正义》引孔安国语，"庸濮在汉之南"，即在江汉之南。引刘伯庄语，"濮在楚西南"。武王"始开濮地而有之"。朱俊民先生认为楚国的基本人口就是濮人。楚国濮人入居古夜郎至于滇，盖随庄蹻南征而来。时在楚顷襄王时。庄蹻其人，或云楚

① 张华：《博物志》卷二《异俗》。
② 欧阳修：《新唐书》卷二百二十二《列传第一百七十四·南蛮列传·南平獠》。
③ 罗曰褧：《咸宾录》卷八《犵佬》。
④ 田雯：《黔书》卷上《苗俗·打牙仡佬》。
⑤ 爱必达：《黔南识略》卷六《安平县》。
⑥ 欧阳修：《新唐书》卷二百二十二《列传第一百七十四·南蛮列传·南平獠》。
⑦ 朱辅：《溪蛮丛笑·犵佬裙》。
⑧ 司马迁：《史记》卷四十《世家第十·楚世家》。

庄王后裔，或谓农民义军领袖，是否濮人，难下断章，但他的部中必含大量濮人。他们入主牂柯獠地，取代夜郎竹王的地位，且另建王国，如据《华阳国志》，释句町县，原本为"故句町王名国，其置自濮王姓毋"[①]就是例子。

秦汉时期，史乘明叙濮人活动阙如，这与獠人竹王后裔重新自立为夜郎侯大有关系。但从《华阳国志》记载看，汉末，濮、獠是西南夷中非常活跃的两个民族，濮人的活动范围在扩大，其势甚盛。蜀汉时，"李恢迁濮民数千落于云南、建宁界以实二郡。（吕凯孙）元康末为永昌太守，值南夷作乱，闽濮反，乃南移永寿，去故郡千里"[②]。故夜郎地名渐为"普里"等称谓代替。按彝语，普里即濮人，实则，"普"即"濮"的汉字异书。自彝族首领入主古夜郎腹地后（见后），濮人之势微。

南征徙入古夜郎境内的濮人乃今布依族的祖先。布依，当即"濮夷"（旧《镇宁县志》写作"补夷"）。与"普里""普利"音近而异书。一般称布依为"夷家"，史志多作"狇家"，如《元史·地理志》载新添葛蛮安抚司境内有"狇家蛮"。

狇家风俗，文献言之甚详。

一、住俗。万历《贵州通志》载："多楼居。"《咸宾录》载："好为楼居。"《黔书》《黔南识略》同。《镇宁布依族苗族自治县概况》解释云："古之所谓楼居，称栏干式楼居，以半边楼居多，上层住人，下层关牲口。"[③]

二、服饰。万历《贵州通志》载，贵州宣慰司狇家"妇女以青布一方裹头，着细褶青裙，多至二十余幅。服下系五彩挑绣方幅如绶，仍以青布袭之"[④]。《咸宾录》亦有"长裙细绩，多者二十余幅"[⑤]的记载。光绪《镇宁州志》载，境内狇家"其裙周围细褶有多至百叠者"。民国《镇宁县志》载："裙以白布用蜡画染青，刮去其蜡

① 常璩：《华阳国志》卷四《南中志》。
② 常璩：《华阳国志》卷四《南中志》。
③ 《镇宁布依族苗族自治县概况》编写组编《镇宁布依族苗族自治县概况》，贵州民族出版社，1985，第26页。
④ 许一德、王来贤等：万历《贵州通志》卷四《宣慰使司·风俗》。
⑤ 罗曰褧：《咸宾录》卷八《仲家》。

而纫之。"①《布依族简史》引乾隆《贵州通志》指出"永丰州之罗斛、册享等处"，妇人"首蒙青花布手巾"，指明这种青花布，有的是蜡染而成。又引民国《关岭县志访册》，关岭妇女"长裙细褶，或青花布为之"，断定这种青花布就是蜡染布。夜郎故土上的布依服饰当以蜡染布制成的百褶长裙为特色。

三、葬俗。《咸宾录》载："葬以伞盖墓，期年而发，火之。"②《黔书》《黔南识略》《黔记》所载相同。这是二次葬俗，但有用棺与不用棺之分。《黔南识略》提到"安顺府狆家""丧不用棺"。据《布依族简史》介绍，安顺府有葬不用棺的习俗，三年之后，视尸腐烂，举火焚之，以瓦缸捡灰埋窖。罗甸、平塘地区用骨灰埋窖，不垒土、不上坟，后代不知祖先葬所。而《黔书》所记，"葬用棺，以伞覆其上，期年而火之，不上冢"③。乾隆《南笼府志》云："今知用棺瘗矣。"④可见原不用棺，现已用棺，不进行二次葬了，光绪《镇宁州志》则云："葬用木棺，坟墓与汉民同。"⑤二次葬俗已不复存在。

《黔南识略》有"安顺府狆家""丧必屠牛"的记载。光绪《镇宁州志》言之甚祥："而葬之先期，婿家用牛一头，以绳贯牛鼻，缚于木桩。临时，婿率子侄辈，先用糯米饭喂牛，随执长柄利刃，绕牛念咒，由婿先执刀劈牛肩，子侄随之，由肩劈下，继为两半，即以牛分赠亲族，故名曰做戛。"⑥旧《镇宁县志》称为"砍戛"⑦。

四、婚俗。万历《贵州通志》指出宣慰使司"婚嫁则男女聚歌，相悦者然后论姿色妍口牵牛多寡为聘礼"⑧，自由择配的方式不尽相同。根据李宗昉《黔记》载，贵阳、安顺、兴义、平越、都匀等府之卡尤狆家，"每岁孟春会未婚男女于野外跳月歌舞，

① 胡蔼：民国《镇宁县志》卷三《民生志·衣》。
② 罗曰裵：《咸宾录》卷八《仲家》。
③ 田雯：《黔书》卷上《苗俗·仲家》。
④ 李其昌：乾隆《南笼府志》卷二《苗夷》。
⑤ 李旭元：光绪《镇宁州志》卷五《风教·苗俗》。
⑥ 李旭元：光绪《镇宁州志》卷五《风教·苗俗》。
⑦ 原意"砍牛"。
⑧ 许一德、王耒贤等：万历《贵州通志》卷四《宣慰使司·风俗》。

彩带结球，抛而接之，谓之花球"；古州、清江、丹江等处之青狇家，"以掷球为乐，所私者曰马郎"；荔波县之白狇家，"每孟春择平坝竖大木一，空其中，名曰巴槽。男子各执竹片击巴槽，其声响似鼓，名曰打卦，又曰同耍。凡同耍男女，抱腰相戏，父母在旁观之以为乐"。①光绪《镇宁州志》云："婚姻多自由，名曰赶表，以牛为聘。嫁时，过门三日，仍回母家，必俟有孕始返。"②《中国少数民族自治地方概况丛书第54卷·镇宁布依族苗族自治县概况》把男女对歌自择配偶称为扬貌扬哨。

五、食俗。嘉靖《贵州通志》云："待客以杀犬为敬。"③《中国少数民族自治地方概况丛书第54卷·镇宁布依族苗族自治县概况》介绍布依饮食，有嗜狗肉的习俗。至今花江狗肉名播遐迩，成为人们津津乐道的美味佳肴，正是这种食俗的一个表现。

《黔南识略》载，贵阳府狇家，"聚马牛鸡犬骨以米糁和之作醅，以酸臭为佳。称富积者曰蓄醅几世"。④《黔书》亦载此食俗。据《中国少数民族自治地方概况丛书第54卷·镇宁布依族苗族自治县概况》介绍，镇宁布依族人民嗜酒，其酒自酿，名曰"便当酒"。

六、乐器。《咸宾录》云："俗尚铜鼓，击以为娱。"⑤《黔南识略》亦载，贵阳府狇家"岁时击铜鼓为欢"。⑥《黔记》且云："相传武侯南征时所遗铜鼓，若掘地得之，击以为欢，富者常以重价争购。"⑦《中国少数民族自治地方概况丛书第54卷·镇宁布依族苗族自治县概况》介绍，布依珍视铜鼓，于节日演奏古调，配器为皮鼓、铓锣、手钗。而万历《贵州通志》则云：都匀府丰宁狇家"丧击铜鼓举哀"。光绪《镇宁州志》亦云："丧……夜间打铜鼓，声激数里。"可见喜娱、丧哀皆用铜鼓。

---

① 李宗昉：《黔记》卷三。
② 李旭元：光绪《镇宁州志》卷五《风教·苗俗》。
③ 谢东山：嘉靖《贵州通志》卷三《风俗·中曹司》。
④ 爱必达：《黔南识略》卷一《贵阳府》。
⑤ 罗曰褧：《咸宾录》卷八《仲家》。
⑥ 爱必达：《黔南识略》卷一《贵阳府》。
⑦ 李宗昉：《黔记》卷三。

至若"以六月六日谓过小年"①，祭盘古；四月八日祭牛魔王；三月三日扫寨驱火灾等节日风俗不再赘述。

古夜郎之先民不含彝族祖先昆明人。《史记·西南夷列传》云："西自桐师以东，北至楪榆，名为嶲、昆明（彝族大种之称谓），皆编发，随畜迁徙，毋常处，毋君长，地方可数千里。"②在司马迁时代，以编发游牧为特征的昆明人尚散居于云南洱海周围。据《西南彝志》，彝族"六祖"生于云南会泽西北洛宜山。六祖分迁，其默部慕济济自东川徙居黔西北，其子即济火。默部入黔西北，当在东汉末年。蜀汉时，济火助诸葛亮擒孟获（味县彝族首领）有功，封罗殿王。济火又受后主命征普里（濮夷）、犵獠（仡佬），平之，以其地赐之。济火让于慕克克之后默歹阿仁，默歹阿仁遂入主古夜郎腹地普里部，时古夜郎国早已亡矣。

默歹阿仁累传至唐内附，以其地置普宁州，州治即羊武西洗马塘安榨古城。宋代仍之。元代至元二十二年（1285）于此置普定县，二十七年（1290）升为府，大德七年（1303）又升为路。明洪武五年（1372）内附，改为土府。十四年（1381）土知府安赞从梁王反，年底克普定，府亦随之废。安榨城终于成为彝族城堡遗址。

彝族，史称"罗罗"。《咸宾录》云："罗罗，滇、贵皆有之。亦有二种：曰黑罗罗，即东爨乌蛮是也；曰白罗罗，即西爨白蛮是也。"③《黔书》解释说："黑，大姓。俗尚鬼，故曰罗鬼。""白罗罗，永宁州募役司及水西皆有之"，"与黑罗罗同而为下姓。"④安顺地区现有彝族虽不多，但部分彝族风俗颇有影响。

一、食俗。万历《贵州通志》载，安顺州"宁谷司部多罗鬼，会饮不用杯酌，置糟于瓮，以藤吸之"。⑤又，永宁州慕役司白罗罗，"酿大麦黄稗为酒，不筥，以筒吸饮之"。⑥《黔南识略》载其饮法甚明："盛糟于罐，插管于内。以水灌坛而吸其竿，

① 常恩：咸丰《安顺府志》卷十五《地理志十四·风俗》。
② 司马迁：《史记》卷一百一十六《列传第五十六·西南夷列传》。
③ 罗曰褧：《咸宾录》卷八《罗罗》。
④ 田雯：《黔书》卷上《苗俗·黑罗罗》。
⑤ 许一德、王耒贤等：万历《贵州通志》卷六《安顺州·风俗》。
⑥ 许一德、王耒贤等：万历《贵州通志》卷八《永宁州·风俗》。

名曰咂酒。次第传饮，循环不辍。"①

二、葬俗。万历《贵州通志》指出，安顺州宁谷司罗鬼"人死积薪焚之"。《安顺府志》载，永宁州募役司白罗罗"死以牛马革裹而火葬之"。其葬法为"裹死者尸焚于野"，并"招魂于野外，结松棚设灵幄，谓之翁车"，"吊者以牛酒，执竹围绕"，"其贵者死，则集千人被甲胄驰马若战，以锦缎毡衣裹死者尸焚于野，招魂而葬之"。②

三、按十二属相赶场。彝族历法，一年十个月，一月三十六天，一个月恰是十二地支循环三次。赶场即按十二地支循环着赶，而以赶场所逢之地支属相呼场名，如安顺东门外牛场即逢丑日赶，西门外马场即逢午日赶。这又影响到人们说生年不说甲子而说地支属相，如生于乙丑年说成属牛，生于丙寅年说成属虎。此俗至今犹存。

古夜郎之先民亦不含苗族。据《史记·五帝本纪》记载，帝尧时，"三苗在江淮、荆州，数为乱"。③《史记·吴起列传》载，吴起对魏武侯说："昔三苗氏左洞庭，右彭蠡，德义不修，禹灭之。"④知禹时三苗居洞庭以东。《史记·楚世家》载，武王时"始开濮地而有之"⑤。楚之西境终楚而为濮地，苗人尚未居之。《后汉书·南蛮西南夷列传》称苗人为"长沙、武陵蛮"，以所居之地称之。《南史·夷貊下》云："居武陵者有雄溪、樠溪、辰溪、酉溪、武溪，谓之五溪蛮。"⑥武陵郡西境仅达贵州东部思南、施秉、玉屏、三穗一带，东汉至南朝，苗人西徙仅到贵州东界。隋代分化为苗、瑶两个民族。从《隋书·地理志下》分布记载看，亦仅武陵郡与贵州相涉。据樊绰《蛮书》载，唐懿宗咸通三年（862），原籍黔州（彭水）、涪州、巴州、夔州"四邑苗众"出现于云南安南都护府战阵上的南诏军中。可见部分苗人最早也只能是隋唐之交才从川鄂湘边境向西南迁移入古夜郎地及云南东南部居住。万历《贵州通志》言普定卫（今安顺市境）于唐代有苗居之，是可信的。

---

① 爱必达：《黔南识略》卷二十四《大定府》。
② 常恩：咸丰《安顺府志》卷十五《地理志十四·风俗》。
③ 司马迁：《史记》卷一《本纪第一·五帝本纪》。
④ 司马迁：《史记》卷六十五《列传第五·吴起》。
⑤ 司马迁：《史记》卷四十《世家第十·楚世家》。
⑥ 李太师、李延寿：《南史》卷七十九《列传第六十九·夷貊下》。

贵州苗族风俗，各种文献记载甚详，兹仅保存于安顺地区者略述于后：

一、婚俗。弘治《贵州图经新志·镇宁州风俗》提到"部民曰康佐苗者"，"跳月成婚"。康佐司在今紫云县境。于明隶镇宁州，于清改归化厅。《归化访册》载，归化白苗，"其婚之法，有以礼聘者，有以吹笙跳月而诱去者"[①]。咸丰《安顺府志》载，府辖各厅州县之花苗，"男吹芦笙，女振响铃，择地跳月，名打马郎"。[②] 根据《黔南识略》的解释，跳月场中"以冬青树一本植于地上，缀以野花，名曰花树"，故又称跳花。如《镇宁州志》载："孟春男女择高阜处植一梅，男作新衣，女艳苗妆，男与男左，女与女右，各吹芦笙跳舞，久则合跳，同声起伏，自成音节，名曰跳花。"[③] 跳花乃男女自由择配的方式之一。

据旧《镇宁县志》载，苗族自由恋爱的方式，又有名"向月亮"者。即每逢月色清明之夜，甲寨男子三五相邀，行至乙寨门外，吹动木叶。乙寨女子闻声而出，两两成对，各叙欢悦。

二、服饰。嘉靖《贵州通志·镇宁州风俗》载，康佐苗"妇着花裳，无袖，惟遮覆前后而已。裙亦浅蓝色，细褶仅蔽其膝"。[④] 咸丰《安顺府志》载，青苗"妇人以青布制巾，如华山巾蒙首。齿止及腰，裙惟掩膝"。花苗妇人"衣裳先以蜡绘花于布而染之，即染，去蜡则花见。饰袖以锦，故曰花苗"。[⑤]

三、丧葬。嘉靖《贵州图经》云："有丧，则举家以忤击臼，更唱迭三五日，方置尸岩穴洞，藏固深邃，人莫知其处。"[⑥] 简言之，即万历《贵州通志》所云"死不殓，置之山洞"，紫云有之。《归化访册》云："青苗有不葬者，置尸山洞或岩洞，任其乾去。"[⑦] 岩洞葬亦有棺者，如平坝十字桃花村歪梳苗之"棺材洞"，岩洞中棺材以

① 援引自民国《贵州通志》卷十九《土民志·苗族》。
② 常恩：咸丰《安顺府志》卷十五《地理志十四·风俗》。
③ 李旭元：光绪《镇宁州志》卷五《风教·苗俗》。
④ 谢东山：嘉靖《贵州通志》卷三《风俗》。
⑤ 常恩：咸丰《安顺府志》卷十五《地理志十四·风俗》。
⑥ 赵赞：嘉靖《贵州图经》卷十一。
⑦ 赵赞：嘉靖《贵州图经》卷十一。

家庭体系分堆，各堆按死亡先后为序往上层层叠压，立有木制牌位。这种叠棺式葬法当由不殓干尸演进而来。

苗族葬俗亦有土葬，分用棺与不用棺。如《黔书》所载，花苗"葬不用棺，敛手足而瘗之"①。用棺土葬，所用之棺又各异，如万历《贵州通志》载，新添卫"以木槽瘗"。

紫云青苗出殡前有"砍马"习俗。《归化访册》云："又重砍马之礼。葬之前日，亲友毕至，缚马于杙，死者之婿执刀绕数匝砍之，再数匝又砍之，如是数十次，割马首下，分饷亲眷，曰死者有马乘矣。"②此俗于今尚存。

咸丰《安顺府志》载，永宁州（关岭）红苗"人死，以其衣装像，歌舞，名曰调鼓"，《黔书》《黔南识略》有相同记载。《永乐大典》于宋玉《招魂》"像设君室，静闲安些"句按云："此则人死而设像于室以事之，乃楚俗也。"③这是楚俗遗风。

四、祭俗。咸丰《安顺府志》记载，白苗"祀祖，择大牯牛头角端正者，饲之壮，使之与他牛斗，胜即为吉，屠之以祀。主（祭）者服白衣，青套，细褶宽腰裙"。《黔记》所载相同，并指出东苗"中秋合寨迎鬼师以祭祖及族属故者，屠牛陈馔，以次呼鬼名"；而西苗则在"秋收时"，"屠牛以赛丰年，名曰祭白虎"。④可见苗族斗牛原本为祀祖，现在已赋予了新的意义。

孰是夜郎故土的先民这一问题，从史学角度讲，进行求真务实的研讨，当然必要。但无论是土著民族，还是先后徙居的民族，他们都同样为开发夜郎做出了不可磨灭的贡献，其意义远远超越了来早与来迟。而今，民族风情纷呈异彩，与壮阔的瀑布，幽邃的龙宫交相辉映，同样是那样古朴，是那样的清新！

（原载于《安顺师专学报（社会科学版）》1996年第3期）

---

① 田雯：《黔书》卷上《苗俗·花苗》。
② 赵赞：嘉靖《贵州图经》卷十一。
③ 《永乐大典》卷一千八百二十二。
④ 李宗昉：《黔记》卷三。

濮人僚人辨

讨论仡佬族源流，言必濮与僚。濮与僚有无族源关系？《仡佬族简史》云："仡佬族的形成，大致经历了濮人、僚人、仡佬族三个历史发展时期。"由僚人而仡佬族，没有异议。至于由濮人而僚人，则尚有争议。

该书先叙从殷商至西汉濮人的活动史迹，先言及春秋时曾建立牂牁等国，战国时又建立夜郎国等。继云："东汉时期，濮人在史书上被称为濮、僚或濮僚并称。""魏晋以后，濮称消失，以僚专称。"结论云："僚人是由濮人长期发展而成的。"

撰写仡佬族简史固当从简，仅用690字叙述如此复杂过程，难度过大，言焉不详，无可厚非。但用作论据的论断必须是业已证明了的历史事实，否则，其结论是难以成立的。本文拟就"僚即濮说"略陈管见，以请教于大方。

一、从《华阳国志》所载族属称谓说起

司马迁《史记》所载西南沿海地区的族属称谓应当是西汉武帝时的名称。据《史记·南越列传》和《史记·东越列传》，以广州为中心的南越系扬越，其东为闽越[①]，其西为西瓯越、骆越。而《史记·西南夷列传》不以"越"名当地居人，谓夜郎、且兰为"南夷"而已，族属皆不确定。至《汉书·西南夷两粤朝鲜传》亦然。

至陈寿撰《三国志》提到的南中"南夷"族属称谓出现了"濮"和"僚"，例如《三国志·蜀志·李恢传》云："后军还，南夷复叛，杀害守将。恢身往扑讨，鉏尽恶类，徙其豪帅于成都，赋出叟、濮。"[②]《三国志·蜀志·杨戏传》后附所著《季汉辅臣

---

① 《史记集解》引韦昭语曰，"东越之别名"。
② 陈寿：《三国志》卷四十三《蜀志十三·李恢》。

赞》云："安汉宰南。奋击旧乡。剪除芜秽，惟刑以张。广迁蛮濮，国用用强。"① 所谓"安汉宰南"据《华阳国志•南中志》载："改益州为建宁，以李恢为太守；加安汉将军，领交州刺史，移治味县。"李恢本味县人氏，故云"奋击旧乡"②。《三国志•蜀志•霍峻传》云："永昌郡夷僚恃险不宾，数为寇害，乃以弋领永昌太守，率偏军讨之，遂斩其豪帅，破坏邑落，郡界宁静。"③《三国志•蜀志•张嶷传》"马忠此讨汶山叛羌，南平四郡蛮夷，辄有筹画战克之功"注引陈寿《益都耆旧传》云："平南事讫，牂牁、兴古僚种复反，忠令嶷诸营往讨。嶷内招降得二千人，悉传诣汉中。"④

可以肯定，最迟自东汉末就有如是称谓。到常璩作《华阳国志》言南中事甚详，其《南中志》提到濮人、僚人分布，有三种情形：

一是濮人单举。所载兴古郡⑤属县云："句町县，故句町王国也。其置自濮王，姓毋，汉时受封迄今。"⑥

二是僚人单举。当说到西晋永嘉元年（307）除王逊为南夷校尉，宁州刺史有云："以五荼夷为乱，首图讨之，未有致罪。会夷发夜郎庄王墓，逊因此遂讨灭之。及讨恶僚刚夷数千落，威震南中。"⑦ 又，所载建宁郡⑧属县云："伶丘县，主僚。"⑨

三是濮、僚并举。所载建宁郡属县云："谈豪县，看濮、僚。所载兴古郡云：多鸠僚、濮。特有瘴气。"⑩ 所载永昌郡云："古哀牢国。……其……有穿胸儋耳种，闽越濮、鸠僚，其渠帅皆为王。……有闽濮、鸠僚、僄越、裸濮、身毒之民。……有大竹名濮竹，节相去二丈，受一斛许。……有兰干细布：兰干，僚言纻也。织成，文如

① 陈寿：《三国志》卷四十五《蜀志十五•杨戏》。
② 常璩：《华阳国志》卷四《南中志》。
③ 陈寿：《三国志》卷四十《蜀志十一•霍峻》。
④ 陈寿著，裴松之注：《三国志注》卷四十三《蜀志十三•张嶷》。
⑤ 治温县。
⑥ 常璩：《华阳国志》卷四《南中志》。
⑦ 常璩：《华阳国志》卷四《南中志》。
⑧ 治味县。
⑨ 常璩：《华阳国志》卷四《南中志》。
⑩ 常璩：《华阳国志》卷四《南中志》。

绫锦。"①

《华阳国志》所载族属称谓，是历史的追叙，也是东晋初年现状的实录。《仡佬族简史》所谓"魏晋以后，濮称消失，以僚专称"②已经不妥（参见下文）。濮、僚或单举或并举（非僚濮并称），显而易见，濮、僚是并存的两种族属称谓，互不相混。

既可称濮，也可称僚之说，恐怕与记载传说中的竹王或云"夷濮"或云"夷僚"有关，兹特辨析如下。

《华阳国志·南中志》	《后汉书·西南夷传》
楚顷襄王遣将军庄蹻沂沅水，出且兰以伐夜郎……遂留王滇池。因名且兰为牂柯国，分侯支党，传数百年。……汉兴遂不宾。有竹王者，兴于遁水，遂雄夷狄，氏以竹为姓。……后渐骄恣，因斩竹王，置牂柯郡，以吴霸为太宁。……后夷濮阻城成怨，诉竹王非血气所生，求立后嗣。霸表其三子列侯，死配食父祠。今竹王三郎神是也。	夜郎者，初，有女子浣于遁水，有三节大竹流入足间，闻其中有号声，剖竹视之，得一男儿，归而养之。及长，有才武，自立为夜郎侯，以竹为姓。武帝元鼎六年，平南夷为牂柯郡，夜郎侯迎降，天子赐其王印绶。后遂杀之，夷僚咸以竹王非血气所生，甚重之，求为立后。牂柯太守吴霸以闻天子，乃封其三子为侯，死配食其父。今夜郎县有竹王三郎神是也。

夜郎取代牂柯之为一邦国不知始于何时，然必古夜郎先民所建。至庄蹻滇池称王，"分侯支党"，回控夜郎，夜郎名存而主易矣。秦并天下，于夜郎地置夜郎、汉阳、且兰三县隶象郡，庄氏支党统治夜郎的历史亦告结束。秦末战乱纷起，无暇顾及西南夷地，至于"汉兴遂不宾"。其间旧时君主故态复萌，独立如故。这时的君长系何族属呢？常璩从庄蹻灭古夜郎、王滇池、"分侯支党"说起，认为竹王之兴在汉初，汉初之夜郎君长仍是庄氏支党，是西进的濮人，故云"夷濮"如何。范晔说的是古夜郎及汉初重又独立的夜郎，叙竹王传说，用"初"开启追叙，以明时间不在汉初。他认定古夜郎的建立者及汉初的夜郎侯是汉时所称的僚人，故曰"夷僚"如何。他在竹王故事说完后，也补叙了楚顷襄王遣庄豪伐夜郎事，但仅言"留王滇池"，不言"分侯支党"，似乎在表明庄氏支党与夜郎侯没有关系。竹王族属称谓的

---

① 常璩：《华阳国志》卷四《南中志》。
② 《仡佬族简史》编写组编《仡佬族简史》，贵州民族出版社，1989，第7页。

不同，表明了两位史家对夜郎王族属判断的差异，不是濮可以称僚，僚可以称濮，它们的族属迥然不同。

《仡佬族简史》引以为据的古书还有"《水经·温水注》（原文误为苦水）既有'夷濮'，又有'夷僚'"的记载。查检郦氏原文，所叙本于常志而有所删改，兹摘引如下：

> 汉武帝时，有竹王兴于豚水。有一女子，……得一男儿，遂雄夷濮，氏竹为姓。……后唐蒙开牂牁，斩竹王首，夷僚咸怨，……①

郦氏承袭了常志"武帝转拜唐蒙为都尉，开牂牁……因斩竹王"叙事混淆的错误②，又将竹王之兴亡附会在武帝年间，改常志"遂雄夷狄"为"遂雄夷濮"，改"夷濮阻城咸怨"为"夷僚咸怨"。孰是孰非，姑勿论之，仅就引用相互牴牾的史料来证明同一论点也是不妥当的。

二、濮人踪迹说

濮人在我国古代确是人口众多，分布辽阔的庞大族群。一般认为以居住在濮水流域而得名。濮水，修订本《辞源》云："又名濮河、濮渠、普河，为古黄河济水分流。"其北有濮阳，春秋为卫都，秦汉为县名，属河南省。一说，在安徽茨河上游，则流经河南、安徽界。其地不出河南、山东、安徽毗邻地带。事实上散布地区极广，故有"百濮"之称。下面引述有关濮人踪迹的文献资料，以探明其分布情况。

1.《逸周书·朝献》：

"正南：瓯、邓、桂、损子、产里、百濮、九菌……"

据《中国历史大事年表》，成汤用伊尹执政，灭葛（今河南省睢县北部）、韦（今河南省滑县）、顾（今河南省范县）、昆吾（今河南省濮阳市西南部）等国。都亳。按

---

① 郦道元：《水经注》卷三十六《温水》。
② 斩夜郎王，乃成帝河平间牂牁太守陈立所为。

文意，百濮当在亳（今河南省商丘市附近）之南，茨河上游在焉。而濮阳在亳之北，岂不矛盾？"正南"之濮人是成汤时"百濮"之主体，这似乎透露了濮人已南下的消息。

2.《史记·周本纪》：

武王曰："嗟！我有国冢君……及庸、蜀、羌、微、卢、彭、濮人……"

宋人裴骃《集解》引孔安国语云："庸、濮在汉之南。"唐人张守文《史记正义》引《括地志》云："濮在楚西南。"《尚书·牧誓》亦载引文，仅"有国"作"友邦"。周秉钧《尚书易解》释濮，以为居今湖北西北方之竹山县。《中国历史大事年表》所注参与武王伐纣的濮人的住地为散居今川东、鄂西。其地望与周人邻近，才有可能结盟。

3.《史记·楚世家》：

"当周夷王时，王室微，诸侯或不朝相伐。熊渠甚得江汉间，民和，乃兴兵伐庸、扬粤，至于鄂。"

据《年表》，与熊渠同时者非夷王而是懿王。熊渠既得江汉间，又伐庸，必及于濮。《史记正义》引《括地志》云："房州竹山县本濮。"

4.《史记·楚世家》：

"周宣王初立，熊霜六年卒，三弟争立。仲雪死，叔堪亡，避难于濮；而少弟季徇立，是为熊徇。"

《史记集解》引杜预语曰："建宁郡南有濮夷。"《史记正义》按："'建宁，晋郡，在蜀南，与蛮相近。'刘伯庄云：'濮在楚西南。'孔安国云：'庸，濮在汉之南。'……孔说是也。"时濮人仍在汉水之南，尚未南渡长江，何能出现在蜀南建宁郡之南呢？晋人杜预盖言晋时事，裴骃已进行了驳正。

5.《史记·楚世家》载熊若敖事迹云：

"三十五年，楚伐随。……乃自立为武王，与随人盟而去。于是始开濮地而有之。"

《史记集解》："贾逵曰：'随，姬姓。'杜预曰：'随国今义阳随县。'楚武王始开之濮地当即叔堪避难之濮地，仍在汉南武当山区，而楚在荆山。濮地既纳入楚国版图，濮人亦成了楚人之一部分。"

6.《左传·文公十六年》：

"楚大饥，庸人帅群蛮以叛楚，麋人率百濮聚于选，将伐楚。……乃出师，百濮乃罢。……遂灭庸。"

是年为周匡王二年（前611），楚庄王三年。《史记·十二诸侯年表》载是年"灭庸"，《楚世家》亦载庄王三年"灭庸"。庸亦在今湖北竹山县一带，麋在陕西白河县一带，与湖北接壤，而百濮散居于庸，麋之东，楚之西。楚灭庸、麋，而濮人遭受楚国打击不可避免，部分濮人南迁渡江当是役之后。

7.《左传·昭公九年》：

（周）王使詹桓伯辞于晋曰："我自夏以后稷，……及武王克商，……巴、濮、楚、邓，吾南土也。"

是年即周景王十二年（前533），楚灵王八年。巴在大巴山北陕西境，楚在荆山，邓在襄阳西北境，看那排列次第，濮适居其间。这是当时的周人对濮人在东周时基本地望的认定，故曰周之南土。

8.《左传·昭公十九年》：

"楚子为舟师以伐濮。"

是年即周景王十二年（前533），楚灵王八年。随着楚国势力向长江以南扩张，渡江濮人再南迁至沅水中下游，故舟师以伐。

就以上材料，虽还不能勾勒出殷商至春秋时期濮人活动的清晰轮廓，但可作出如下初步结论：濮人的基本集聚区在鄂西，渐成楚国人口，南迁极至为沅水中下游。此时牂牁江流域尚无濮人踪迹，故《仡佬族简史》所谓"春秋时期，西南地区的濮人曾建立牂牁等早期奴隶制国家"[1]实难成立。

牂牁之为国不知始于何时，然据《管子·小匡》载，春秋时齐桓公九合诸侯，已

———————

[1]《仡佬族简史》编写组编《仡佬族简史》，贵州民族出版社，1989，第7页。

蔚为南方大国。尔后且兰、夜郎相继崛起，取代牂牁，而独立为邦国。夜郎国的创建者就是那位传说中的竹王。时至战国末年楚倾襄王时，楚将庄蹻西征，灭且兰、降夜郎、王滇池、"分侯支党"、入主古夜郎地。这次远征，就是一次史无前例的民族大迁移。

随庄蹻入居云贵的濮人或成为"分侯支党"的成员，控制着古夜郎的部分地区，直至秦并天下而设象郡。或受汉封而为濮王，如《华阳国志》所载兴古郡句町县，本"故句町王国也"。其置至濮王，姓毋，汉时受封迄今。"今者，常氏修志时也。"他如牂牁郡（治万寿县）之毋敛县、益州郡（治故滇国滇池县）之毋单县，亦应是毋姓濮人控制区。自汉至晋，濮人在云贵的分布，常志等书多有记载。

《仡佬族简史》谓"魏晋以后，濮称消失，以僚专称"，恐怕是从官书上族称的隐与显臆断出的结论，事实上濮称并没有消失，只不过字样不同而已；濮人并未演进为僚，他们中的一部分经历了由濮人而布依族的变更过程。

范玉田《云南古代民族之史的分析》谈到句町县之濮王国时说："其族即建宁之濮夷，明时其地之土司皆姓普，普及濮也。"[1] 可见这个濮人群体直至明代依旧存在。

明万历间人罗曰褧《咸宾录》云：

> 大抵汉之滇濮，哀牢、钩町诸国。（明云南布政司所领府）曰镇远，古西南极边地，濮落杂蛮所居，……御夷州曰：曰镇康，蛮名石赕，本黑㸐、濮所居……曰威远，旧为濮落杂蛮所居……夷人种类非一，习尚不同。曰㸐人，……曰爨人，即黑、白罗罗……曰浦人……曰土僚……曰哀牢人。[2]

引文追叙历史曰"濮落"，而记明时夷人种类则曰"蒲人"（《元史》作"朴"或"扑"）蒲即濮也。明时南中濮称犹未消灭，且蒲人与土僚并存。

安顺及其以西地区则以"普"代"濮"，"普"字开头的府、州、县、驿、部

① 范玉田：《云南古代民族之史的分析》，商务印书馆，1944，第 65 页。
② 罗曰褧：《咸宾录》卷七《南中诸夷》。

地名不少，普里、普东、普宁、普利、普安、普定是也。咸丰《安顺府志·普里本末》释普里云："普者，谈指之里名也。"谈指，汉置县名。"今安顺普定、镇宁、永宁、归化皆其地。"[①] 实则源于濮人所居之地。又释《夷书》所谓六祖之一的"克居于濮"云："濮即汉之同并，唐之北盘州，亦曰暴（pù）蛮，元之普安。并、盘、暴、普，一声之转也，皆即濮也。"[②] 克所居之地即原濮人所居之地。克之子又入主普里，时在蜀汉。咸丰《安顺府志·沿革》引《夷书》云："汉后主时，牂牁界中普里僚叛，济火受后主命讨平之。……火既平普里，令其伯父克之子长之。"[③]《普里本末》亦云："济火助武侯有功，后主时，又受命征普里革僚有功……以其地赐父。火让于其兄（当为伯父）之子柏墨，柏墨自濮徙居之。"[④] 时至梁陈之际，乌蛮据宁州，宗氏子轮和台"各避兄嫂而东。轮居谈乐之郎山，是为郎岱陇氏之祖。台居漏江之濮隈，是为普定龙氏之祖"[⑤]。普安又易其主，而濮人世居不变。元代之后，濮人被称为"仲家"。万历《贵州通志·普安州·风俗》云："旧志，土酋号十二营长，部落皆罗罗、仲家、仡佬、僰人，语言不相谐，常以僰人为通事，译之。"[⑥] 而濮人间互称，以所居方位不同，有补笼（下方）、补纳（上方）等之别。清乾隆年间，镇宁举人余上泗作《蛮峒竹枝词》，其原注有云："仲家在火烘，播东等烟瘴地方者，即所谓补笼也。""卡尤仲家，仲家亦称补那。"[⑦] 至今镇宁县境六马布依族称扁担山布依族为"补拉子"反之称为"补农"。濮、普、补、布的递变继承关系显而易见。

---

① 常恩：咸丰《安顺府志》卷二十二《纪事志二·普里本末》。
② 常恩：咸丰《安顺府志》卷二十二《纪事志二·普里本末》。
③ 常恩：咸丰《安顺府志》卷三《地理志二·沿革》。
④ 常恩：咸丰《安顺府志》卷二十二《纪事志二·普里本末》。
⑤ 常恩：咸丰《安顺府志》卷二十二《纪事志二·普里本末》。
⑥ 许一德、王来贤等：万历《贵州通志》卷九《普安州·风俗》。
⑦ 援引自贵州省大方县县志编纂委员会办公室编《大定县志》，内部资料，1986，第547页。

三、僚人来龙说

仡佬族先民僚人不是由濮人演变而成，自有其渊源。《华阳国志·蜀志》云：

> 七国称王，杜宇称帝。……卢帝攻秦至雍，生保子帝。帝攻青衣，雄张僚、僰。[1]

据《史记·六国年表》，秦惠公十三年（前387）[2]，"蜀取我南郑"。《秦本纪》云："惠公……十三年伐蜀，取南郑。"[3] 保子帝当生于蜀秦南郑攻取战时，及长则攻青衣。《读史方舆纪要》云："古有青衣国，与叙州相邻。其人至蜀，见汉衣冠，遂内附，因以名水。"[4] 叙州即戎州，汉称僰道，今之宜宾。《水经注·江水》："僰道县，本僰人居之。"[5]《寰宇通志》马湖府下云："古僰国之境，夷僚所居。"[6] 其时僰地在西蜀徼外，夜郎北界，故《华阳国志》志云："蜀中无僚，李势引僚入蜀，出自汉中。"[7] 如此，战国中期，也恰是古夜郎时期，今宜宾及以西地区就有僚人的分布。时在庄蹻西征之前，随军西进的濮人不可能建立古夜郎国，只能"分侯支党"，分享战利。

夜郎之得名，咸丰《安顺府志》以为其境有夜山、郎山，夜山为南、北盘江之分水山，郎山在郎岱西边北盘江畔，知夜郎国境以北盘江流域为腹心地区。夜郎既是邦国名称，也是南夷中的族属称谓。许慎《说文解字》云："夜，从夕，亦省声。"根据段玉裁的注可知，其古本音为"亦声"，古音在第五部（平声、鱼虞模），所以"夜"与"夷"同音，与"乞"一声之转，而"仡"（古字作仡）得音于"乞"（气）。

---

① 常璩：《华阳国志》卷三《蜀志》。
② 即周安王十五年。
③ 司马迁：《史记》卷五《本纪第五·秦本纪》。
④ 顾祖禹：《读史方舆纪要》。
⑤ 郦道元：《水经注》卷三《江水》。
⑥ 陈循、高榖、王文：《寰宇通志》卷六十五《马湖府》。
⑦ 常璩：《华阳国志》卷三《蜀志》。

又《说文解字》云："主，从，亦声。"根据段玉裁的注来看，"主"，之庾切；"、"：知庚切，均读若举，与"夜""佐""乞"一韵之转。郎山，全称为老郎山，"老"同"僚"，老郎山即为僚人所居之山。夜郎，意当为"主僚人"，"主僚君长"或"佐僚人""乞僚人"（说见后）。据《华阳国志》建宁郡之伶丘县居人为"主僚"，这恰是古夜郎地界。古夜郎国为"主僚"创建无疑。

夜郎之东有且兰国。段玉裁指出，"且"，子余切，在五部。读若居，与"主"同声韵。"兰"与"僚"双声。"且兰"亦当为"主僚"。同时他提到"注"，古音在四部（上声厚），与"斗""者""厚"押韵，读若逗。而许慎《说文解字》云："头，首也，从页，豆声。"故史书又作"头兰"。夜郎、且兰人，即后世所谓牂牁僚。

《史记·西南夷列传》载，夜郎之西为滇国，"其旁东北有涝浸，靡莫，皆同姓相扶"，劳浸，《汉书》作劳深。所谓同姓，乃庄蹻王滇所"分侯支党"，原有劳浸人当为僚人。滇之西又有古哀牢国，其地多鸠僚，闽濮，哀牢王九隆（或作元隆）出世传说与夜郎竹王出世传说极相似，而音与鸠僚亦相近。古哀牢国当为鸠僚创建。

古夜郎君长即传说中的竹王。段玉裁注《说文解字》时云："竹，陟玉切，三部。读若菊，与'主''乞'音近。"又三部古本音有"牢""老"。竹王者，当即"主僚王"，姓"乞"（说见后），为神其出世，即"非血气所生"，故改作"竹"姓。即如夜郎王多同之"多"，《说文》仅在"夕"部，与"□""猗""牺"押韵，与"夜"音近，当即"竹"（乞）姓。《后汉书》载夜郎县有竹王祠，今虽不可考，但文献资料表明，贵州及邻近省区凡有竹王祠的地方，都有僚人分布，祭赛竹王成为传统习俗。陈文华校注本《唐女诗人集三种》所载蜀川名妓薛涛《题竹郎庙》诗云：

> 竹王庙前多古木，夕阳沉沉山更绿。
>
> 何处江村有笛声，声声尽是迎郎曲。[1]

---

[1] 李冶、薛涛、鱼玄机：《唐女诗人集三种》，陈文华校注，上海古籍出版社，1984，第35页。

据注，庙在四川省自贡市荣县。据唐代李吉甫《元和郡县图志·剑南道下》载，荣州，"李雄据蜀后，夷僚居之，所谓铁山生僚也"①。祀竹王者必为入川僚人。万历《贵州通志》载明人杨慎《流寓杂咏》诗云："铜鼓声中夜赛神，敲钗击钏斗金银。"②《后汉书·马援传》云："援好骑，善别名马，于交址得骆越铜鼓，乃铸为马式。"其注引《广州记》云：

> 俚僚铸铜为鼓。鼓唯高大为贵，面宽丈余。初成，悬于庭，克晨置酒，招致同类，来者盈门。豪富子女以金银为大钗，执以叩鼓，叩竟，留遗主人也。③

根据《贵州民族研究》1995年第2期所载张合荣文《贵州早期文化发展成因试探》的介绍，普定铜鼓山夜郎遗址发掘出土的遗物中有青铜器，还发现冶炼的坩埚、铜滓，说明夜郎时期青铜器是本地制造的。古夜郎的僚人已能制造铜鼓，善击铜鼓大有可能。杨慎诗中击铜鼓以赛竹王，敲钗钏以斗金银的僚人遗风宛然。竹王必是僚王无疑。

汉成帝河平年间，古夜郎国的历史已告结束，而夜郎作为郡县名称仍在继续。《汉书·地理志》载，牂牁郡有夜郎县，注引应劭语言："故夜郎侯邑。"《后汉书·郡国志》载，牂牁郡有夜郎县，注案："有竹王三郎祠。"《晋书·地理志》载，益州牂牁郡有夜郎县，西晋怀帝永嘉二年置夜郎郡④。《宋书·州郡志》载，宁州夜郎郡领夜郎县。《南齐书·州郡志》载，宁州"僚夷众多"，夜郎郡领夜郎县；益州有东宕渠僚郡、越巂僚郡、沈黎僚郡、甘松僚郡、始平僚郡。梁代于今辰水即麻阳江北岸置有夜郎郡，领夜郎县。民国《贵州通志·舆地志》云："辰阳县尝置夜郎郡，盖……夜郎民户流移至此，因而侨置。"⑤《元和郡县图志》载，江南道珍州有夜郎县。据道

① 李吉甫：《元和郡县图志》卷三十三《剑南道·荣州》。
② 许一德、王耒贤等：万历《贵州通志》卷二十四《诗类》。
③ 刘昭：《后汉书注》卷五十四《列传第十四·马援》。
④ 领夜郎县。
⑤ 刘显世：民国《贵州通志》卷二《舆地志·山脉》。

光《遵义府志》，州治县治同在桐梓夜郎坝。奖州①"本汉武阳县地，贞观八年于此置夜郎，属巫州"，后之峨山县，"本夜郎县"。②县治在岑巩东北。《宋史·地理志》载，夔州路南平军"大观二年，别置溱州及溱溪、夜郎两县"。③又，唐珍州故地夜郎县仍存在。这些以夜郎命名的郡县，都是僚人先后分布地区，是足以佐证古夜郎国必为僚人所建。

又，据《后汉书·郡国志》南海郡（武帝置）之"增城，有涝领山"。《元和郡县图志》载，江南道之夷州（今绥阳县）义泉县"武德中于此置牢州"。夷州领有夜郎县，治在今石阡西雷家屯。播州（今遵义市）"本西南徼外蛮夷夜郎、且兰之地"。其应灵县"隋开皇十年于此置大牢镇"。岭南道之严州④"本汉郁林郡中留县之地"。其循德县西四十里有古郎山。峰州（今越南境内）"古夜郎国之地，按今新昌县界有夜郎溪"。这些沿用下来的州、镇、山、水名，无不与僚人的分布有关。且进一证明"夜郎"之"夷牢"音义相通，"牢"与"郎""僚"亦双声义通，"夜郎"即"夷僚"，故迁史归之于"南夷"而不称为"越"。

僚人既不与濮人、越人同族，必当自有渊源。僚人之先乃古代文献所谓"凿齿之民"。

《山海经·海外南经》云：

> 羿与凿齿战于寿华之野，羿射杀之，在昆仑虚东。羿持弓矢，凿齿持盾，一曰戈。⑤

《山海经·大荒南经》亦云："有人曰凿齿，羿杀之。"⑥《海内西经》云："海内昆

---

① 今湖南新晃西。
② 郑珍、莫友芝：道光《遵义府志》卷二《建制》。
③ 脱脱：《宋史》卷八十九《志第四十二·地理（五）》。
④ 今广西来宾境。
⑤ 佚名：《山海经·海经》卷一《海外南经》。
⑥ 佚名：《山海经·海经》卷十《大荒南经》。

仑之虚。在西北，帝之下都。"① 郭璞云："虚下基也。"又云："凿齿亦人也，齿如凿，长五尺，因以名云。"《淮南子·地形训》亦载："海外三十六国"中有"凿齿民"②。其《本经训》亦云："尧乃使羿诛凿齿于畴华之野。"③ "凿齿"即后世所谓"獠牙"，这应是后世称凿齿后裔为"獠人"的原因之一。张华《博物志·异俗篇》云："荆州极西南界至蜀，诸民曰獠子……既长，皆拔去上齿牙各一，以为身饰。"④ 当拔去露于唇外的獐牙。

　　今人何光岳先生所著《南蛮源流史》指出，"我国古代拔牙风俗，主要是山东泰安大汶口文化的居民"，"应是娄人的习俗"。"娄人的发源地，当在岷山之南"，"属西羌族系"，论定"僚人与濮人、越人、路越并非同族，他们乃娄人的南支"。⑤《史记·夏本纪》云："汤封夏之后，至周封于杞也。"⑥ 其《陈杞世家》云："杞东楼公者，夏后禹之后苗裔也。殷时或封或绝。周武王克殷纣，求禹之后，得东楼公，封之于杞，以奉夏后氏祀。"⑦《索隐》云："东楼公，谥号也，不名者，并史先失耳。"⑧ "周封杞而居雍邱"地在今湖南杞县。夏禹，《史记正义》引杨雄《蜀王本纪》云："禹本汶山郡广柔县人也，生于石纽。"汉汶山郡在今川北汶山，茂县、北川一带，地处岷山之南。东楼公这支楼人当是岷山之南的娄人之一部随夏族东迁的东支娄人，其东迁至山东又转而向南迁徙的史迹，何光岳先生述之甚详，兹不重繁。

　　岷山之南的另一支娄人则沿岷江之西的山地南下到了滇、黔、桂，亦有迹可寻。《汉书·地理志》载交趾郡（属交州）有赢娄县。《元和郡县图志》亦指出，安南都护府宋平县有"赢口（音莲篓）故城，在县西七十里，本汉县"。⑨ 当为娄人所居之

① 　佚名：《山海经·海经》卷十一《海内西经》。
② 　刘安：《淮南子》卷四《地形训》。
③ 　刘安：《淮南子》卷八《本经训》。
④ 　张华：《博物志》卷二《异俗篇》。
⑤ 　何光岳：《南蛮源流史》，江西教育出版社，1992，第266-270页。
⑥ 　司马迁：《史记》卷二《本纪第二·夏本纪》。
⑦ 　司马迁：《史记》卷三十六《世家第六·陈杞世家》。
⑧ 　司马贞：《史记索隐》卷十一《陈杞系家第六》。
⑨ 　李吉甫：《元和郡县图志》卷十八《岭南道五·安南都护府管州十三·宋平》。

地，至汉乃有娄称。同书益州郡注云："故滇王国，诸葛亮《表》中有娄山，未详所在县。"稽《诸葛亮集·表》，两相吻合。《后汉书·和帝纪》云："十二年春二月，旄牛徼外白狼、貗，薄夷率种人内属。"[1] 明人罗曰褧《咸宾录》亦载此事。《元和郡县图志》提到黎州汉源县"本汉旄牛县，隋仁寿二年平夷僚，于此置汉源镇，因汉川水为名"[2]。唐之黎州即今四川省雅安市汉源县境，在东汉时仍有娄人存在，至隋改称为僚，其承继关系至明至显。至于遵义市北之大娄山，仍在作娄人曾迁居于此的历史见证。

"娄"之与"郎"亦双声义通，郎山即娄山，夜郎即夜娄。

《山海经·海内经》云："伯夷父生西岳，西岳生先龙，先龙是姓生氐羌，氐羌乞姓。"[3] 郭璞注云："伯夷父，颛顼师，今氐羌其苗裔也。"据《史记·夏本纪》，颛顼乃禹之祖父，伯夷父既为之师，当羌族娄人一大支系的首领，而乞姓遂成大姓。南下的娄人或即此支。"仡"古音鱼迄切，得音于乞。"夜"读若夷，与"乞"叠韵，当乞之异书，夜郎即乞娄。"娄"与"僚"双声义通，乞娄又转为主僚、仡僚，简称为僚。仡僚之先当为乞娄。

古夜郎的创建者以娄人而南来，又以僚人而北往，这段历史很值得研究。

（原载于《安顺师专学报（社会科学版）》1999年第1期）

---

[1] 范晔：《后汉书》卷四《本纪第四·和帝刘肇》。

[2] 李吉甫：《元和郡县图志》卷三十二《岭南道中·剑黎州·汉源》。

[3] 佚名：《山海经·海经》卷十三《海内经》。

明清"红岩古迹"考辨①

"诸葛碑，在红岩晒甲山悬岩上。"清道光十六年（1836）永宁知州黄培杰所修《永宁州志》如是说。道光《永宁州志》载黄培杰《红岩诸葛碑》诗曰："八里桥②东山芳茇"，"上有红岩碑"。这就是今日所称"红岩古迹"，在龙爪树村后山偏北之悬岩上，地处大花哨南大坡顶西南直下灞陵桥古驿道之南侧。

"殷高宗石刻，在永宁州东五十五里红岩山，一曰诸葛武侯碑"，咸丰《安顺府志》如是说。清永宁州在今关岭县永宁镇。据咸丰《安顺府志•地理志十二•路》载，永宁州治主关岭凡45里，又至大洼铺③15里，共60里，此亦指大坡顶西南侧之"红岩"。

此后考释"红岩古迹"诸家迭起，至今不辍，虽说法种种，但所言"红岩"均与州志、府志的记载相同。这只能说是黄培杰始言所谓"红岩"，并不是明代文献所言之"红岩"。

明弘治间，贵州提刑按察使沈庠等人所编纂的《贵州图经新志•永宁州•山川》云：

> 红崖山，永宁州西北八十里。悬崖绝壁，惟东面可登。顶上有韭薤桃杏蔬
> 果，但可取食，持归者则迷失道，若有神鬼呵护者。山畔有洞，宽广若堂，深
> 广数十丈。中有杉木大方五片，不知何时所贮，其色如新。洞前有石人石马各

---

① 本文刊载于《安顺师专学报（社会科学版）》2000年9月第2卷第3期，署名范增如、吕燕平、张定贵、赵世钊、侯晓彤。
② 灞陵桥。
③ 大花哨。

一。近山间居民，间闻洞中有铜鼓声。或崖上有红光如火，则是年必有瘴疬。世传以为武侯驻兵息鼓之所。夷人每年一祭，牲用乌牛白马，或三年一祭，则步稔人和。①

这段文字是当年躬临其地勘察采访所得的实录，记载详明，真实可信。万历间贵州巡抚郭子章著《黔记》记载略有简省，且改"红光"为"红花"。四川按察使曹学全著《贵州名胜志》所载基本同《黔记》，但不言瘴疬事。万历《贵州通志·永宁州·山川》又几乎全同《黔记》：

> 红崖山，治西北八十里，壁立万仞。山畔有洞，广深数十丈，居民间闻洞中有铜鼓声。或崖上红花如火，是年必有瘴疬，世传武侯驻兵之所，夷人每一年或三年一祭。牲用乌牛白马，则岁稔。②

上引明代文献言"红崖山"之位置、特征甚明，本文先讨论它是不是今之"红岩"的写照。

一、红崖山位置"在永宁州西北八十里"。明代永宁州治在哪里？万历《贵州通志·永宁州·公署》云："州治，初建于打罕寨。宣德间改建于关岭所，嘉靖十一年巡按御史郭弘化题改于安庄卫，万历四年（1576）兵备杨启元议安南无有司节制，题请改建于安南卫城制始定。"万历《贵州通志》修于万历二十五年（1597），时永宁州治已徙安南卫城③，引文记"红崖"方位，仍以打罕旧州为基点，万历《贵州通志》永宁州舆即把"红岩"标在"打罕旧州"之西北。这里又涉及镇宁，永宁二州疆界问题。根据万历《贵州通志》中有关镇宁州疆域的相关记载，其"西抵永宁州五十里"。查镇宁州舆图，其西依次标有白水铺、鸡背铺、马咆哨、关岭所（图1）。

---

① 沈庠：《贵州图经新志》卷九《永宁州·山川》。
② 许一德、王耒贤等：万历《贵州通志》卷八《永宁州·山川》。
③ 今黔西南布依族苗族自治州晴隆县城。

图 1　万历《贵州通志》镇宁州舆图

　　根据《中国历史地图集》可知，明镇宁、永宁二州界线画在关索岭所之西[1]。徐弘祖在《徐霞客游记》中"是为安庄哨"夹注文云："自关岭为镇宁、永宁分界，而安庄卫之屯直抵盘江，皆犬牙相错，非截然各判者。"[2]

　　由此可见关索岭以东古驿道所经之地不在明代永宁州疆域之内，而属镇宁州地界。如果明代"红崖"即今之"红岩"，不当记入"永宁州山川"，而应记入"镇宁州山川"。也正因为明代这段古驿道的旁边没有当时文献所载"红崖"，故《徐霞客游记》没有一字涉及"红崖山"。徐霞客于崇祯十一年（1638）四月二十三日经行自白水河至关索岭古驿道，可简化《徐霞客游记》表述如下：

────────────────

① 　谭其骧主编《中国历史地图集 第 7 册 元・明时期》，中国地图出版社，1982，第 80-81 页。
② 　徐弘祖：《徐霞客游记・黔游日记一》。

从望水亭至"鸡公背",乃贾勇先登"鸡公岭"。"遂逾岭西向下",至"太华哨"(大花哨)。"又西上岭,逾而西","迤逦南下","一下三里,从桥西度,是为关岭桥"(灞陵桥),"西向拾级上","遂陟岭脊,是为关索岭"。①

看他那贾勇登鸡公岭的劲头,假如"红崖山"就在古驿道旁,岂有不一睹为快之理?明代"红崖山"不是今之"红岩古迹"明矣。

二、此处"悬崖绝壑,惟东面可登"。本文将"崖"与"岩"严加区别,绝不混用,一是为尊重文献,二是二字形、音、义有别。其义虽有相通处,今多混用。但古文中称高陡的山崖为"悬崖",无"悬岩"之谓。观今之"红岩",既不逼临谷壑,也不逼临河谷,唯山脊畔一寡岩耳。此岩坐东向西,无论从大坡顶直下灞陵桥之古驿道斜插至岩下,还是从龙爪树村后直登山路至岩下,都是西面可登,而不是"惟东面可登"。此岩绝不是明代文献所谓"红崖山"。

三、此山"山畔有洞,宽广若堂,深广数十丈"。今之"红岩"边侧根本没有洞穴的踪迹。洞中杉木大方,洞前石人石马,因时间久远,荡然无存,不足为奇。洞中有铜鼓声,当然是附会。但偌大的地下厅堂竟不翼而飞,就不可思议了。这只能解释为此岩边侧根本没有洞,此岩根本不是明代文献所言之"红崖山"。

四、"崖上有红光(或红花)如火,则是年必有瘴疠。"瘴疠之气,贵西古多有之。清康熙年间贵州巡抚田雯所撰《黔书·瘴疠》云:"瘴气自镇宁以上,凡地之近粤者皆有。每于春夏之交,微雨初歇,斜日如霓,丹碧弥漫,非虹非霞,气如蒸秫,则瘴起也。……近用火器惊之即解散;遂习以为常,亦渐不能困人。"②他认为:"大抵瘴生于岚,山泽不正之气也。"田雯《黔书》又有《石花》,称今普定三岔河畔可处岩"险绝处有石花",其云:"鲜明烂漫,城头之霞,壁上之帜未足拟也。岂山川之气,蒸郁所成乎?"两者相较,何其相似。今之"红岩",据清乾嘉以来考据学派

---

① 徐弘祖:《徐霞客游记·黔游日记一》。
② 田雯:《黔书》卷下《瘴疠》。

指为什么碑、什么文，与明代文献所言"红崖"之"红光""红花"[1] 相差甚远。

明代文献所言"红崖山"定别有指。贵阳清末举人姚华有《红岩古迹》诗七首，其六曰：

> 当年作郡白皆叟，古迹曾经亲访来。
>
> 为语巨书无刻迹，及询所见未填灰。
>
> 红岩有二疑途说，墨本无双信斐裁。
>
> 老去难归吾竟废，摩挲故纸亦徒猜。

其原注曰："陈庆慈白皆，鄂人，曾知大定府。壬子[2] 后，相遇于同古堂，语余云：曾至岩下，拜观古迹。所谓字青石赤，信然；询以灰填之说，明日未也。又云：有两红岩。如陈说可信，则灰填岂他岩耶？是古迹之幸也，惟口说简载，俱不云二岩，陈或未深考，然异文可拾，亦谈助也。"姚氏以没有"口说简载"而否定陈氏"有两红岩"之说，恰失之"或未深考。"

沿新通大[3] 关（关岭）段高等级公路西行，经龙爪树村。穿过断桥收费站，左折岔入乡村公路直抵红岩电站指挥部。站在郎公河西岸大榕树下东北方向望去，河对岸"红崖山"即横亘眼前，高可 80 米，宽约 200 米。其山西北端与华口山一脉相承，惟被郎公河急流划然中开，形成陡峭河谷。河西华口山下即布依村寨上，下红崖、河东巴林苗寨与郎公遥遥相望。经我们实地考察寻访，初步认定这就是明代文献所载的"红崖山"。

一、按路程计算，从永宁旧州打罕起程，经打邦、八德至郎公约 80 里，而今小路犹存，明万历志记永宁、镇宁二州接壤地域。多有一地两属的情况，唯郎公河只属永宁州募役司。红崖确属永宁州。与明代文献所言不悖。

---

① 并不排除明红崖上有符号，见后。

② 民国元年（1912）。

③ 大坪地。

二、此崖西临河谷，南面陡峭，无路可登，惟东面平缓。这与"悬崖绝壑，惟东面可登"相符。

三、红崖山至郎公村一带，山环水回、嘉木葱葱，风光独好。有堪舆家赞道："千里寻龙到此中，东北竹木好威风。吾在高山登凝望，九牛二虎归郎公。"东北即指红崖山，山上盛产各种蔬果，至今口耳相传，只是失去了神秘色彩。这与文献所载无差。

四、红崖山东南麓有深广地穴。当地居民称为"朝天洞"。此洞分三级直下二十米，横进内洞，深邃莫测。洞底曾有百年杉木一株，笔直长出洞外。枝叶如盖，恰遮盖住洞口。文献载"中有杉木大方"，良有以也。据说洞中有阴河，大抵就是时有铜鼓声的缘由。

五、旧时，每年初二，红崖村的布依人家各具香烛供品齐聚土地庙[①]，祭祀后则围席会饮，年轻人指对岸红崖上某一符号为目标比赛射击。这当是以火器惊散瘴气的遗风。

六、此处依山傍水，正好安营屯兵，附会为"武侯驻兵息鼓之所"，为红崖山下诸葛营古迹，恰可自圆其说。

再验之以前人咏诗，更能证明所描绘的红崖山即在此处。明嘉靖二十二年（1543）普定州[②]举人邵元善《红崖》诗曰：

> 红崖削立一千丈，刻划盘回非一状。
>
> 参差时作鼎钟形，腾掷或成飞走象。
>
> 诸葛曾闻此驻兵，至今铜鼓有遗声。
>
> 即看壁上纷奇诡，图谱浑疑尚诅盟。

---

① 地址即红岩电站食堂。

② 今六盘水市盘州市。

这首诗给我们提供了如下信息：整个"红崖削立"高标，与今之"红岩碑"剥落凹陷不同。有"铜鼓洞"存在，故有铜鼓遗声。红崖上有符号，字左右钟鼎，画若腾飞。据当地布依老人王国柱①回忆，崖上符号略分三竖行排列，似字非字，图案多作飞鸟头形，这就是他们年轻时射击的靶子。红崖原本通红一片，后来地方兴修引水工程，水渠顺红崖顶经过。为造"人工瀑布"，经常从崖顶放水下来，水流处成道道墨迹，淤泥和青苔遮掩了崖上符号。

现在仅能依稀可辨崖上确有竖行符号，邵诗所描写的红崖就是明文献所载"红崖山"。

清乾隆间贵阳举人、永宁州训导谢庭薰所作《红崖集杜》诗有云：

> 朱崖云日高，凡百慎失坠。
>
> 烟火军中幕，寒木垒旌旃。
>
> ……
>
> 我行得遗迹，伫立久吁怪。
>
> 可望不可攀，荒险崖谷大。
>
> 兵气恐不扬，间作鼓增气。
>
> 雄略动如神，故老还再拜。
>
> 百祀发光辉，所望时一致。

诗中出现的"荒险崖谷""间闻铜鼓""夷人祭祀"的写照，伫立山下观红崖的行迹，分明与明文献中的邵诗一脉相承，绝不是状写今之红岩。

时至道光年间，永宁知州黄培杰据谢庭薰初稿撰道光《永宁州志》，其《地理志·山川》曰：

---

① 供销社退休职工，粗通文墨。

红岩山，在城东六十里，壁立万仞。岩侧有洞，深广数十丈，或时闻洞中有铜鼓声。恍见岩上红花如雨，则其年必瘴疠，夷人或一年或三年用乌牛白马祭之。以祈岁稔。世传武侯南征曾驻兵于此。①

这段文字，除首句外，全依明文献，记的是郎公河畔的红崖山。这显然是谢庭薰初稿的载记，与谢诗不悖。而其《地理志•古迹》则曰："诸葛碑，在红岩晒甲山悬岩上。"②

这显然指的是今之"红岩古迹"。这是黄培杰的创作"移花接木"。黄培杰又将所谓拓本"红岩山诸葛碑"刊于州志首卷，引起乾嘉考据学者的极大兴趣，"按图索骥"之考释文章层出不穷，至于现今，致使视明文献而不见。

清末大定知府陈庆慈"有两红岩"之说不诬，但其未明确指出另一"红岩"何在。通过翻阅大量的历史文献资料，并经过实地考证，证实陈庆慈当年所提"两红岩"中的另一"红岩"就是郎公河畔的"红崖"。至于"红崖"上的符号到底是何物，有待考证。

（原载于《安顺师专学报（社会科学版）》2000年第3期）

---

① 黄培杰：道光《永宁州志》卷三《地理志•山川》。
② 黄培杰：道光《永宁州志》卷三《地理志•古迹》。

关于元杂剧盛与衰的再思考

元杂剧是中国古代戏曲发展史上的重要篇章，且代表了元代文学的最高成就，探讨其兴盛原因也就自然成了必不可少的课题。

元杂剧兴盛期的下限，一般定在元大德十一年（1307）。其上限为何年，就难以断定，但亦可作推断。关汉卿的出现，标志着元杂剧步入兴盛期。据王季思、吴思钦为《中国大百科书·中国文学卷》所撰关汉卿条目，关汉卿约生于金兴定四年（1220），约卒于元大德元年（1297）以后，金亡时（1234），年15岁。据王文才《白朴戏曲集校注·前言》所言，白朴生于金哀宗正大三年（1226），卒于元成宗大德十年（1306）以后。金亡时，年方8岁。南曲戏文《宦门子弟错立身》，"盖作于金亡之后，宋亡之前这段时间之内"[①]（钱南扬《永乐大典戏文三种校注·前言》）。该戏中，生色为回答末色"你会什么杂剧"问，唱了一曲〔鬼三台〕、列举了杂剧九种，其中《关大王单刀会》《管宁割席》《伊尹扶汤》三种系关汉卿所作。元世祖至元十六年（1279）灭南宋而有天下，在南宋灭亡之前，关汉卿等人的作品就已流行于南国，北方杂剧之盛可以想见。可以说，元杂剧之兴盛，在元大一统之前已有约40年的历史，在大一统之后仅兴盛了29年。换言之，在蒙元大一统的90年间，元杂剧的辉煌史仅占其三分之一。

元杂剧之兴盛自有其客观的原因。论者或以为元朝不行科举近80年是一重要原因。这80年之数，必从元灭金（1234）算起而止于仁宗皇庆二年（1313），太绝对了。《元史·选举志》云："太宗（窝阔台汗）始取中原，中书令耶律楚材请用儒术选

---

① 钱南扬：《永乐大典戏文三种校注·前言》，中华书局，1979。

士，从之。九年秋八月……诸路考试。以论及经义、词赋分为二科，作三日程，专治一科，能兼者听，但以不失文义为中选。……得东平杨奂等凡若干人，皆一时名士。而当世或以为非便，事复中止。"① 此时曾开科取士明矣。而关汉卿时年18岁，应有此机遇。"非便"只是对科举选士制的抛弃，因为"当时仕进有多岐，铨衡无定制"，有"出身于学校者"，有"策名于荐举者"。忽必烈初受封地，即以刘秉忠为谋士，礼遇理学家，召用儒者。至元二十三年（1286），世祖遣集贤学士南人程文海赴江南访求人才。仁宗延佑元年（1314）兴科举，到顺帝后至元元年（1335）又诏"罢科举"，到六年（1340）"复科举取士制"，中停两科凡6年。所谓近80年之说亦不确，应86年。事实上，元代大一统的90年间不行科举42年。这并不要紧，因为不能以行不行科举定一代文治之优劣。行不行科举与元杂剧衰与盛有联系，但不是必然的因果关系。元代戏曲还有南戏在，且北剧兴而南戏衰，北剧衰而南戏兴。一统时代的南戏，恰恰是不行科举而衰，行科举而兴，同样没有必然的因果关系。元顺帝至正五年（1345）进士高明所撰写的《琵琶记》竟成南戏复兴路上的里程碑。这可作佐证。

元初文人多不与统治者合作，无意仕进。剧作家亦不例外，他们或主待"书会"，或混迹"青楼"，甚至"粉墨登场"，发愤于杂剧创作，亲身实践杂剧演出。为杂剧的兴盛作出了重大贡献，自己也因而成了排场里手。

同作贡献的还有这些"才人"的合作伙伴——沦入青楼的"才女"。元人夏庭芝《青楼集》所载青楼女子70余人，内中不乏才女：梁园秀"喜亲文墨，作字楷媚"，能"吟小诗""制乐府"；张怡云"能诗词"；樊香歌"颇涉猎书史"；张玉莲善"南北令词"；江闰甫"亲文墨，通史鉴"；刘婆惜"颇通文墨"。这些名妓，名重京师者就有20余人。其中，不少人为杂剧表演艺术的提高作出了重大贡献，拔萃人物有：珠帘秀"杂剧为当今独步"；顺时秀"杂剧为闺怨数最"；南春宴"长于驾头杂剧，亦京之表表者"；天然秀"闺怨杂剧为当时第一手"；李芝秀"记杂剧三百余段"。才

———————————
① 宋濂：《元史》卷八十一《志第三十一·选举（一）》。

人与名妓在共同为杂剧作贡献的合作中结为知己，如关汉卿与珠帘秀、白朴与天然秀，至今传为佳话。"才人"致力于杂剧创作、亲临排场，"所谓不得其寸而鸣焉者"，是自觉的行为，是由他们的政治观、人生观决定的，绝不是因为仕进无路，"沉抑下僚"（语出明人胡侍《真珠船》）。

一提到元代社会，论者多以"严酷""黑暗"概之，其实大不然。查《元史》，有关结社、文字条令，仅有如下数款。《刑法志·禁令》载："诸以白衣善友为名，聚众结社者，禁之。""诸乱制词曲为讥议者，流。"[①]《刑法志·大恶》载："诸妄撰词曲诬人以犯上恶言者，处死。"[②]《刑法志·诉讼》载："诸中外有司，发人家录私书，辄兴狱讼者，禁之。若本宗事须引用证验者，仍听追照。其构饰傅会，以文致人罪者，审辨之。除本宗外，余事并勿听理。"[③]如是而已。这是"严酷"，还是开明？《申屠致远列传》载有两则案例：致远迁杭州总管府推官，"杭人金渊者，欲冒藉为儒，儒学教授彭宏不从，渊诬宏作诗有异志，揭书于市，逻者以上。致远察其情，执渊穷诘，罪之"。[④]时"桑哥当卧，摘治书侍御史陈天祥'劾平章要束木'，疏中语诬以不道，奏遣使往讯之，天祥就逮"。致远"累章极论之"，天祥获释而"桑哥气沮"。这正是对借文字"辄兴狱讼者，禁之"的有力例证。至于结社，大都就有关汉卿、白朴、马致远先后主持过的"玉京书会""元贞书会"，杭州也有"古杭书会"。它们的剧本能够上演，且大量传世，这绝非偶然。

元代名士多被征召入朝授职，后又告归而不被加害。刘因被世祖称为"不召之臣"，居然善终于家；赵德芳之后赵孟頫入朝后又得南归，死后追封魏国公，谥文敏；宋末进士吴澄应召出仕，后辞官请归，能安然讲学山中；傲骨嶙峋的王冕尚可隐于九里山，一旦落于朱元璋之手，竟暴卒军中；元末诗坛领袖杨维桢为官有政绩。明初朱元璋逼他入京，作诗痛斥即自缢而死。较之于大叫"不为君用，罪该抄

① 宋濂：《元史》卷一百五《志第五十三·刑法（四）》。
② 宋濂：《元史》卷一百五《志第五十二·刑法（三）》。
③ 宋濂：《元史》卷一百五《志第五十二·刑法（三）》。
④ 宋濂：《元史》卷一百七十《列传第五十七·申屠致远》。

杀"而大兴文字狱的明太祖，元统治者对待文人实在够"仁慈"了。又较之于南宋赵宏夫榜禁《赵贞女蔡二郎》等戏文之类专横霸道行径，元代的文化政策恐怕要开明得多！

一代文学与一代时尚、一朝制度大有关系。无论是女真人，还是蒙古人，都酷嗜音乐、能歌善舞，对北曲杂剧歌舞登场的演戏形式自然喜爱。同时，他们的"胡夷之曲"随之传入中华，使人耳目一新，如〔四国朝〕、〔唐兀歹〕等很快成了北杂剧常用曲牌。金元人为了文治的需要，加强了对汉文化的学习。出现于金元之交的南戏《宦门子弟错立身》中的男主角完颜寿马本是女真宦门子弟，热恋戏班女演员王金榜。他既通北杂剧，又精南戏，还能制乐谱。虽是文学作品，却也反映了金元人的观念多不同于道学伦理，以及胡汉文化的交融。这也有利于戏曲的发展。

《元史》载有泰定帝一道即位诏书，很有意思，兹摘录数语：

> 薛禅皇帝可怜嫡孙
>
> 但凡军马人民的不拣什么勾当里
>
> 我累朝皇帝根底
>
> 诸王哥哥兄弟每，众百姓每，也都理会的也者
>
> 今我的侄皇帝生天了也么道
>
> 大位次里坐了也[①]

这与那"奉天承运，皇帝诏曰"似的诏书相较，面目全非。真是一份研究元代北方官白的绝妙文件。皇帝诏书如此，时尚尊崇白话可以想见。这似乎告诉我们：元代，由传统诗文向戏曲、小说转折的契机已经到来。这与初期元杂剧本色派的出现不能说没有丝毫关系。

元杂剧中一些脚色名目称谓与元制也有关系，如"贴旦""曳剌"。《元史·兵志》

---

① 宋濂：《元史》卷二十九《本纪第二十九·泰定帝世孙铁木儿（一）》。

载："或以贫富为甲乙，户出一人，曰独军户，合二三而出一人，则为正军户，余为贴军户。""旧例，丁力强者充军，弱者出钱，故有正军、贴户之籍。""（至正）十八年二月，并贫乏军人三万户为一万五千，取贴户津贴正军充役。"① 可见，"贴"与"正"对，为津贴义，"贴旦"即津贴"正旦"上场之次要脚色。其称谓与军户有关。该志又载："世祖中统四年三月，中书省定议乘坐驿马，长行马使臣、从人及下文字曳剌、解子人等分例……投呈公文曳剌、解子，依部拟宿顿处批支。"原来"曳剌"是投递文书的公人，元杂剧搬来作杂色称谓。

至若元代城市经济的发展，为杂剧的兴盛创造了条件。但值得再思索的是：杭州是江南都会，自古繁华。元文宗至顺间，杂剧中心由大都移来，何以成了由盛到衰的转折点？温州是南戏的发祥地，杭州在南宋亡以前已成南戏中心，南戏在北剧兴盛时而又何以衰微呢？这就不能不注意考察其兴与衰的内在原因。

元杂剧是在金诸官调、金院本坚实基础上发展起来的，自然有它多方面的优势，也因此而兴盛。随着北方作家、名妓纷纷南下，导致杂剧中心的南移，北方艺界势必空虚。南下的北杂剧已成无根之花，难快南人耳目。"当行"里手、才华横溢的剧作家如关白、王马等辈相继谢世，作家队伍大大减少，堪称大家的唯有郑光祖，总的形势可谓后继乏人。剧作本色殆尽，远离生活。至正间，杭州人萧德祥虽作杂剧，更有南曲戏文《小孙屠》，南戏复兴转机已显，北剧衰落已成定局。

元杂剧在发展过程中形成了一套束缚过严的体制，可谓作茧自缚。

元杂剧的结构通常是四折加一楔子为一本。这种格局貌似匀整，实则呆板。它只能容纳不长不短、事件单纯、人物集中、情节发展刚刚合"格"的题材，小了装不满，大了装不进，否则只有削足适履或鞋尖塞棉。试把马致远的名剧《汉宫秋》的情节线理出来，再作说明。

楔子：番王塞外耀武，口称"昨曾遣使进贡，欲请公主"。——毛延寿宫中奏帝选美。

---

① 宋濂：《元史》卷九十八《志第四十六·兵（一）》。

第一折：延寿自述选美索贿不成而点破美人图。——昭君永巷夜弹琵琶消遣。——汉元帝适巡宫闻琴遇昭君得知原委，传旨拿延寿斩首。

第二折：延寿投番献图，番王遣使索昭君。——昭君对镜梳妆。——时元帝驾幸内宫，昭君刚接驾，尚书、常侍前来奏报番使入朝索昭君事，元帝即宣番使进见，番使以"刻日南侵"相逼，昭君"情愿和番"以息刀兵，元帝大骂文武无能被逼应承送出昭君。

第三折：昭君被番使簇拥上路。——元帝灞桥饯行，昭君留下汉服别去。——元帝目送昭君。——番王率众簇拥昭君北行。——交界处昭君投江殉国。——番王礼葬昭君，决计送延寿归汉治罪。

第四折：元帝夜晚挂图解闷；梦见昭君回宫复被劫走；闻雁叫思念昭君。——尚书说番使绑送延寿归汉，元帝令斩首祭奠昭君。

这情节安排极不自然。楔子既是序幕，以番王耀武索公主和亲展示背景足之够矣，却偏要塞进毛延寿奏帝选美，天南地北摆在一场，即不合地点集中的原则，又把选美戏搞得支离破碎。第一折开头王延寿自述选美，地点在秭归。这场独角戏可以说还不成戏，而且后面立即拉到了宫中，跳跃极不自然。按理说，毛延寿奉旨到秭归选美当处理为一折独立的戏，楔子中奏帝选美可以作暗场处理，交代即可再加进王昭君拒绝行贿、上路入京的戏岂不更好？第二折毛延寿投番也应作独立场次处理，况且哪有在内宫召见番使之理呢？第三折把高潮和结局紧压在一起。第四折仅成余波，先紧后松，紧则展开不充分，松则冷场。其实昭君上路、元帝回宫思念可并为一折，突出汉宫秋飞、昭君投江更应独立成场，以突出主题才好。斩杀毛延寿可作尾声处理。如此，元帝昭君的戏可以兼得。那么为何成了原作的格局呢？问题就出在既要合四折正戏的"格"，又要就"驾头杂剧""末本"的"范"，没有正末汉元帝在场就不能构成折（包括楔子在内）。因此，应该独立成场的戏就没有成折的资格了，否则就犯了规。

也正因为它是"末本"戏，只有正末汉元帝才有司唱权，且要一唱到底，而正旦王昭君即使情愫满怀也无权唱出。王昭君永巷弹琵琶，应是一出边弹边唱以尽情抒发她那"宫怨"的绝妙好戏，可惜只能弹不能唱真是有苦说不出。昭君对镜梳妆准备迎驾，那得幸后的满心喜悦只字未露，仅"做对镜科"而已。当面表示"情愿和番，得息刀兵"，却又难舍恩爱之情，这矛盾心理既壮且哀；被番使拥上，一路行来进退不由，有愤恨，有担忧，有自叹；留衣作别，情意绵绵；特别是奠酒投江，以身殉情殉国，情怀壮怀已至高峰。可是都不能唱出，只好让她抱憾九泉之下。"末本""旦本"之分，局限性太大了！

元杂剧唱北曲，还要"寻宫数调"。北曲的曲牌都归属一定的宫调，各宫调统属的曲牌数目却不相同。周德清《中原音韵》所载335个曲牌分属12宫调，元杂剧只用了9个宫调，没用到的宫调就是因为所统曲牌仅5至8个，难以组成套数。有5个宫调所统曲牌为16至25个，组套成折选择余地也不大。有3个宫调统展32个至42个曲牌，只有双调统展100个曲牌，选择余地较大。曲牌的联缀还有一定的规则，不能随意安排先后。据芝庵《唱论》等载，宫调都有各自的"声情"，如"南吕宫唱感叹伤悲""正宫唱惆怅雄壮""越调唱陶写冷笑"之类。如此，一折戏用一个宫调只能传一种情，只能适应情绪相对稳定的场面。事实上一折戏的剧情、情绪往往是起伏多变的，即如《汉宫秋》第二折，以闻报"番国遣使来索王嫱和番"为汉元帝情绪的陡转点。闻报前，这位风流天子回味着君妃相伴的甜蜜，如醉如痴；品评着明妃对镜梳妆的体态，心荡神摇。闻报后，这位无能皇帝斥庸骂贼，愤怒填膺；对昭君出塞的前程，忧心忡忡，恨思攸攸。这是一出乐极哀来的好戏，用的却是南吕宫，哪是"感叹伤悲"所能概括的呢？或者说这折戏的感情，单用南吕宫是不能充分表现的。这种一宫选曲组套成折的音乐单元组合方式的局限实在不小。

僵化的格局必然遏止元杂剧的生机，有创造性的作者也势必在改革上下功夫。王实甫作《西厢记》就没有墨守成规，突破了一戏一本四折、"末本""旦本"的分野、一宫选曲组套等限制，写出了各色人物司唱自由的5本21折的宏伟长剧，并对"借宫"入套作了成功的尝试。

明代杂剧体制起了重大变化，即所谓"北剧南化"。其始于贾仲明杂剧"南北合套"，到万历间王骥德作《男王后》悉用南体，成就了"南杂剧"。南化北剧的作家差不多都是著名剧论家。何以如此？一是为南人而设，沟通语言，二是认清了元杂剧体剧的局限性，不能不突破。

南北戏曲的兴替史，很值得进一步研究。

（原载于《贵州师范大学学报（社会科学版）》1997 年第 3 期）

追　思

范增如先生的安顺情结

——初读《明清安顺风物诗文注评》有感

邓克贤

　　早在两年前就听安顺师范高等专科学校（今安顺学院）的朋友说，范增如先生撰写了一本书稿，内容是专门注评安顺的名胜古迹和明清诗文，洋洋洒洒三十余万字，已几易其稿，增如先生已定稿、誊正、装订成册，"万事俱备，只欠东风"了。不言而喻，只欠的"东风"，自然指的是出版的资助经费。舞文弄墨者，最大的痛苦，莫过于有本事著书立说却无力将自己的书出版。正当学生们酝酿着要设法集资为范老师出书之时，增如先生自己却默默地借贷、自筹资金，在贵州民族出版社的相助下，终将此书正式出版。依此便已掂量得出这本书问世之艰难。因此，捧读这本书，我一方面感到兴奋、激动，与此同时，又觉着：书，沉甸甸的；心，也是沉甸甸的。

　　毫无疑问，增如先生为安顺地域文化的挖掘、历史的梳理乃至旅游的发展做了一件承前启后的大好事；这本书的作用，将会在今后的岁月中逐步发挥出来。增如先生出生在巴山下、宕渠边，是个地道的四川人，安顺其实是他的第二故乡。不难想象，如若对安顺没有深深的感情的话，他又何必花数十年时间，费尽心血来写这本书呢？他的奉献已让安顺本土的同行汗颜。

　　在该书中，范增如先生对安顺明清两代的历史、风景名胜、相关人物、诗文楹联资料的广泛收集，并仔细筛选，确切注释，中肯评析。增如先生"翻检方志，请教耆老，实地观察，几乎钻头觅缝"，恰如从岁月的烟尘中，去拾取万千饶有价值的残片，并将它们粘合起来，成为一件件"陶盆""铜鼎""铁罐"……让读者从文化的视角出发，重新去体察和认识这片乡土，去寻觅历代先人的履迹，去领略山川草木的美趣与灵性，规范系统，一目了然，便于查检，至为可贵。

在这篇短文中，不可能对增如先生这本厚厚的书妄加评论，但也禁不住要挑出一丁点来与读者共享，算是"窥豹一斑"吧。

譬如，明代弘治九年（1496），曾到达安顺（那时还称普定卫）的巡按御史丁养浩曾留下一首七律：

> 平坝一程来普定，贵阳风景此平分。
>
> 几多衰草漫铺地，无数好山高出云。
>
> 尽有裔夷输职贡，不妨师旅乐耕耘。
>
> 诗成薄暮送归鸟，处处鼓鼙斜日曛。

当年的丁养浩，尽管是走马观花小驻安顺，但他将眼观、耳听、心察所得的安顺当时与贵阳比肩的地位、得天独厚的富丽风景、明代屯田军民的史实、贵州高原的苍凉、游子旅人的淡淡的轻愁等融入一诗，范增如先生将这首诗纳入他的视野，选进他所注评的诗文之中，他这样点评道："描绘了深秋时节当时安顺的景象……写秋景而不见'秋'字……格调高明。"增如先生的评析，采用的"画龙点睛"之法，点到为止，将大量想象的空间留给读者，自己不去"包办代替"，这样的注评，于诗是精当的，于读者是启悟的。

这本书值得提及的还有两点：其一是增如先生在选择和注评风景名胜篇目的时候，着意加强了文化的观照，他的注评是围绕物景来展开历史，来注灌文化底蕴的，摆脱了一般的风物评介文章就景评景、就物评物的俗套。正因如此，这也成了这本书价值之所在，而且每篇都富有可读性、趣味性、亲切感，所以堪称雅俗共赏。其二是在书的最后的部分，增如先生将八个长期以来地方学术界津津乐道而争论不休、似是而非的疑难历史佐证资料，便于关注地方文化去比照、去论争，从而找到确切的历史答案。

古人云"开卷有益"，我建议安顺人，或是热爱安顺的外地人不妨在案上增加这本《明清安顺风物诗文注评》，有空就读他一两篇，相信你会感到受益匪浅、趣味无穷，并能进一步了解安顺、热爱安顺。

沧桑岁月志不改

杨　倩

采访档案：

范增如，男，1940 年出生于四川达县。1962 年毕业于贵州大学中文系（今贵州大学文学院），同年分配到安顺地区一中任教。1983 年调地区教育学院（今安顺学院），职务：教务处副处长，职称：副教授，主要教授元明清文学、乡土文学。民盟安顺市委委员，政协安顺市二届委员。

提起范增如老师，安顺的许多人并不陌生，因为他任教的 30 多年中，他的学生不说"桃李满天下"，也是"桃李满黔中"。范老师的古典文学不仅在安顺，甚至在贵州省都小有名气。他的治学态度和对美好人生的追求令人敬佩。他的一生似乎比一般人有着更多的坎坷和挫折，然而……

杨：范老师，您为什么会选择古典文学作为研究对象呢？

范：这得从我小时候说起。我出生在四川达县的一户贫困人家里。父亲懂中医，我排行老八，是家里唯一的男孩。在我两岁时父亲去世，年迈的母亲把我拉扯大。母亲虽然没有多少文化，但通情达理，把希望全寄托在我的身上。我的家乡民风淳朴，人民崇尚知识，因此，我从小受到家庭和环境的影响，喜欢读书。七岁到十二岁之间断断续续上了三年私塾，由于那时教的多是古文，从那时起我便对古典文学产生了浓厚的兴趣。在四川高中毕业后，我便报考大学中文系，考上贵大的古典文学专门化班，从此，对中国的古典文学的喜爱和研究便一发不可收。

杨：您常把自己称作"三书生"是什么意思？

范：所谓"三书"，即读书、听书、教书。要想有丰富的知识，只有博览群书，在几十年的生活中，我不仅读大量的历史书籍，更读了无以计数的文学方面的书籍，包括古今中外的，只有大量读书，才能吸收前人的研究成果为我所用。听书，是指从身边的人，特别是那些德高望重的老人身上吸取知识，从他们的口里听到许多书本上没有的东西，这对于研究一个地方的历史文化的沿革有着不可忽视的作用。教书，是我的本行，我只有在读书、听书的基础上，才有可能把书教好。常言道，要给学生一杯水，教师得有一桶水。否则，又怎能对得起莘莘学子呢？

杨：您对安顺的了解胜过在安顺土生土长的人，您是怎样做到这一点的呢？

范：安顺是西南地区一个举足轻重的城市，古时就是古夜郎的发祥地，研究它的历史和文化对了解安顺、认识安顺、发展安顺都有着十分重要的意义。对安顺的文化、文学方面的研究，目前我已整理出十多万字的资料，其中有文学艺术、风土人情、人文景观、地理地貌等包罗方方面面的内容。但这项工作还在进行之中，争取以后能积集成书。除了对乡土文学的整理和研究外，我还对古典戏剧和小说也进行研究，也有十多万字的资料。在安顺的几十年间，我一有空就到民间进行收集、采访工作。深入调查研究，掌握大量第一手的资料，目的是为研究安顺尽自己的一点绵薄之力。

杨：您对您的家庭是怎样看的呢？

范：一个人的一生会遇到各种各样的不幸，托尔斯泰曾说："幸福的家庭都是相似的，不幸的家庭各有各的不幸。"几十年来，我感到有些压力的是经济的拮据和三个弱智儿的拖累。说真的，一个家庭中有一个弱智儿就让父母伤透脑筋，何况三个孩子！不仅不能对我和妻子有任何的帮助，相反，我们夫妻要用大量的精力和时间照管孩子，这给我的事业多少带来一些阻碍。1986年，领导的关心，把我妻子从一个发不起工资的小厂安排到我的单位当工人，尽管一个月的收入不高，但毕竟对家庭是一个不小的补贴，现在家里经济条件比原来好多了。虽然我的家庭有些不幸，但作为父亲和丈夫我应尽到最大的努力，去年老二不幸去世对我的打击很大，他毕竟也是父母身上掉下的肉啊！

杨：范老师，十多年前您当我的班主任时我就感到您对生活对事业非常乐观，您对人生是怎样看的？

范：人是应该有精神支柱的，如果一个人失去信仰或无所追求，那将是一个躯壳，也是一个可怜的人。人生的痛苦很多，但有的却是自找的，如对物质的追求就不应该脱离实际，希望越高，失望越大。人活着就是为后人留下一些精神财富，这才是人生的真谛。

豁达、友善的范老师清瘦而精神矍铄，岁月的沧桑使他过早显得有些苍老，饱满的前额给人以智慧和力量的感觉。我们祝愿这位精神的富有者心想事成，一生平安！

（《安顺晚报》1995 年 4 月 22 日第 3 版）

食古终可化

——访范增如先生

王 杰

范增如，号三书生、遗石子、食古叟。1940 年生于四川达县。1962 年毕业于贵州大学中文系（今贵州大学文学院），同年分配到安顺地区一中任教。1983 年调安顺教育学院任教。1987 年评为副教授，旋任教务科副科长。1993 年安顺教育学院并入安顺师范高等专科学校（今安顺学院），任教务处副处长及中文系主任。1999 年退休，长期从事元明清文学、乡土文学教学和地方古文化研究，已出版和即将出版专著三部，发表论文三十余篇。曾任民盟安顺市委委员，政协安顺市二届委员。

范增如，一个朴实、敦厚、睿智的退休的普通大学教师，他在古典文学研究和地方古文化研究的辛勤劳作及取得的成就已渐渐引起学界同仁的关注。其论文除在地区和省级刊物上频频发表之外，还常在国家级刊物上发表。与此同时，随着他的专著的问世，文史界的评论也接踵而来。他的论著有述有论有证，很有深度和力度。由于研究成绩突出，并且提出了许多很有分量的见解，因而贵州卫视《新闻广角》、贵州卫视《发现贵州》栏目和安顺电视台、电台等媒体也专门采访过他，对他作了大量介绍。

作为古典文学爱好者，我和范老有了相当多的接触。在接触的过程中，我惊奇地发现他的一生有着比一般人更多的坎坷和挫折，然而他在这种极端的环境中，竟然能几十年如一日地奋斗并且取得了很大成就，这种学者的楷模形象使我有一种想要完全了解他的欲望，于是就有了以下访谈内容。

王： 范老，长期以来，您除了担任繁忙的行政工作和教学任务之外，还坚持不懈地从事古文化研究，而且取得了许多成就，可谓是硕果累累，因而人们都尊称您为"古文化研究的专家，学者的楷模"，对此，您是怎么看的？

范： 有愧于"专家"和"楷模"的称号，但我确实努力地做了一些事。长期以来，我几乎没有周末和休息日，每有时间，便进行古典文学研究和到有古文化遗风的地方进行实地考察和研究。有诗云："纸上得来终觉浅，绝知此事要躬行。"因而20世纪80年代以来，我陆续发表了不少考证性和独见性的学术论文。在前后近40年的任教生涯中，我走遍了安顺辖区的山山水水，进行大量古文化遗风的史学考证，可以说取得这点微薄成就就是走出来的。

王： 您常把自己称为"三书生""遗石子"和"食古叟"，能谈谈它们的含义吗？

范： 这是我一生的写照。所谓"三书生"即读书、教书、著书。要想拥有丰富的知识，只有博览群书，在几十年的工作中，我阅读了大量的文史书籍。只有大量地读书，才能吸取前人的研究成果为我所用。教书，是我的本行，只有在大量阅读和广泛吸取别人所长的基础上，才有可能把书教好。常言道，要给学生一杯水，教师得有一桶水，否则，又怎能对得起莘莘学子呢？著书，是我的追求，我认为人活着应该有所作为，应该为后人留下一点精神财富，这才是人生的真谛。而"遗石子"和"食古叟"则是我人生的两个阶段的体现。由于我家庭的原因使心理上和精神上几乎崩溃，但是，我顽强乃至形成刚直不阿的性格，使我在人生的道路上就像苏轼所说的是一块被人们遗失的石子一样，在事业上被人为地抛置。"食古"，性本好古，也是我的专业，现在老了，退休了，仍整天研究我多年来收藏的古书、古文物，希望能在有生之年多出几部有价值的书。

王： 安顺过去几十年，地方古文化研究一直不受重视，实地考察研究更是无人问津，可是您却把它当成使命般的工作来做。是一种什么力量使您如此一往情深？在这方面您取得了哪些成果？

范： 最初是"为谢素食安顺大米之罪"。1958年来到贵阳，虽然大炼钢铁伊始，诸如黔灵、东山依旧青葱，南明河中渔火尚见，所谓穷山恶水之虑顿消。我庆幸能在花溪河畔闻教，那里真山真水深藏真意，淳美的布依族风情令人神往。1962年，到了安顺——夜郎故土的腹心。也许是因为性本好古，萌发了对它的过去做一番考究的想法。我发现安顺是一个得天独厚的游览胜地，这里气候宜人，说它四季如春并不为过。这里山奇、水奇、石奇、洞奇，不用说白水如绵、红崖胜火，众多的洞天奇观，纯系大自然的造化；就连那白石造就的石塔、石板房，银辉闪闪，也在勾引游人的目光；还有那"避秦"（躲乱）的山坉、洞坉，原本是历史的陈迹，游历其间，也会引发悠悠思古情。这里民族风情纷呈异彩，包括屯堡人的跳神（地戏），这是他们生活的组成部分，本不惹人偏惹人。这些安顺特有风物，至少在明初，就成了"游宦""流寓"者咏物诗、记游文的绝好题材，他们惊诧于天下竟有如此奇特的自然景观。本地文人则感慨于如此奇山异洞生在边陲，不临名都，鲜为人知。而地方古文化研究又缺乏深入的考察，作为一个古典文学爱好者及教育者，我觉得担负起这些使命是责无旁贷的。于是我翻阅方志，请教耆老，实地观察，几乎是钻头觅缝，时至今日陆续发表了一系列文章。其中，影响较大的有《安顺"云山坉"不是明代屯军堡子》，在《贵州文史丛刊》发表后，引起了较大轰动（反响）。其次，《安顺地戏释名及其他几个问题的讨论》《贵州安顺地戏并非傩戏》《明代红崖碑的发现》等的发表，都引起了强烈的反响。对此，很多刊物纷纷来函要求转载。

　　王：据我所知，您在屯堡文化研究方面成绩也很突出，但是一般人认为，搞古文化研究无非是收集、整理一些民间古籍和民间传说而已。作为一个古文化爱好者，我想知道一些这方面的情况，请您具体谈谈。

　　范：长期以来，我在从事古典文学、乡土文学研究的同时，也一直在进行屯堡文化研究。随着研究的深入，我愈来愈觉得屯堡文化领域的博大和精深。"收集和整理"对古文化教育工作者来说确实重要，但认为屯堡文化研究只是"收集和整理"却是非常片面的。屯堡文化的包容面较广，从某种意义上来说，它是汉民族在特定时代保存下来的活标本，包括传统文化，也包括发展了的具有地方风格的"新文化"、文人文化、历史文化、宗教文化和民间文化。可见，屯堡文化研究的对象和范围之广阔。20 世纪 70 年代以来，随着屯堡文化研究的发展，有的人片面认为屯堡文化是研究贵州山上的"屯堡"本身，其实它是透过屯堡人的各种遗风和现象，去研究明代安顺外来汉族的方方面面的历史生活状况。因此，研究屯堡文化应该采取全方位文化视角，而不仅着眼于屯堡本体形态的层面，即力求在形态分析的基础上对其作出合理的文化阐释。从这个意义上来说，屯堡文化研究实为不易。

王：听说您是四川达县人，并且小时候读过私塾，同时也是在四川长大的，您认为这段经历对您后来从事古文化研究有什么特殊意义。

范：是的，我是四川达县人，出生在巴山下、宕渠边，曾在那里度过了 18 个春秋。小时候，家里很穷，父亲懂中医，我排行老八，是家里唯一的男孩。在我两岁时父亲去世，年迈的母亲把我拉扯大。母亲虽然没有多少文化，但通情达理，把希望全寄托在我身上。我的家乡达县，是一座历史悠久的边陲小城，千百年来积淀着深沉厚重的历史文化气息。中原、荆楚、巴蜀与夜郎文化在那里交汇，形成一种独特意味的文化，我就是在这种文化摇篮里成长起来的。大渡河、长江的乳汁，峨眉山的天籁哺育了我，为我后来的学术研究奠定了重要基础。因此，从小受家庭和环境的影响，喜欢读书，断断续续上了几年私塾，由于那时教的多是古文，从那时起便对古典文学产生了浓厚兴趣。高中毕业后，考上了贵州大学中文系的古典文学专门化班，从此，对中国古典文学的喜爱和研究一发而不可收拾。可以说，这段经历是难能可贵的，它使我终身受益。

王：不少报刊都介绍过您，说您是我省当代研究古文化影响较大的专家之一。我想知道您是什么时候开始研究古文化的，早期情况怎样？

范：地方古文化是中国传统文化的重要组成部分，我对安顺地方古文化的研究是基于对中国传统文化的认识和需要。同时，研究它的历史和文化对于了解安顺、认识安顺、发展安顺都有着十分重要的意义。1962 年到安顺工作后，发现安顺是西南地区一个举足轻重的城市，古时就是古夜郎的发祥地。于是我立即进行深入调查研究，收集各种资料，有口头的、文献的、图像的、实物的，并运用文化人类学、历史学、宗教学、民俗学、艺术学等各种学科知识和方法进行研究，公开发表了几十万字的论文，内容涉及安顺的文化源头、流变、文学艺术、风土人情、人文景观、地理地貌、宗教观念、戏剧艺术，以及屯堡、地戏、红崖碑的发现等方方面面的内容。在此期间，我一方面大量查阅史料，一方面又进行田野工作，安顺辖区（包括划出的清镇、开阳、息烽、修文）的山山水水都有我的足迹。掌握了大量的第一手材料，撰写论文也就顺手得多。这期间，我可以说是"弹无虚发"，不但发表了几十篇很有分量的学术论文，而且还注释了由贵州人民出版社、原安顺行署文化局、黄果树旅游集团有限公司三家单位主持编选的在国内外影响较大的《白水红崖集》，参加编写《民族预科班省编教材》的文言文部分。另外，出版了专著，在学术界产生了广泛影响。

王：请结合您的研究成果，谈谈您是怎样从古典文学研究的角度对地方古文化进行深入研究的。

范：我是搞古典文学研究的，又生活在安顺这块宝地上，自然就把目光投向安顺的古文化。在古典文学研究过程中，需要查证大量史料，而在这个过程中，发现地方文献对安顺的古文化记录虽不够翔实，但也不乏珍贵史料，应充分运用。同时感到个人势单力薄，必须借助群体力量，多学科同仁的合作，研究才能得以深入进行。因此，安顺师专成立了"屯堡文化研究中心"，并获得国家级"中国百村调查——九溪村"科研项目，我参与其中，受益匪浅。不少论文的亮相，与同仁的交流是分不开的，如新近发表于报刊的几篇论文：《黔中文化研究管见》《"屯堡人"解》《屯堡人之心理特征》和《屯堡人的迎神赛会》。另外《贵州安顺地戏并非傩戏》（载《安顺师专学报》1994年第1期）《史证安顺屯堡的两重性——兼谈安顺山坉并非屯军堡子》（载《安顺师专学报》1995年第3期）《古夜郎沿革及其先民》（载《安顺师专学报》1996年第3期）《再谈安顺山坉、洞坉》（载《安顺师专学报》1997年第1期）《安顺"云山坉"不是明代屯军堡子》（载《安顺师专学报》1998年第6期）《濮人僚人辨》（载《安顺师专学报》1999年第1期）……也陆续亮相。与此同时，我的古文化研究文集专著，约35万字的《明清安顺风物诗文注评》已由贵州民族出版社出版发行，现已作为安顺师专乡土文学教学课本；另外，正在出版的和即将出版专著有约 15 万字的《黔中文史论稿》和约 20 万字的《红崖古籍研究论稿》，这些成果虽是古文化研究，然而把它们归并为古典文学也不为过。

王：新的世纪将给人们新的希望，您在古文化研究方面有何新的打算，并且您对人生有何新的看法？

范：21 世纪是新人的世纪，在新的世纪中，应该保持一种新的精神状态。我虽然退休了，但我对古文化将一如既往地深入研究下去，把屯堡文化和夜郎文化研究深、研究透。可以说，对古文化的研究是我的生命之源。对人生的看法，我认为人是应该有精神支柱的，如果一个人失去了信仰或无所追求，那就是一个躯壳，也是一个可怜的人、人活着就是要为后人留下一点精神财富，这才是人生的真谛。

范增如先生与屯堡文化 [①]

刘竹子

范增如先生，出生在巴山脚下，于 1958 年来到贵阳花溪河畔，1962 年 7 月毕业于贵州大学中文系（今贵州大学文学院），同年 9 月到贵州省安顺市参加工作。先后在安顺一中、安顺教育学院工作，后担任安顺师范高等专科学校（今安顺学院）教务处副处长、中文系副主任，2000 年荣誉退休。2006 年 12 月，范老师不幸病逝。在他的一生当中得到的评价很多，可用八个字高度概括"渊博知识，平易近人"。所以，在安顺地区提起范增如老师，许多人并不陌生，因为在他任教期间他的学生不能说是"桃李满天下"，也可以说是"桃李满黔中"。范增如老师的诸多研究成果在其著作《明清安顺风物诗文注评》均有所体现，其中涉及到的屯堡文化，更能彰显范老师丰富的知识、宽阔的视野。

一、屯堡文化

在贵州省安顺市郊，聚居着一支与众不同的汉族群体——屯堡人，他们的住居、语音、服饰、饮食乃至娱乐方式，既与少数民族有别，也与汉族村寨迥异，形成一种独特的文化景观——屯堡文化。其独特在哪些地方呢？

先从服饰方面来讲。屯堡服饰最为突出的是妇女的装束，通常是宽衣大袖，大衣袍长及膝下。领口、袖口、前襟边缘皆镶有流绣花纹，腰间以两端垂于膝弯部的

[①] 本文系安顺学院 2008 届地理专业专科生毕业论文。

织锦丝带系扎。长发挽成圆髻网罩挽于脑后，圆髻上插有玉簪、银链等首饰。据当地的老人讲，这是沿承明王朝的打扮。

屯堡人的方言。虽然他们居住在贵州，但是与江南方言却极为相似。如下面几个例子比较：

"萝卜"，普通话读作"lúo bo"；苏皖人读作"lǎo bù"；屯堡人读作"lāo bù"。

"不要"，普通话读作"bú yào"；苏皖人读作"bié yào"；屯堡人读作"bái yáo"。

"对""村""脆"，普通话读作"duì""cūn""cuì"；苏皖人读作"dè""cēn""cè"；屯堡人读作"dèi""cēn""cèi"。

以上这些对比，可见屯堡方言与苏皖语言有着许多相同和相似之处。

屯堡人的居室建筑也颇具特色。外人难以想象他们居住的房子是怎样修建的。既不是洋楼别墅，也非砖瓦结构的房屋，而是令人惊奇的一座座银色石头院落。走进屯堡村寨，所看到的是：石头的瓦盖、石头的房，石头的街道、石头的墙，石头的碾子、石头的磨，石头的碓窝、石头的缸。这些建筑带有浓浓的军事防御色彩。明王朝建立后，为了西南永固，便开始实施屯田制。在大片的屯田区，以马跑距离范围划分田土，就地立栅建寨，一个个屯堡村落渐次形成。历经数百年的风雨沧桑，屯堡人利用安顺一带碳酸钙岩层的丰富资源，从简陋的栅栏式建筑，演变成封闭式建筑结构。以石头寨墙或村民房墙连体，再配上碉楼、碉堡，形成易守难攻的建筑群体。既可合力抗击，又可独自为战。

以上是屯堡文化中较为突出部分，还有相关的诸多方面更有待研究。范老师的研究当中，偏重屯堡文化的历史问题探究。

二、地戏研究

地戏属于屯堡人的标志性文化艺术，也是屯堡人的一种象征。"地戏"之称谓，最早出现于道光七年（1827）《安平县志·风俗志》当中，指的就是一种以地为平台，在平地上围场演出的戏剧形式，在民间习惯上称之为"跳神"或"跳神戏"。地戏的演出时间颇有讲究，一般分为两个节令：一个是一年一度的春节，一是稻谷扬花时节。地戏演出的内容丰富，主题比较单一，可说是一部部屯堡人景仰、倾慕、效尤英雄人物的赞美诗篇。人们习惯把安顺地戏等同于了傩戏。那什么是傩戏呢？它也称为傩舞，是中国地方戏曲剧种之一，约在元明时由古代傩仪发展而成。初是以歌舞演故事，待到钟馗形象在傩仪中出现，傩戏才应运而生。而傩戏表演的主要特点是角色都戴木制假面，扮作鬼神歌舞，表现神的身世事迹，具有宗教色彩。就此，范老师提出了自己的独特见解，认为安顺地戏并非傩戏。他指出：

> 傩与地戏活动在安顺都是客观存在的，这有利于比较鉴别。首先应指出的是，跳神为民间歌舞戏，跳神之举在于演习武事，寓兵于农，是明初至万历年间处于特定社会背景下的安顺屯堡人的产物。而傩活动为宗教行为，目的在于驱邪逐疫，是原始傩仪的继续和发展。①

此外，范老师还举了例子——庆坛"歌舞"。他是这样描述：跳唱过程中夹杂着"上诉文"等仪式和祭祀活动，这就是庆坛"歌舞"。而庆坛的最大特点是"歪说正接"，故称为"丑坛"。说歪话的人拿拐杖，头戴面具，如说："你看，好多人都坐着板命。"接音的人加以更正，再由说歪话的人重说一遍："啊，是坐着板凳。"接着歪话又出来了，还相应地做些丑动作，以引人发笑。这就是所谓"诙谐调弄"。② 由上可知，庆坛称之为"戏"就是问题，它只是巫优歌舞化了的傩仪，它的核心是做法事以期禳灾还愿，它是宗教的附庸，巫术的载体。而安顺跳神是在平地上连台演出的历史武戏，它既是军事行动的辅佐成分，又是粗朴的民间娱乐方式，既演武又娱人。两者的性质迥然不同。

---

① 范增如：《贵州安顺地戏并非傩戏》，《安顺师专学报（社会科学版）》1994年第1期。
② 范增如：《贵州安顺地戏并非傩戏》，《安顺师专学报（社会科学版）》1994年第1期。

三、屯堡及屯堡人溯源

我们只知道屯堡文化的存在，那有没有人知道它从何而来，为什么而来呢？是不是原本就存在的呢？不是的，屯堡是明王朝调北征南的结果。在范老师的研究当中也得到了印证：

> 今安顺境，自先秦至西汉属夜郎国地，东汉末年已称普里。诸葛南征，黔西北彝族首领济火助诸葛平孟获；后主复命济火征普里獠，以其地赐之。济火让于兄之子默歹阿仁，默歹阿仁遂入主普里，称播勒大革。累传至唐，其后裔内附，以其地置普宁州，治安榨城（在今杉木洗马塘）。元至元二十二年于普里部置普定县，二十七年升县为府，另置安顺州属之，治八十一寨（今旧州）。大德七年改府为路，普定县府、路治仍为安榨城。明洪武五年，元普定路内附，元梁王终不归明，导致"调北征南"。洪武十四年年底，明军攻普定，克之，普定土府因此而废。十二月戊寅，另择阿达卜寨（彝语音译，意为牧马）筑普定城（即今安顺城），十五年正月丁亥即于尚未竣工新城置普定卫指挥使司，旋升军民指挥使司，卫治在今安顺市委内，卫前小街因之名曰"卫坝口"，五千户所治在卫前后左右。"调北征南"过程中，明王朝深以军饷不济为忧，云贵以屯田安边之法势在必行。①

上引资料足以证明安顺屯堡形成于明初"调北征南"背景，屯田戍边是此次军事行动的继续。

知道了屯堡的来源，那么屯堡人究竟是什么人也？针对这个问题，范老师指出了屯堡人与土人的区别，他认为，安顺屯堡人不含明清文献所谓"土人"，然则到底何谓"土人"呢？嘉庆间李宗昉所著《黔记》作了如下解释："凡他省人客黔娶妻生子名转窝子，转窝所生名门斗子，再传则土人矣。"②"转"读去声。江西人尤多。"他

---

① 范增如：《安顺屯堡与屯堡人》，未刊稿。
② 李宗昉：《黔记》卷一。

省泛指先后来黔之汉人，也含卫所军人，所取之妻则为'苗'民，如新添司之土人是'土官与卫人间通婚姻'形成的，广顺州之土人也是'军民通婚'形成的。但其风俗虽渐染华风，然大多尚存'苗俗'，故旧志以俗为准，列入'苗俗'。屯堡人与土人是各有特定历史内涵的两种人群。"[①]

四、"屯"与"坉"概念

对屯堡文化感兴趣的人通常会关注"屯堡"的"屯"与"山坉"的"坉"，他们两者是否读音一样，能不能互用。对此，初涉者无法解答，但从范老师的研究中可以得知："安顺山坉不是明代屯军堡子……检阅字典、词典，'坉'有田垄（西北庄家称坉子）、草土填水、水流不通三义。而"屯"有聚集（勒兵而守曰屯，兵耕曰屯田，戍兵驻所曰屯堡）、高阜二义。'坉'与'屯'的含义不尽相同。虽然"坉子"可作"屯子"（村庄），但"屯田""屯堡"绝不能作"坉田""坉堡"。在安顺地区，"坉"与"屯"的读音及其使用义都不相同。"坉"，安顺土音读若"褪"（tèn），有居民的坉可作村寨地名使用，更多的是无居民的坉，到现在仅有颓垣断壁的无名山坉还随处可见。"[②]

五、屯堡分布图

范增如老师对屯堡研究的成果不单是体现研究论文上，还有更为直观的地图方面的贡献。从 20 世纪 80 年代开始，范增如老师就对安顺屯堡地名进行研究，通过地方志资料的梳理，并结合长期的实地考证，范老师绘制了《明代安顺屯堡分布图》。该地图公布后，得到业内和社会的广泛认可，成为使用较多的成果。遗憾的是，很多使用者没有注明范老师的作者身份。

---

① 范增如：《安顺屯堡与屯堡人》，未刊稿。
② 范增如：《史证安顺屯堡的两重性——兼谈安顺山坉并非屯军堡子》，《安顺师专学报（社会科学版）》1995 年第 3 期。

附录：范增如先生屯堡研究留影

范增如先生及其著作（李立洪　摄）

2001 年 5 月"中国百村调查·九溪村"启动仪式（李立洪　摄）

2001 年 5 月"中国百村调查·九溪村"启动仪式（李立洪 摄）

2001 年 7 月"中国百村调查·九溪村"入村调查（李立洪 摄）

2001 年 7 月 "中国百村调查·九溪村" 入村调查（李立洪　摄）

后　记

　　2016 年，是范增如先生去世的十周年，是一个该纪念的日子。对学者而言，最好的纪念，莫过于不忘其问、传其所学。范增如先生致力屯堡研究，撰文不少，却未曾汇集成册。于是编纂《范增如先生屯堡论稿》，遂成为安顺学院屯堡研究团队的共识和行动，也成为由贵州大学出版社正式出版《安顺屯堡论稿》的蓝本。

　　2016 年末，在安顺市屯堡文化学会、安顺市民间文艺家协会举办主题为"安顺屯堡文化与民间文艺的传承发展"年会上，其中一个主要内容，就是针对"范增如先生与安顺屯堡文化研究"进行研讨。会上帅学剑先生谈到了与范增如先生的交往，佩服范增如先生育人和研究的执着；邓克贤先生谈到与范增如先生的结交，回忆范增如先生的习性；杜应国老师则着重谈及范增如先生对屯堡文化研究的启示。姚晓英谈了范增如先生对今日屯堡研究和对本土文化研究的贡献。

　　与会者以安顺学院的老师为多，或为范增如先生弟子，或为其同事，感言颇多。罗布龙老师谈到了范增如先生是个好人、为地方做了许多好事。吴羽老师谈到了对范增如先生的认识、范增如先生对安顺府志的贡献。潘祖伦老师谈到了范增如先生的贡献。曾任安顺师范高等专科学校中文系系主任的雷鸣老师谈了范增如先生乐观、豁达的人生态度；身为范增如先生中学弟子的张洪智老师谈了范增如先生待人接物的处事态度。曾经为范增如先生誉抄文稿、清绘《明代安顺屯堡分布图》的黎进深老师谈了范增如先生对屯堡文化研究的体会及感受。张定贵老师谈到了对范增如先生文献研究的问题意识的感受。吕燕平、董绍伟、丁武光、王华、王继平、王胜富、庄春森、高守应等与会者分别谈到对范增如先生的种种认识。汇聚众人之说，便是范增如先生作为一个学人立体、鲜活的面面观。

谢世十年，能在众多安顺学界文人心目中，留下较为深刻的印象，源于范增如先生来到安顺工作以后，作真教学，作真科研。

范增如先生由安顺一中，再安顺教育学院，最后十年在安顺师范高等专科学校任教。作为一个中学语文教师、大专院校中文系教师，执教之余，"把学问做在大地上"，查文献、入田野，异于常人。由《乡土文学》教学而关涉明清时期安顺地区的诗词散文，进而结集出版《明清安顺风物诗文注评》；由《中国古汉语》教学而收罗贵州（特别是安顺）方志、谱牒、碑刻等文献，地方文史、卫所屯堡方面的新论不断推出，实则是水到渠成。而范增如先生的卫所屯堡论文，汇聚而成《范增如先生屯堡论稿》，则是无意之作，亦是有意（义）之作。

《范增如先生屯堡论稿》初成后，便有刊行之意，幸得曾与范增如先生同事的袁本良老师作序。而更为有幸的是，2023年"屯堡文化研究传播转化"忝列贵州"四大文化工程"之一，"屯堡文丛"由多家出版社联合推出，贵州大学出版社策划出版"屯堡文丛·专题研究书系"，经出版专家委员会讨论通过列入出版计划，并定名为《安顺屯堡论稿》。

《安顺屯堡论稿》内容，主要为范增如先生所撰屯堡研究的十九篇文章，编入四篇"他论"文章意在呈现安顺屯堡的文化生态，另有四篇"追思"文章以作范增如先生的侧面观，其文、其境、其人则汇成本书论及主题的全面观。附图《明代安顺屯堡分布图》，是在范增如先生手绘图基础上，吕燕平校制时补充滇黔古驿道境内段（东西两段注明贵阳方向、昆明方向）、"屯"与"堡"分别用圆点与圆圈符号、屯堡隶属卫（普定卫、安庄卫、平坝卫）以颜色区分，图名由右下竖排改为左上横排，图中右下为图例。在以上基础上，绘制《明代普定卫屯堡分布图》《明代安庄卫屯堡分布图》《明代平坝卫屯堡分布图》。《明代贵州卫所分布示意图》在校制时，标注卫所设置时间，如"洪15"即"洪武十五年"。

本书的成功出版，特别感谢贵州大学出版社副总编辑徐乾和责任编辑周阳平博士辛苦的付出。闵军社长作为范增如先生在安顺一中的学生，也极力而为，时刻关注着该书的出版情况。范增如先生在贵州大学为学，其学术成果由母校出版社推出，众人合出其力，也算是因缘际会，美事玉成。

作为范增如先生的"小朋友"，安顺学院的教师王杰、吕善长、杨正宏参加了本书文稿的校对，罗瑜对多篇文稿作了整理。

从2016年编辑本书的初稿，到本书现在出版面世，也算是了却了安顺学院屯堡研究团队诸位同仁的心愿。

安顺学院贵州省屯堡文化研究中心

2024年3月15日于安顺学院